室町幕府と守護権力

川岡　勉著

吉川弘文館

目次

第三部　戦国期の諸国守護権力

序章　中世後期の権力論研究をめぐって

一　守護領国制論の意義と問題点

戦後の中世史研究の歩みを振りかえると、中世社会の全体把握に関する理解において顕著な変化が生じたことが分かる。とりわけ、在地領主制の発展を軸とする中世社会論が後退し、荘園制の成立・発展・解体を軸に中世社会を議論する方向へとシフトした。とはいえ、こと中世後期の研究について言えば、そうした認識の転換がまだ不徹底な水準にとどまっており、そのために統一的な歴史像を共有することに困難をもたらしている。それは、在地領主制を基軸とする中世理解から生み出された守護領国制という概念が、いまだ完全に放棄されない現実に示されていよう。(1)領主制論と守護領国制論の克服がなお自覚的に取り組まれなければならないと考える所以である。

周知のとおり、守護領国制とは武家勢力による荘園侵略と守護への被官化というシェーマを軸に中世後期社会を把握する議論であり、一九五〇年代まで通説の位置を占めていた。中世後期社会を守護領国制によって捉える方向を決定づけたのは、石母田正氏の『中世的世界の形成』に示された見方である。(2)石母田氏は、「荘園制の枠を破って一国規模の支配体制を形成してきた守護権力によって在地領主層が再統合されて、地方分権的特質をもつ封建国家が完成した」ことを指摘し、中世前期の中央集権的封建制から中世後期の地域的封建制へという見取り図の中で、地域的封建制の担い手として守護の果す独自の役割をクローズアップした。「地域的封建制、すなわち守護領の完成」が高く評価され、守護＝地域権力であることが強調されたのである。氏の議論は、戦前までの制度史的な守護研究を克服し中世後期社会の構造論的把握を打ち出した点において、また中世後期社会における守護のもつ独自な役割に注目した点で画期的なものであり、現在もなお十分継承されるべき内容を含んでいる。

しかし、六〇年代以降、将軍権力や荘園制・国人領主制などの研究が深化する中で、守護領国制という概念は多方面から批判をうけていくことになる。まず、幕府を守護大名の連合政権という規定に還元するのでなく、むしろ将軍権力の独自基盤を解明しようとした研究が現れる。(3)これによって、守護をはじめ領主諸階層の幕府・将軍権力への求心構造が重視されるようになった。また、守護支配が荘園制と妥協・共存する面を指摘した研究が出現する。(4)その結果、それまでの守護領国制論においては、守護支配の画期性が過大に評価され、とりわけ荘園制＝寺社本所支配との対立面が強調されすぎていたことが明らかになった。一方、守護領国制ではなく国人領主制こそが室町期の基本的な領主制であるとする主張が登場する。(5)これ以後、領主制論の立場で中世社会を把握しようとする研究は、守護領国制よりも国人領主制を重視する方向に移行していくことになる。そのほかにも、国衙機構とのかかわりや、公田体制・分郡守護などに関する研究が深化し、いずれも守護領国制論の限界を明らかにしていったのである。

守護領国制論がこうした批判をうけなければならなかったのは、実証的レベルの限界もさることながら、根本には領主制理論に内在する辺境理論的な偏りが中央国家権力と地域社会との関連を見誤らせたことによると思われる。(6)しかも、石母田氏以後の守護領国制論が、氏の当初の所説を正しく継承しないまま展開していた事情が議論を混迷させたように思われる。例えば、「守護領国制を基本的な領主制とみなすことの致命的欠陥は、守護が農民を直接掌握・支配しているのではなく、自立的な国人のみが農民を農奴として支配していることが明確」である点だとする批判が存在する。(7)ここでは、守護領国制こそが基本的な領主制だとする議論が批判の対象となっている。たしかに、守護領国制を領主制に還元して捉える理解が石母田学説以後に一般化していった。だからこそ、領主制の担い手としては守護よりも国人に注目すべきであり、守護支配はむしろ荘園制に依存し幕府の権力基盤に依存しているという批判が加えられたのである。しかし、そもそも守護支配は、在地領主制や地域権力の自己運動の中から生み出されるものではない。当初の石母田学説にあっても、そうした単純な理解は示されていなかったように思える。『中世的世界の形成』の末尾において、氏は次のように述べている。「鎌倉末期から室町の初期にかけては在地の地侍が広汎に躍動した時代であった。……地域的なヒエラルヒーは、けっして地侍の下からの自然生的な成長の結果として形成されるものではない。地侍の成長は単にそのための基礎条件を形成するのみで、現実には地域的封建制は守護大名による地侍の征服と隷属化によって完成されるが、かかる守護制はいうまでもなく鎌倉幕府の遺産である」。ここに述べられているとおり、守護大名は下からの動き（地侍の成長）を上から征服・隷属化する存在と捉えられている。この点は重要である。守護による「征服と隷属化」というモメントを重視し、守護のもつ独自な役割に着目した石母田氏の議論と、守護領国制を領主制に還元して捉える理解との間には見過ごせないズレがある。つまり、石母田学説に対する誤解が混迷を深める起点であったように思われるのである。

二　室町幕府―守護体制論の提起と限界

守護領国制に破産宣告がなされる中にあって、新たに室町幕府―守護体制という捉え方を打ち出して守護の役割の再評価をはかったのが田沼睦氏である(8)。田沼氏は、室町期武家権力の求心的構造を明らかにした佐藤進一氏の室町幕府論と、後述する永原慶二氏の大名領国制論を踏まえながら、幕府―守護支配の全国的構造を明らかにしようとした。

とくに、幕府の全国支配の根幹・中心に据えられるべきなのはやはり守護であることを指摘した点は重要であろう。

しかし、幕府—守護体制という概念が必ずしも明確に性格規定されていない上に、幕府・守護・国人という三者の相互関係に視野が限定されており、在地社会の動向を踏まえた中世後期の権力総体の構造や特質が示されていない。守護支配については求心的な側面が強調され、幕府支配体制の一環として、公権による領域支配を軸に守護権を理解する傾向が強く認められる。(9)結局、守護領国制論に十分代わりうる権力構造論が提示されたとは言いがたい状況にある。

一方、制度史的次元に立ちながら守護領国制の復権を説くのが今谷明氏である。(10)ここには、守護支配の再評価が志向されているものの、幕府による守護の配置や統制策を中心とする制度史的・政策論的なアプローチの次元に議論がとどまっている。守護職の変遷や分郡の設定などは、専ら幕府の制度・政策の問題として捉えられ、田沼氏が畿内近国の一門守護を典型視したのと同様の理解に陥っている。

このようにして、研究は次第に幕府と守護の関係に視野を限定させる方向に向かったため、地域社会との関わりにおいて守護を位置づける視点が弱まることになった。守護支配は職権に依拠して成り立っていたとする理解に傾き、それが地域社会を編成する実体を十分伴わなかったような把握がなされた。室町幕府—守護体制論は、在地の動向を視野に入れながら権力体制を把握しようとした守護領国制論を乗り越える地点に至らないままに、将軍権力論への矮小化と守護に関する制度史的考察に収斂する道をたどったのである。

守護領国制論を批判して国人による領主制（領主・農民関係）こそが中世後期の領主制の基本的なものとする議論も、守護領国制を領主制に還元する理解に対する批判としては有効であっても、権力体制論としては守護領国制を乗り越えるものになりえない。国人領主制とは領主支配のあり方を示す概念であり、これを無限定に拡大して体制概念のように捉えるべきではあるまい。中世後期の地域権力秩序の中心に位置していたのが守護であったことは否定しがたいところであり、十五世紀半ばまでの国人の領主制は幕府―守護支配と緊密に連動していた(11)。したがって、守護領国制よりも国人領主制こそが基本的領主制だとする主張は、守護支配と領主支配の次元の違いを混同して守護支配権のもつ独自の意義を見失った議論と言わざるをえない。また、国人領主制・国人一揆と守護支配を、戦国期権力形成における競合する二つの道と捉えるような議論(12)も、これを現実に当てはめることは困難である。

国人領主制研究の進展を踏まえながら、「大名領国制」という概念を立てて中世後期を把握しようと試みたのが、永原慶二氏である(13)。しかし、在地領主制の最も発達した段階と規定する戦国期について諸大名による領主層の組織化が詳細に論じられているのに比べると、室町期段階においては積極的な議論がなされていない。これは、氏の描く中世史像の中核に「家」を起点とした封建的主従制の発達があり、大名領国そのものを在地領主制の発展形態と捉える立場にたっていることに起因する。そのため室町期においては守護領国制よりも国人領主制こそが重視される論理構造をもち、必然的に守護権力は副次的な位置づけしか与えられなくなる。結局、大名領国制の提唱にもかかわらず、守護領国制と戦国大名領国制との共通性の指摘は後景に退いていかざるをえない(14)。このような中で、領主制の発達を軸に中世社会を把握する理解そのものの行き詰まりが顕在化し、国人領主制を重視する研究も下火になっていくのである。

以上の研究史を経て、守護領国制への破産宣告がなされたにもかかわらず、それに代わる総括的・論理的な説明が見当たらないという状況が生まれた。その結果、中世後期の権力の構造や秩序を総体として明らかにする座標軸が失われてしまった。幕府や守護の問題は在地と切り離されて制度史的な研究対象に矮小化される一方、在地の動きは国人領主制や小領主論として展開することになった。将軍権力・守護権力・国人領主・小領主・惣村などの研究が、相互の関連を欠いたままバラバラに展開し、中世後期の研究は拡散的な状況を呈した。守護の果たす独自の役割が軽視され、中央への求心性と地域の自立性が接点を持たないまま論じられるようになっていくのである。

三　室町幕府―守護体制と地域社会

九〇年代に入って、地域社会との関係で守護の役割を再評価する議論が登場してきた。いわゆる「地域社会論」における守護理解がそれであり、そこでは守護支配を地域社会の自立性から説明しようとする指向性が強く認められる(15)。代表的な論者である榎原雅治氏は、一宮から荘郷鎮守に至るまでの地域的神祇体系の形成と、これに対する守護による掌握の動きを論じた(16)。稲葉継陽氏は、個別荘園領主の限界が露呈し在地紛争が激化する中で、村落の側が地域防衛・安全確保のために守護権力に依存したことを指摘した(17)。一方、伊藤俊一氏は、代官の手腕に基づく守護勢力との交渉・提携が荘家の利益確保にとって不可欠の要素であったことを具体的に解き明かした(18)。

これらの研究では、守護が様々なレベルで地域統合を担う具体的様相が明らかにされ、中世後期の守護公権は地域社会の中で形成された諸要素を吸収する側面を持っていたことが重視された。守護権力はそれまで制度史的な議論に矮小化されがちであったが、ここでは再び構造論的に位置づけ直されようとしている。しかも、かつての守護領国制論が領主制を基礎に組み立てられていたのに対し、より下から守護公権を再定義しようとするものである。これは、公権委譲論の一面性を批判するものとして重要であろう。

但し、それが上からの規定性の排除・軽視という、逆の意味での一面的理解に陥るならば生産的な議論にはなりえない。榎原氏は、守護公権は在地の公的秩序を追認・吸収することによって新たに生まれたものとする見方を提起しているが[19]、下からの規定性が無限定に強調されすぎているように思う。守護による神祇体系の掌握という問題や、中世後期における軍事的要素の重要性、あるいは荘園維持の成否が代官と守護勢力の交渉に依存する仕組み等々の指摘も、南北朝期における地域社会の自立性の強まりと、それを踏まえることで形成された幕府―守護体制の構造の中に位置づけられてこそ意味がある。そうした見通しをもたないならば、公権委譲論へのアンチテーゼの次元にとどまらざるをえない。

九〇年代の研究に対して以上の危惧を抱かざるをえないのは、議論が村落側と荘園領主・守護との関係に専ら限定されており、幕府や国人の存在が視野に入っていないことと関連する。権力構造論の欠如、とりわけ室町幕府―守護体制の過小評価がそこには認められる。室町幕府―守護体制論においては、守護の自立化に対する離脱防止装置や、守護から幕府への依存性や求心性の問題などが論じられた。そうした論点に言及することなく、守護のみを取り出してきて幕府と切り離して論じるのであれば、それは研究史に逆行し、守護の社会的位置を見誤る結果に陥る。総じて、「地域社会論」には権力に対する評価の甘さが感じられるのである。

室町期の守護支配を論じるとき、それが何よりも南北朝内乱期の全社会的な構造変化に対応し、内乱を克服するプロセスにおいて生み出されたものであることに留意すべきである。鎌倉末・南北朝期には、家産制支配の行き詰まり、職の重層的秩序の流動化による所領の一円化傾向、商業資本の介入など、荘園制＝権門体制は明らかに衰退状況を示していた。それは、社会の根底における封建的小農民の自立化、惣結合の形成などの要因に基礎づけられていたと考えられる。荘園制が求心的な収取構造を特質とするものである以上、その衰退は中央と地方の分離、国家権力と地域社会の分裂、荘園の枠組を越える在地諸勢力による地縁的結合、などを顕在化させることにならざるをえない。そうした状況の中で、領主階級の政治的再編成は不可避の課題になっていたのである。守護権限の拡大は、まさにそうした時点においてなされた。検断権や軍事指揮権にとどまらず、使節遵行権・闕所地処分権・半済給与権など、大幅な権限が守護に付与されたのである。

守護による領域支配の特質は、何よりもまず守護職を幕府から認定され、これに伴う諸権限を行使していく点にある。このような幕府の吏僚としての側面を有する以上、佐藤進一氏の指摘を待つまでもなく、守護が中央国家への求心性をもつのは当然である。しかし同時に、単に求心性を指摘するだけでは当該期の特質が捉えられないのも事実であろう。守護は大きな権限を獲得して地域社会統合の主体に位置づけられていったが、守護権限の行使と地域統合の進展は地域社会のあり方に強く規定されながら展開したはずである。

南北朝内乱に直面して、荘園制に代わるべき新たな支配形態が模索されたが、それが一挙に生み出されることはなく、矛盾に満ちた抗争が延々と繰り広げられた。中世社会の再編は必ずしもスムーズに進行せず、地域社会秩序が守護により一応安定化せしめられ、それが再び中央国家に結びつけられるためには長期に及ぶ南北朝の内乱過程を必要とした。それぞれの地域社会は、一定の自立性を保持したまま、守護を媒介として中央国家に接合されたのである。[20]

このようにして創出されたのが室町幕府―守護体制であった。中世国家は守護に大幅な権限を委ねる形で求心性の回復をはかり、守護は在地から形成される地域秩序を統合し、それによって中央国家と地域社会との媒介項としての役割を果たした。[21]したがって、室町幕府―守護体制とは、中央権門としての幕府と地域権力としての守護が相互補完的に結合するところに形成されたと考えることができる。しかも、守護は地域社会に足場をもつのみならず、幕府権力の構成要素として中世後期の中央国家を支える重要な役割を果たした。したがって、室町期守護は単なる地域権力ではない。守護は国家と地域社会の接点に位置することによって、中世後期の社会構成上きわめて重要な機能を果たす存在なのである。

本書では、以上のような見通しのもとに、第一に室町幕府―守護体制の成立過程や構造、変質過程などをたどることによって、その歴史的意義を考察してみたい。第二に、守護権力を中心としながら、地域諸権力の自立的な動きを室町幕府―守護体制と関連づけながら論じてみたい。第三に、室町期から戦国期へと武家権力のあり方がどう変質していくかを展望していくことにしたい。いずれも、求心性と分権性をどのようにかかわらせて捉えるかが大きなポイントになるであろう。

（1） 学校教科書等では守護領国制概念はまだ十分に生きている。また、守護の領国支配機構の組織と担い手を考証することで守護領国制論を復権させようとした今谷明『守護領国支配機構の研究』（法政大学出版局、一九八六年）や、「地域社会論」などを踏まえて新たな「守護領国」論の可能性を指摘した伊藤俊一「中世後期における『地域』の形成と『守護領国』」（『歴史学研究』六七四、一九九五年）など、学界レベルでも守護領国制を再評価しようとする主張は繰り返し現われてきている。しかし、忘れてはならないのは、かつての守護領国制論の根幹には、純粋封建制成立＝荘園制否定というシェーマが存在していたことである。現在では、中世社会は荘園（公領）制社会と捉える理解が共通認識となり、守護領国制論を成り立たせていた前提は過去のものとなった。その点をきちんと踏まえることなしに守護領国制の復権を唱えても、研究史的には意味がないと言わざるを得ない。

（2） 石母田正『中世的世界の形成』（伊藤書店、一九四六年）。

（3） 佐藤進一「室町幕府論」（『岩波講座日本歴史』七、一九六三年、のち佐藤『日本中世史論集』岩波書店、一九九〇年に所収）。

（4） 黒川直則「守護領国制と荘園体制――国人領主制の確立過程――」（『日本史研究』五七、一九六一年）。

（5） 永原慶二「守護領国制の展開」（『社会経済史学』一七―四、一九五一年、のち永原『日本封建制成立過程の研究』岩波書店、一九六一年に所収）。黒川前掲「守護領国制と荘園体制」。

(6) 領主制理論においては社会の封建的進化は辺境から生まれるという理解が一般的であり、これが守護支配を過度に地方分権的に捉える結果を招いたと考えられる。
(7) 伊藤喜良「守護領国制・国人領主制の研究史」(『日本歴史大系』二　中世、山川出版社、一九八五年)。
(8) 田沼睦「室町幕府・守護・国人」(『岩波講座日本歴史』七、一九七六年)。
(9) 田沼氏の議論において、幕府＝将軍権力と守護を結びつける基本原理として重視されるのが公田支配である。ここでは、守護は専ら幕府＝将軍権力の国別執行人と位置づけられ、守護支配は公田支配の原理に限定して捉えられている。
(10) 今谷前掲『守護領国支配機構の研究』。
(11) 川岡勉「中世後期の守護と国人――山名氏の備後国支配を中心として――」(有光友学編『戦国期権力と地域社会』、一九八六年、本書第二部第三章)。
(12) 岸田裕之『大名領国の構成的展開』(吉川弘文館、一九八三年)。永原慶二『戦国期の政治経済構造』(岩波書店、一九九七年)。
(13) 永原慶二『大名領国制』(『体系・日本歴史』三、日本評論社、一九六七年)。永原前掲『戦国期の政治経済構造』。永原氏の戦国期理解に対する筆者の考えは、川岡勉「書評／永原慶二著『戦国期の政治経済構造』」(『歴史評論』五八三、一九九八年)参照。
(14) 永原氏の議論を継承した池享氏になると、大名領国制ははっきり戦国期の問題とされ、室町期は「守護による大名領国形成の志向期」として消極的にしか評価されないことになる(池享『大名領国制の研究』校倉書房、一九九五年)。
(15) 「地域社会論」の内容については、歴史学研究会日本中世史部会運営委員会ワーキンググループ「『地域社会論』の視座と方法――成果と課題の確認のために――」(『歴史学研究』六七四、一九九五年)を参照。
(16) 榎原雅治「中世後期の地域社会と村落祭祀」(『歴史学研究』六三八、一九九二年、のち榎原『日本中世地域社会の研究』校倉書房、二〇〇一年に所収)。
(17) 稲葉継陽「中世史における戦争と平和」(『日本史研究』四四〇、一九九九年)。
(18) 伊藤俊一「中世後期における『荘家』と地域社会」(『日本史研究』三六八、一九九三年)。

(19) 榎原前掲「中世後期の地域社会と村落祭祀」。

(20) 室町幕府―守護体制が地域社会の自立性を包摂することにより成立したことからすれば、初めから分裂の契機を内包していたとも言える。しかし、それが顕在化して変質しはじめるのは十五世紀中葉以降のことであった。

(21) 以上のように考えれば、守護による領域支配とは、かつて守護領国制論においてみられたように在地武士との主従関係の形成や荘園制の克服などを指標として捉えられるべきものではなかろう。むしろ、中世国家による全国支配の再建のため、守護支配は一国公権の付与を基軸に展開した点こそが本質的特徴であった。もちろん、守護公権を下から一面的に説明するのが誤りであると同時に、専ら上から制度史的に捉えるのも正しくない。両方の面を見据えながら、かつ基本的には中央国家が自立性を強めつつある地域社会を接合するメカニズムの問題として把握すべきであろう。

第一部　南北朝内乱と諸国守護権力

第一章　建武政権における王権強化と地域支配

はじめに

社会構造が大きく変動し在地諸勢力の自立性が高まる中で、中央と地域社会の関係をどう調整・再編成することを通じて権力支配の安定を確保していくか、それは鎌倉末期から建武政権期、そして南北朝期を通じて、ときの政治権力が直面した切実な課題であった。この課題に対応するために、徳政の実施、悪党の追捕、荘園制の再編、王権の強化など、様々な政策が試みられていくことになるが、とくに南北朝内乱期を通じて守護権限が拡大して守護の性格が大きく変化することは周知のところである。

中世後期の中央国家と地域社会との関わりを考える上で、中世前期から後期への政治的ターニングポイントとなった建武政権の位置づけは重要な研究課題である。建武政権の成立から崩壊までの過程には、当該期の社会的諸矛盾が集約的に示されている。本章では、国司・守護併置策に代表される地方行政機構と、所領紛争をめぐる対応策に焦点を当てて、王権強化と地域支配とがどのような関連をもちながら建武政権を特質づけていたかを考察してみることにしたい。

これまで建武政権については、後醍醐天皇の個性と直接的に結びつけて考えられる傾向が強かった。彼が正確な政治認識や問題解決の展望をもっていなかったことが、その性急で一貫性に欠ける王権強化への指向とも相俟って、建武政権を僅か三年足らずで崩壊せしめた主要因だと認識されてきたのである。しかしながら、この時期に中央と地域社会の関係が劇的な転換をみせたことからすれば、後醍醐と公家・武家などの力関係に視野を限定するのではなく、在地諸勢力の動静を含む社会構造総体の変動を踏まえながら、建武政権論を構築していかなければならない。そのような作業を通じて、中世後期の権力秩序が生み出されていく方向性が浮かび上がってくるのではないだろうか。

一　在地諸勢力の台頭

近年、鎌倉後期から南北朝・室町期を見通した研究が進展し、この時期に進行する権力専制化の動きの中に建武政権をきちんと位置づけようとする作業が積み重ねられてきている。徳政状況の析出をはじめ、「公方」観念や訴訟制度・軍事制度・荘園制・財政構造など、具体的な分析対象は多岐にわたるが、いずれも鎌倉後期の社会状況から建武政権を展望しているという点で共通しており、新政の特異性を過度に強調してきた従来の理解に再考を促すものといえよう。

西谷正浩氏によれば、権門が高度な自立性を承認され王権は権門相互の対立を調停する機能に限定されていたのが鎌倉前期までであったのに対し、鎌倉中・後期には徳政を契機に王権が権門の内部問題に介入するようになるとされる(1)。軍事機能の担い手として幕府の役割が拡大し、幕府を軸として権門間矛盾の調停がなされる場面が増大する一方、悪党問題などで幕府の限界が露呈する中で、個々の権門や個別領主の私欲を制限する、より高次の調停者として王権への期待・幻想が高まっていくのである。荘園制の動揺を基礎に、権門の紐帯を見限ったり相対化したりする傾向が強まり、在地諸勢力は荘園制的な枠組からはみ出る動きを見せ始めていた。これを沈静化させるためには、荘園支配を再編・強化するとともに、権門の自立性を制限し、王権による在地諸勢力の直接把握が求められていた。この点にこそ、建武政権誕生の理由があり、のちの室町幕府―守護体制につながっていく要因が存在したとみるべきであろう。王権強化の面が建武政権のもつ大きな特徴であるが、それは何よりも荘園制の危機に直面した中世の領主権力が王権のもとに結集したものであり、鎌倉後期から進行する権力専制化の一階梯でもあった。

以上のような基本的な認識を踏まえた上で、なおかつ建武政権の画期性に対しては十分な注意を払う必要がある。建武新政においてみられた王権強化の動きは前代と明らかに段階を画すものであり、連続面のみを指摘するのでは不十分である。

それでは、この政権の画期性は何によってもたらされたものであろうか。従来、それは後醍醐天皇の個性や政治的意図から説明される傾向が強かった。佐藤進一氏は、後醍醐が綸旨至上主義を基調として宋朝官僚制にならった君主独裁制を意図したと捉え、鎌倉期に成り立っていた政治的枠組を破壊したのが建武政権であると特徴づけた(2)。網野善彦氏は、佐藤説を踏まえながら後醍醐の王権のもつ際立った特異性を強調して「異形の王権」論を展開した(3)。

もちろん、建武政権における王権の比類なき強大さが、後醍醐自身の政治構想を重要な要素として生まれたことは言うまでもない。しかし、このことをもって建武政権論を後醍醐論に矮小化するような傾向があるとすれば、これには直ちに賛同できない。従来の研究においては、建武新政を反動と捉えるか封建王政と捉えるかといった評価の違いはあれ、王権強化が後醍醐の政治構想と直接的に結びつけて捉えられすぎたのではあるまいか。

ここでは、建武政権の特質をその成立過程から読み解くことの重要性を指摘したい。成立過程の特質が、成立後の権力のあり方を大きく規定すると考えるからである。後醍醐の政治構想が実現する上で注目されるのは、討幕の呼びかけに応えて主体的に蜂起した広範な在地勢力の存在である。討幕運動に参加した諸勢力は幾つかのグループに分類することができる。大別するならば、第一に悪党・山伏・海賊、あるいは荘官沙汰人などの勢力であり、第二は反北条方の鎌倉御家人勢力であり、第三は京都を中心とする公家・寺社勢力である。

言うまでもなく、討幕運動の中心は後醍醐天皇その人であった。しかし、にもかかわらず、後醍醐自身は京・畿内に不在の間に討幕が実現されたという点にあらためて注意を払う必要がある。しかも、東国と西国とでは討幕運動の展開過程に顕著な差異が認められる。東国の場合は、新田義貞の挙兵以前には北条得宗家に対する組織的な反抗はごく僅かしか確認できない(4)。ところが、元弘三年(一三三三)五月の義貞の挙兵を機に、関東の小山・千葉氏や越後・甲斐勢などが参陣して反乱軍が急激に膨張する形をとった。『太平記』巻一〇によれば、義貞が上野を発したとき一五〇騎にすぎなかった軍勢が、鎌倉進攻のときには二〇万余騎に膨れ上がっていたという。彼らは新田義貞や足利千壽王など、棟梁的な武将のもとにぞくぞくと結集して鎌倉陥落を果すのである。東国では、幕府滅亡の結果、それまで北条一門の抑えていた諸国が一挙に解放され、足利一門や新田一門の守護分国が数多く創出されることになる(5)。

これに対して、西国では事情が異なる。最終盤における足利高氏の挙兵以前に、畿内では護良親王や河内の楠木氏が活発な反幕活動を展開していた。幕府軍が河内に目を奪われている隙に、播磨の赤松氏や、伊予の土居・得能氏なども蜂起し、畿内と西国が軍事的にも経済的にも分断されてしまう。後醍醐が隠岐から脱出すると、伯耆の名和氏など山陰・中国筋の在地勢力が多数参陣して反乱が燃え広がる。九州でも、菊池武時が挙兵をおこなう。そして、最後にとどめをさしたのが足利高氏の寝返りであった。

このように、護良や後醍醐と個別に結びついた反乱が、時期を前後しながら各地で多発し、相互に連携しつつ幕府の連絡網や補給路、北条一門の守護分国をズタズタにしていくのである。こうした動きの基礎には、西国における封建的小農民の自立化と悪党的勢力の成長、契約関係に依拠した新しいタイプの武士の登場、そして荘園の枠組を越えた地域的編成の進行などといった事情がある。悪党・海賊らの跳梁を前にして、幕府・本所は在地を沈静化させる方途を見出しえぬままに、守護による追捕や在京人の派遣、近隣地頭御家人の動員など、実効性ある対策を模索している。しかし、鎮圧は思うような成果を挙げることはなく、逆に在地勢力の反発と権力離脱を惹起して、それが討幕勢力の形成につながっていった。

こうした状況を睨みながら開始された後醍醐の討幕運動は、彼ら在地勢力にとって絶好の飛躍の機会となった。彼らは東国のように特定の棟梁的指導者のもとに結集することなく、それぞれの判断で主体的に反乱に身を投じたと考えられる。その結果、悪党的武士を含む西国の在地諸勢力が自立し、新政権内部に多数登用されていくことになる。とくに、彼らを処遇するにあたって好適な受け皿となったのが諸国の守護職であった。

周知のとおり、軍事・警察機能を本来的職務とする守護は、鎌倉期を通じてその権限を拡大させており、国衙権能も吸収しながら社会的比重を高めていった。とくに西国御家人の認定・編成は守護による交名注進に基づいてなされたところから、西国守護の役割の大きさが知られる。ところが、鎌倉後期、とくに蒙古襲来を機に北条氏の勢力が西国に強く浸透していくと、北条一門で守護職を独占するケースが多くなり、その結果、守護正員の非在地性が進行することが指摘されている(6)。北条一門による守護職独占は、皮肉にも守護と在地との関わりを希薄にしたのである。

鎌倉末期の権力専制化が、北条一門による守護職独占や強権的な悪党鎮圧策に示されるとおり、専ら在地勢力の自立化の抑圧をめざしたものであったのに対し、後醍醐の王権強化は在地勢力の組織化に向かったところに特徴がある。中世国家は諸国を安定させるために在地勢力への依存度を強め、彼ら自体を地域社会秩序の中核的存在に登用する方向に進んでいくのである。

とりわけ西国では、前述した討幕運動の特質からして、鎌倉期には抑圧されることの多かった多様な在地勢力が、建武政権発足を機に一躍守護クラスの地位に抜擢された。その中には、摂津・河内の国司・守護を兼帯した楠木正成、播磨の守護となった赤松則村、伯耆の国司・守護を務めた名和長年ら、悪党的あるいは商人的な性格の強い武士が含まれる。船上山に馳参して討幕運動に協力した山陰の武士たちの中からは、名和氏ばかりでなく、塩冶氏が出雲・隠岐国の守護に、朝山氏が備後国守護に、布志那氏が若狭国守護に、富田氏が美作国守護に、それぞれ抜擢されている。一方、西国の有力在庁や郡司など、国務に関与しながら勢力を築き上げてきた武士たちの中からは、加賀の富樫、安芸の武田、周防の大内、長門の厚東、伊予の河野氏らが各国の守護職を獲得している(7)。また、近江六角、但馬太田、因幡海老名、出雲塩冶、安芸武田、淡路長沼、阿波小笠原氏、それに九州の少弐・大友・島津氏らは、鎌倉期の守護人が守護職を安堵されたケースとみられる(8)。これら守護職補任者の顔触れをみると、鎌倉末期の守護制度に比べると格段に在地性が深化したと考えられる。

もちろん守護に就任しなくとも、北条氏をはじめとする関東御家人の圧力が退けられたことで、権益を拡大した西国領主は少なくない。畿内においては、とくに元弘時の千早籠城への参陣が地頭職などに補任される第一の要件とされたようで、それまで低い地位に甘んじてきた西国領主は、討幕を通じて多大の恩恵をうけたとされる(9)。西国では建武政権成立を機に討幕運動に馳参した在地武士や悪党勢力がめざましく台頭したのであり、このことは建武政権を在地の側から強く規定していくことになる。

以上のことから、建武政権における王権の強化を単に後醍醐の観念の中から説明するのではなく、それが在地の変動を基礎に生み出された側面にもっと光を当てる必要があると思われる。とりわけ西国においては、地頭御家人、荘官沙汰人、悪党・海賊、商業資本、百姓結合などによる、荘園制的な枠組を越える地域的結合が建武政権を生み出す原動力になった。建武政権がこれら広範な在地勢力を討幕運動に結集させる形で成立したものであった以上、新政はスタート直後から在地側の動静に様々に規定されざるをえない。例えば、討幕運動を通じてエネルギーを高めた在地勢力は、自らの意向を代弁するリーダーをそれぞれに推戴する動きを示した。護良の自立的な活動も、尊氏による武家の棟梁的立場での活動も、さらに後醍醐の王権自体さえも、在地勢力の動静をそれぞれに受け止めたものであったと捉えることができる。このことを軽視して、問題を後醍醐や護良・尊氏の個性や野心・欲望に還元するのでは、建武政権の特質を正しく捉えることはできまい。後醍醐の王権を軸としながらも、利害を異にする多様な在地諸勢力を抱え込んだところに生まれる権力の総体を把握する視点をもたなければ、この政権の抱える矛盾や葛藤は捉えきれないと思われる。

二　国司・守護併置と在地社会

建武政権と在地状況の関わりを考えていく上で、地方支配の基本とされた国司・守護併置政策の評価は重要な論点である。従来、国司・守護併置の意義をめぐっては、宋の知州事・通判の併置・相互牽制との類似性を指摘した佐藤進一氏の所説が大きな影響を与えてきた(10)。佐藤氏は、貴族出身者が多い国司に、武士出身の守護よりも強大な権限を掌握させたとして、国司制度を中心に当時の地方行政を論じる。そして、知行国を召し上げて国司の任免権を直接掌握し、国務私領化の方向を否定したところに、後醍醐による地方行政制度改革の本質を見出すのである。それは、国司制度を中央集権的な体制にみあう地方行政機関に引き戻すものと位置づけられた。

国司制度改革を佐藤氏のように捉えた場合、それでは守護が併置された理由はどのように説明されるのであろうか。かつて清水三男氏は、これは単なる折衷主義や便宜主義などではなく、地頭名主中心の組織から守護中心の組織への変化という時代の進展を見通した積極的な政策だとした。[11] しかし、これを批判した古沢直人氏は、鎌倉期を通じて進行した守護による国衙機構吸収や管国武士組織化の動きを前提とするならば、大犯三カ条的職権へ戻す政策を「前進的」と評価できないとした上で、国司と守護を同一人が兼任した場合の国司の活躍には目をみはるものがあり、それは逆にみれば、地方組織が二分した状況では有効な地方統治は困難であったことを示すとする。[12] 結局、守護・国司併置策は、守護権力を排除しては地域支配が成り立たないという現実を踏まえつつ、しかし新たに国司を任命して地域支配を貫徹しようとする中で採られた、いわば妥協の産物と評価されるのである。このように、中央における強権的な政治改革と地方における妥協的措置との不統一性に建武政権の抱える矛盾を見出す理解が、これまでの通説的な位置を占めてきたと言えよう。

しかし、後醍醐の政治構想と地方支配の現実とのずれという説明で、果たして国司・守護併置策を捉えきれるのであろうか。第一に、議論の前提となっている佐藤氏による国司制度改革の評価が問題になる。これについては、既に幾つかの疑問が提起されており、前代との違いを過大に評価すべきではないことが明らかになりつつある。例えば、市沢哲氏は、強引にみえる建武政権の国司人事も、実は鎌倉後期における知行国の遷代性の強まりの延長線上に位置づけられるもので、決して後醍醐だけの特異なものでなかったことを指摘した。[13][14] 白川哲郎氏も、鎌倉後期の国衙興行の担い手として目代・在庁官人の役割に注目し、国司・守護併置は復古的政策でなく国衙をめぐる状況を踏まえた現実的政策であったと評価した。[15] 建武政権による地方支配を国司制度に収斂させて捉え、そこにこの政権の特異性を見出すような佐藤氏の理解にはそのまま従いがたい。

それと関連して、第二に国司と守護の権限内容の関係が問題になる。佐藤氏は、守護は直接に武力行使を要する職務に携わるだけで、その他の地頭御家人への指揮・命令権は国司側に移り、貴族出身の国司が武士出身の守護よりも強大な権限を掌握したと説いた。しかし、守護権限に対する国司権限の優越性を明示した史料は認められない。むしろ、建武政権が諸国に処理を命じる場合には、国司と守護が並記される事例が一般的であり、権限面において国司と守護の間に明確な差異を見出すことは困難である(16)。

『太平記』巻十三には「国々ニハ守護威ヲ失ヒ国司権ヲ重クス」とあり、後醍醐の寵臣が多く任じられた国司の側が次第に優越する傾向を示したとする。しかし、臨戦態勢が続く中で軍事強制力を伴う権限は守護の側が優越していたとする見方もあり(17)、両者の権限上の差は明瞭ではない。しかも、法的・理念的な権限の問題と、実際の力関係や活動状況とは区別して論じられなければならない。実態としては、国司・守護の活動内容は、両職兼帯であるか否かによって大きく異なるし、国によっても偏差をもつ(18)。それは、建武政権の地方支配が、諸国の地域社会状況に規定されながら展開していたことを示すとも考えられよう。

第三の問題は、勅断主義と呼ばれる中央における強権的な政治改革と、地方における国司・守護併置策とを、矛盾するものとみなす発想の妥当性である。一般に国司に就任したのは公家が多かったのに対し、守護には前述した通り討幕運動に功績を挙げた武士が登用された。そして、国司は新政のおこなわれた二年余の間に頻繁に交替しているのに対し、守護は新政を通して職を全うするケースが多い。このことは、国司の方が中央につながる側面が強く、逆に守護は在地との結びつきが強かったことを予想させる。このうち前者の点だけみれば国司における遷代性の強まりを説く佐藤説があてはまるように思えるが、後者の点を加味して考えれば、本来的に性格が異なる国司と守護が併置されたという点にこそ注意を払う必要がある。遷代性の強い国司と在地性の強い守護とが明瞭な権限上の差をもたずに併置されたという事実からは、両者の牽制とか妥協とかいうよりも、両者をともに中央政府の手足として駆使することにより地域社会の統合を実現しようとするねらいが浮かび上がってくる。

鎌倉後期以来の国司の遷代性の強まりという事態を前提とした場合、建武政権の地方行政組織として重視されなければならないのは、むしろ守護が存続したということの方であろう。中央では征夷大将軍の設置が忌避されたのに対して、守護を廃止しようとした形跡は認められない。討幕運動の成功が諸国の在地勢力の台頭に支えられて実現したものであった以上、彼らを処遇するにあたって最も好適な地位が守護だったとみられる。とくに、幕府側から寝返った守護がその地位を安堵されたり、有力在庁が守護に就任した場合などは、彼らがもつ在地との強い結びつきは建武政権が地域社会をおさえる上で重要な手がかりとなったのであり、守護制度を否定するのは現実的ではなかった。

かつて建武政権の所領安堵政策を論じた黒田俊雄氏は、国司や守護の活動を佐藤進一氏のように天皇勅裁と矛盾するものと捉えず、むしろ建武政権が国司・守護に一貫して問題処理の権限を付与していたことに注目した。[19] そして、前代までの一切の封建国家機構を王権中心に再編・強化したところに国司・守護併置の意義を見出そうとしている。[20] ここには勅断主義と特徴づけられる王権の強化が、国司・守護併置策と不可分に結びついていたとする認識が示されている。

元弘参年六月十五日　宣旨、近日凶悪輩、寄綷於兵革濫妨、民庶多愁、爰軍旅已平、聖化普及、自今以後、不帯綸旨者、莫致自由之妨、若有違犯法全《(ママ)》族者、国司及守護人等、不待　勅断、召捕其身、宜経　奏聞、

蔵人右衛門権佐　藤原光守奉[21]

後醍醐が伯耆から帰京して十日後に発せられたこの史料は、建武政権の所領政策を論じる際には必ず言及される著名な法令（いわゆる六月令）である。内容は、綸旨を帯せず自由の妨げをなす者は勅断を待たずに国司・守護が召し捕ることを命じたもので、後醍醐が帰京して建武政権が発足した直後から、国司・守護は政治機構内に位置づけられたことが分かる。そして、ここでも両者の機能的な差異は認められない。

六月令について、佐藤進一氏は「所領個別安堵法」とか「旧領回復令」などとする規定を与えた(22)。この佐藤氏の所説をもとに、すべての土地所有権の確認は天皇の綸旨を必要としたとする理解が教科書的な通説となっている。そして、こうした綸旨万能政治は以後の土地所有権をめぐる紛争を生む元凶であったとする見方が一般的である。しかし、この史料を素直に読む限り、そのように解釈することはできない。むしろ、紛争は政権交代を機に土地所有権の維持・確保をはかろうとする在地諸勢力の主体的な動きが噴出したために起こった。建武政権はそれを整序するにあたって、綸旨の有無を基準にしようとしているのである。

六月令の再検討をおこなった吉原弘道氏は、これを「法的手つづきによらない実力行使の禁止令」と解釈し直している(23)。たしかに、法令の主旨が綸旨をもたずに「自由之妨」をなすことの禁止であることは自明であろう。黒田俊雄氏が指摘したように、同じ年の十月五日には「陸奥国郡々已下検断、可存知条々」として、明らかに六月令をうけた内容をもつ事書を遣わす旨の陸奥国宣が下されている(24)。ここからも分かるとおり、六月令は何よりも検断規定として作成されたものであり、所領安堵の原則そのものを取り決めた法令ではない。後述する七月令（一同の法）が発布された後の十月に至っても、六月令に基づいた国宣が下されている事実こそ、それを雄弁に物語っていよう。

政権交替の混乱に乗じて「自由之妨」をなす者が続出していたことが、六月令発布の前提になる。前述の陸奥国宣には、「近日或帯宮之令旨、或称国司・守護被官、或又地下沙汰人以下、任雅意、有濫妨事」と記されており、「宮之令旨」や国司・守護との被官関係など、様々な口実が濫妨の根拠とされたことが読み取れる。西国における討幕運動が多元的な展開過程をたどったことは既にみたところであり、護良親王などは後醍醐の命をうけず独自に恩賞給与を約束した令旨を発して討幕勢力を組織した。諸国では護良とは別の皇子を奉じて挙兵するケースも認められ、それは後醍醐の皇子に限られるものでさえなかったという(25)。各地で「宮之令旨」が反幕府勢力の拠り所となったのである。

こうした事情が「自由之妨」の背景にあったとみられる。

したがって、紛争の主因は後醍醐の綸旨にあるのでも、護良らの令旨にあるのでもない。むしろ、様々な口実をもうけて権益拡大を図る在地諸勢力の主体的な行動こそが、事態の核心をなす。討幕の完了後も、在地諸勢力のエネルギーがなお無制限に噴出しようとしており、建武政権はそれを後醍醐の綸旨の枠内に抑え込もうと躍起になっていたのである。彼らの活動の根拠となりかねない護良の令旨は、やがて破棄すべき旨が宣言されることになる。

六月令では、綸旨を帯びずに「自由之妨」をなすことを禁じた上で、違犯族については国司・守護が勅断を待たずに召し捕らえて奏聞すべきことが命じられている。ここからは、勅断主義と国司・守護の活動を対立させて捉えることは困難である。むしろ、国司と守護は、中央の裁定を現地において執行する役割を期待されていたとみるべきであろう。本来的に性格の異なるはずの国司と守護が、その違いを明確にされないまま、ともに王権を現地で支えるため同等の役割を期待されたところに、国司・守護併置策の特徴が示されている。

ここで国司と守護が共に同等の国家的義務を期待されている点は、鎌倉時代前半の公家新制と共通する一面をうかがわせる。例えば、寛喜三年（一二三一）十一月三日の公家新制における「可仰諸国令追討海陸盗賊事」には、「仰諸国司并左近衛権中将藤原頼経朝臣郎従等、殊尋捜、宜令禁遏」とあり、国司と将軍頼経郎従が並記されている。[26] 同じ年に出されたとみられる幕府の追加法七二条「西国海賊事」には、「有対捍之輩者、為守護人之沙汰、可被注進交名也」とあるから、公家新制に見える頼経郎従とは具体的には守護を指すことになろう。翌年に作られる『御成敗式目』において、大犯三カ条に加えて「夜討・強盗・山賊・海賊」が守護の職掌として明記されることは周知のところである。このあと、軍事的権門としての幕府の比重が高まると、守護が海賊や悪党対策のため寺社本所領にまで介入を強めていく一方、国衙の側は軍事的な活動からは手を引いて守護の軍事力に大きく依存するようになる。

建武政権の国司・守護併置策は、国司と守護に同等の検断権行使を期待するという点で、鎌倉時代前半の体制に引き戻す一面をもっている。とはいえ、守護を国司と同様に王権のもとに直接（幕府・将軍を介さずに）把握しようとした点では、やはり鎌倉期とは歴史的段階が異なると言わなければならない。黒田氏が指摘するように、前代までの一切の国家機構を王権中心に再編・強化したところに、建武政権の特質があると判断すべきであろう。

三　建武政権の所領政策と国司・守護

建武政権の性格を論じる上で、これまで最も中心的に分析が加えられてきたのは、その所領政策であった。建武政権における勅断主義と地方行政との関わりを考える上でも、所領紛争への対応の仕方は重要な手がかりを提供している。議論の中心となってきたのが、次の法令である。

左弁官下　陸奥国
　応令士卒民庶当時知行地不可有依違事
右、大納言藤原朝臣宣房宣、奉　勅、兵革之後、士卒民庶未安堵、仍降糸綸被救牢籠、而万機事繁、施行有煩、加之、諸国之輩不論遠近悉以京上、徒妨農業之条、還背撫民之義、自今以後、所被閣此法也、然而除高時法師党類以下朝敵与同輩之外、当時知行之地不可有依違之由、宜仰五畿七道諸国、勿敢違失、但於臨時勅断者非此限者、国宜承知、依宣行之、
　元弘三年七月廿五日　　　大史小槻宿禰
少弁藤原朝臣(27)

この史料（七月令）を前掲の六月令と対比して論じた佐藤進一氏は、旧領回復（六月令）から当知行安堵（七月令）へ安堵内容の変更がなされたと解釈した。[28] これに対し、佐藤説を批判した黒田俊雄氏は、七月令の以前・以後とも安堵内容については当知行保証で一貫しているとし、安堵手続きの変更に七月令発布の意義を見出そうとした。[29] すなわち、広く綸旨を降ろすことはやめ、問題があれば国毎に処理させる方式に安堵手続きを変更したと解釈するのである。しかし、この黒田説に対しては、七月令以後も綸旨による個別安堵は消滅しておらず、変更の幅は大きくなかったとする小川信氏の批判が加えられた。[30]

近年、あらためて七月令を歴史過程の中に位置づけようとする研究が提示されてきている。市沢哲氏は、地方の混乱が収束するのに対応して、軍事的意味合いの強い六月令→国司の職権を明示した七月令→雑訴決断所設置（九月）と、段階をふんで機構整備が進められたとする。[31] そして、七月令は安堵が軍事の問題から裁判の問題へと転化したことを意味するものであるが、それ以後もなお綸旨による安堵が継続しているところに建武政権の軍政的性格が示されているとみる。一方、近藤成一氏は、政権交替期には旧領回復と当知行安堵が表裏の関係をもって現れるとした上で、政権の安定化に伴って両者は共に抑制されていくと述べ、当知行保護原則を確立したのが六月令、当知行安堵を抑制したのが七月令と解釈している。[32] さらに吉原弘道氏は、建武政権成立直後に混乱がみられるものの、まもなく当知行・本領ともに理非の判断に裏づけられた安堵制度に移行していったと捉え、その所領政策を鎌倉後期の延長線上に位置づけている。[33]

これら近年の研究に示された、戦乱の収束過程の中に七月令を位置づける視点は重要である。しかし、七月令発布が当初から予定されていたかのように理解するならば、それは事実に反する。七月令の文中に示されているとおり、所領相論の個々のケースに即して知行権を判断する方式が全国から綸旨を求めて京都に殺到する事態を招いたことから、混乱に対応するため何らかの一般原則を提示する必要に迫られ、予定外の政策変更を余儀なくされたのである。

前述したとおり、六月令は所領安堵の原則そのものを取り決めた法令ではなく、何よりも検断規定として作成されたものであった。このことからすれば、七月令発布以前に旧領回復原則を読み取る佐藤説も、佐藤説を批判するのに急なあまり七月令以前に当知行保証原則を読み取った黒田説も、ともに的外れと言わざるをえない。むしろ、七月令に至って、はじめて当知行保証を中心に安堵内容に関する原則的立場が明示されたとみるべきであろう。それ以前に存在していたのは、六月令にみられる検断規定と、個別的に知行確認をおこなう方式（七月令にみえる「此法」）にすぎなかった。七月令以前に当知行安堵の事例が現実に多かったとしても、それは当知行保護という基本原則を確立させていたことを示すものではない。七月令は、当知行保護の立場を天下一同に通用する原則として明確に打ち出したものであったがゆえに、これ以後「一同の法」と呼ばれて重視されることになる[34]。

翌年の三月頃に制定された九ヵ条からなる「条々」には、本領安堵（＝旧領回復）・当知行安堵・朝敵所領没収・恩賞地給与・濫妨停止など、この時期所領問題に関して建武政権が抱えていた課題が網羅的に示されている[35]。このうち当知行安堵については、既に「一同の法」を以て宣旨を下している以上、改めてここで原則を掲げる必要はないとされている。「一同の法」は、総括的に所領政策を定めたこの「条々」の一部を構成する内容をもつものであり、様々な所領問題のうちで当知行安堵の部分に関する根本法規と受け止められていたこと、同時に他の所領政策に先行する形で打ち出されたものであったことが確認できる。

このように、七月令は朝敵所領を除く当知行保護の立場を明示し、京都に上らずとも諸国で安堵をなしうる道を開くものであった。したがって、それは知行安堵の原則を示すものであると同時に、安堵手続き変更の内容も含むものであった。より正確に言えば、安堵に関する原則的立場を明示したがゆえに、諸国でも紛争処理が可能になったのである。

小川氏が黒田説を批判したように、現実には七月令発布以後も後醍醐の綸旨による個別安堵は消滅しておらず、諸国での紛争処理に移行するのは容易でなかった。国宣による安堵自体も、多くが京都においてなされていたようである。しかし、このことは「一同の法」の画期性を低めるものではなかろう。容易に移行できなかったとはいえ、国ごとに問題処理を委ねようとした点にこの法のねらいが示されている。むしろ問われなければならないのは、七月令の画期性にもかかわらず、以後も在地勢力が京都に問題解決を持ち込もうとしたのは何故かという点である。

当知行に不安を抱いた人々が続々と京上してくるのは、ある意味で政権交替期にみられる必然的な社会現象ともいえる。しかし、当知行保護政策の明示にもかかわらず、京上が容易に鎮静化しなかったのは、建武政権の予想を上回る動きであったとみられる。建武政権は当知行安堵にとどまらず、多様な在地要求に応える課題に迫られていた。在地諸勢力は綸旨や令旨などを自己に都合よく利用しながら、権益の維持・拡大の要求を京都に求めつづけたのである。彼らは、いかに国レベルでの紛争処理の道が開かれようとも、建武政権のもつ中央集権的な本質を見抜いていたのであろう(36)。

既に述べたように、もともと王権の強化は、後醍醐の個人的な政治意欲にのみ求められるべきものではなく、権門間の矛盾や権門政治の行き詰まり状況を鎌倉幕府に代わって止揚しうる権力・権威を求める動きの中で生まれてきたものであった。権門との紐帯を見限って人々が王権のもとに結集しようとする動きの根底には、中世社会の骨格をなす荘園制の動揺がある。とはいえ、彼らの動静は単純なものではなく、討幕運動の最末期になって攻守が逆転するまで、在地勢力の多くは一族の分裂を伴う複雑な動きをみせていた。それだけに、建武政権が成立して朝敵所領没収が展開し始めると、彼らは所領の維持・拡大を王権との直接的結びつきに求めるしかなかった。

したがって、旧領回復か当知行安堵かが争われる以前に、所領問題の上で、より重要な争点であったのは朝敵所領の没収という問題である。鎌倉末期、北条氏とそれに与同する勢力の所領は、西国を含め全国的に広く分布しており、建武政権はまず朝敵所領の没収を推進したはずである。そのことが、これに乗じた旧領回復要求を生み、逆に当知行安堵の必要性をも高めたと考えられる。(37)しかし、互いに矛盾しあう多様な在地要求の噴出を前にして、建武政権は柔軟かつ一貫性のある所領政策を欠いていた。それは、綸旨万能を基本とする中央集権的構造をもつ建武政権の限界である。在地状況に十分対応できる方策や手足をもたないまま、一元的に対応しようとすればするほど、建武政権の政治運営は朝令暮改的になり、やがて機能不全に陥っていくことになる。

建武政権下で国司・守護に一定の権限が付与された点は重要であるが、黒田氏も指摘したように、それは天皇勅裁と矛盾するものではなかった。紛争の裁定はあくまでも中央によってなされ、国司・守護は注進と遵行を主たる職務とすることで勅裁を支えたのである。所領安堵については、基本原則を明示した七月令（二同の法）が中央で発せられて、初めて国レベルでの処理が可能となった。しかし、七月令の末尾に「於臨時勅断者非此限」という但書が付されたように、これも勅断主義を否定するものではない。

このあと雑訴決断所が設けられて、綸旨の執行を所轄するようになっても、事情は基本的に変わらない。

諸国諸庄園狼藉国司守護注進事
注進状到来者、則可付決断所、彼所上卿差定奉行人、急速加評定、経　奏聞、任　勅答之趣、可召仰国司守護、不叙用　勅裁、構城墎及合戦者、就国司守護等注進、懸濫妨之本人、厳密可有其沙汰、（略）若国司守護注進不実之条令露顕者、被改所職之上、可被召所領（略）(38)

雑訴決断所を核とした中央の紛争処理機構の整備に対して、国司・守護はこれを現地で支える機関として位置づけられている。建武政権下の国司・守護は、基本的に中央政府の吏僚というところにその本質が求められるのであり、一定の権限が国に付与されたことを新政に矛盾するものと捉えるべきではない。それぞれの任用にあたっては露骨な論功行賞人事がおこなわれ、後醍醐の寵臣が国司の職を固め、守護には討幕に協力して戦功を挙げた在地勢力が抜擢されたのである。

そこには、王権を中心に結集したところに生まれた建武政権の構造的特質が貫かれている。だからこそ、権門との紐帯を見限った在地勢力は上京して王権に直結する動きを示した。知行認定権が中央政府に収斂する構造をもつ以上、問題の処理が諸国に委ねられようとも中央に向けての訴訟が続発するのは必然である。そしてこのような構造的特質が、国司・守護の併置にもかかわらず、建武政権が在地の諸要求に対して硬直した対応しか示せずに混乱を深めた理由でもあろう。「一同の法」発布や雑訴決断所の開設にもかかわらず、その所領政策はともすれば整合性を欠き、混乱を深めていく。在地社会に蓄えられていたエネルギーが幕府滅亡を機に一気に噴出し、建武政権の予想を越えた混乱が生じる中で、上からの統制不能の状況が生み出されることになる。

以上のように、建武政権下の国司・守護は、王権強化を国レベルで支える機関として上から統制される面を強く帯びていた。そのことは守護などが在地社会と結びつく動きを制約することになったと思われる。とはいえ、加賀の富樫、播磨の赤松、備前の松田、出雲の塩冶、安芸の武田、周防の大内、長門の厚東など、国内に勢力を蓄えてきていた多くの在地勢力が新政のもとで登用されたことの意味は決して小さくない。建武政権が短期間で解体し、諸機関が王権に直結する仕組みが崩れたあとも、彼らの多くは足利政権の側に転身しながら守護職を確保していくことになる。新政開始の際に登用された在地勢力を中核に、以後の地域社会秩序が形成されていくのである。このようにしてみると、建武政権が国司・守護を併置して一定の問題処理を国に委ねた点には、在地勢力の自立化を踏まえた地域支配という、室町期につながる方向性を見出すことができるように思われる。(39) 建武政権成立を機にエネルギーを噴出させた在地諸勢力の活動が、これ以後半世紀におよぶ南北朝内乱を引き起こし、中世後期の社会を切り開いていく原動力となるのである。

おわりに

従来の建武政権論においては王権強化の面ばかりが強調されてきたのに対して、本章では建武政権が在地諸勢力の動静に強く規定されながら展開していたことを論じてきた。王権強化それ自体が、権門の紐帯を見限る在地の動きに支えられて実現した面を重視するからである。その根底にあったのは荘園制の動揺であり、在地領主、荘官沙汰人、悪党・海賊、商工業者、百姓らがそれぞれに荘園制的な枠を越えて自立していく動きである。こうした点をみずに、後醍醐の野望や個性にばかり引きずられると、建武政権の歴史的性格が見失われてしまう。後醍醐の王権を軸としつつも、まず権力総体を捉える視点が重要なのであり、その上で改めて後醍醐の役割を問い直してみる必要がある。

後醍醐には、自己の理想を突っ走ろうとする恣意性・観念性・独走性があったことは事実であろう。しかし、個々の政策が現実離れしていたわけでなく、古代的観念による空想的産物とか現実への妥協策などと片付けられるものではない。本章で取り上げた国司・守護併置策や所領政策なども、上から一方的に打ち出されたものでなく、むしろ在地社会の動静に突き動かされながら展開していくのである。在地諸勢力は、後醍醐の予想を越える自立的な動きを示し、綸旨や令旨などを都合よく利用しながら権益の維持・拡大をはかった。建武政権の側は、政策をたびたび改変しながら彼らへの対応に追われたのである。

建武政権の打ち出した諸政策を論じるにあたっては、こうした視点に立ちながら検討を重ねていく必要がある。例えば、建武政権のおこなおうとした有名な施策に諸国諸荘園の検注があるが、これを命じる綸旨は給主らの要請によって発せられたという(40)。現実には、全国一律に検注をおこなうことは多様な利害のからむ問題であり、この時期それを性急に実施しうる条件などなかったとみられる。案の定、まもなく検注実施は延期されることになる。しかし、知行人の中からこうした要請が出されたこと自体は恐らく事実であって、そこに強力な王権を背景として所領の維持・再編を求める動きを見出すことは可能である。このほか、新関撤廃や座商業の統制、改銭の詔など、急速に拡大する貨幣経済に対応して打ち出されたとみられる流通・商業政策についても、在地社会からの要請を踏まえながら展開した側面を考えてみる必要がある。

建武政権の成立→分裂のプロセスは、単なる公武抗争とか政策の誤りなどに解消されるものではなく、上から下までの諸階層が王権に寄せる期待と幻滅から生み出される全社会的なダイナミクスの中で捉えられなければならない。こうした視点に立って建武政権の性格を考えてみると、黒田氏が説くように、それは権門体制そのものを克服して封建王政の方向を示したものと評価することができよう。王権のもとに国家権力を集中させた上で、在地社会を直接に把握しようとしたところに建武政権の特質が認められるのである。

そもそも、自立性の強い諸集団から構成される中世社会にあっては、諸集団の間に複雑で多様な利害の対立やズレが存在し、そこに権門体制的な形で国家が運営される必然性があった。自立的諸集団は諸権門に系列化されながら、権門相互の間で矛盾の調停がはかられていたのである。ところが、諸集団が権門の枠を越えて相互に関係を取り結ぶようになると、権門間での矛盾の調停だけでは問題は解決不能となり、王権による自立的諸集団の直接把握に向かわざるをえない。これが建武政権のめざした方向である。

しかし、黒田氏の言うように、建武新政はなお権門体制を克服しきるだけの条件と方針を備えていなかった。現実には、建武政権は特定の権門の利害にひきずられがちであり、在地諸勢力もまた権門体制そのものの否定を望んでいたかどうかは疑わしい。そして何よりも、在地の変動に十分柔軟に対応できる方策や手足を欠いていたことが建武政権の大きな限界だったと思われる。十分な機構整備を図ることなしに性急に一つの原則を掲げて複雑な在地状況に対処しようとしたとき、在地状況への不適応が生じる。王権による一元的対応の限界が露呈して、朝令暮改に陥ってしまう。自立性を強める在地諸勢力のエネルギーを中央に引き寄せる形で成立した建武政権は、やがて求心的・中央集権的構造からくるその限界を露呈していくのである。

結局、このような事情が権門の活動余地を残し、権門体制の再編をはからせることになった。王権に幻滅した在地領主の多くは、足利尊氏のもとへ結集することで武家権門の再建に協力していった。荘官沙汰人・名主・百姓層などは、寺社本所権門の庇護下で発言力を高める方向を探っていくことになる。これに対し、後醍醐と彼の子孫たちは、悪党・海賊勢力を中心に細々と生きながらえていかざるをえなかったのである。

とはいえ、建武政権の成立が多くの在地勢力の台頭をもたらしたという事実は決して軽視できない。鎌倉後期以降の社会変動が権力の専制化をもたらすという流れが基調にあったにせよ、建武政権の成立プロセスにおいて、王権と在地諸勢力が直接に結びつくという事態が生じ、在地勢力の中から守護に起用される一族が生まれたことの意味は大きい。ここで確定した守護配置が、このあと後醍醐と運命を共にして没落する者を除いて、足利政権にも基本的に継承されていく。しかも、王権が特定の在地有勢者を直接的に掌握して地域統合をはからせ、それを基礎に国政の安定をめざす方向こそ、中世後期の権力秩序の根幹を形づくっていくのである。したがって、中世後期の国家権力と地域社会の関わりは、鎌倉期の直線的な継承・発展として捉えられるべきではなく、何よりも建武政権の成立を起点に読み解いていかなければならない。

建武政権の崩壊後、最大の懸案であった所領問題は足利政権に引き継がれた。足利政権は、元弘没収地返付令を発してひとまず建武政権成立以前の状況に戻した上で、訴訟裁定機能を強化して、紛争の沈静化にむけて腐心していくことになる。しかし、在地諸勢力間の抗争が収まるまでには、長い内乱の過程を必要とした。内乱を経る中で諸勢力の淘汰が進み、軍功の実績に応じて知行権が確定されて、所領支配をめぐる対立は次第に整理されていくのである。そして、諸国の軍事指導者であった守護の権限は内乱を通じて格段に強化され、複雑な在地状況に対応した地域社会秩序が守護を中心に形成されるようになる。このような地域秩序が、守護を媒介としながら幕府のもとに重層的に結びつけられることによって、室町幕府—守護体制が成立するのである。

(1) 西谷正浩「鎌倉期における貴族の家と荘園」(『日本史研究』四二八、一九九八年)。
(2) 佐藤進一『南北朝の動乱』(中央公論社、一九六五年)。
(3) 網野善彦『異形の王権』(平凡社、一九八六年)。
(4) 海津一朗「鎌倉末期秩父地方の郷々地頭一揆状況」(『中世の東国』六、一九八三年)。
(5) 吉井功兒『建武政権期の国司と守護』(近代文芸社、一九九三年)を参照。
(6) 外岡慎一郎「鎌倉幕府指令伝達ルートの一考察」(『古文書研究』二二、一九八三年)。
(7) 伊予の守護となった河野氏は、最後まで鎌倉幕府に付き従った惣領家の通盛ではなく、討幕運動に加わった庶流の得能通綱である。
(8) 吉井前掲『建武政権期の国司と守護』。
(9) 堀内和明「和泉の国地頭について」(『日本歴史』五七一、一九九五年)。
(10) 佐藤前掲『南北朝の動乱』。

(11) 清水三男「建武中興と村落」(『日本中世の村落』日本評論社、一九四二年)。
(12) 古沢直人「北条氏の専制と建武新政」(『講座・前近代の天皇』一、青木書店、一九九二年)。
(13) 遠藤基郎「鎌倉後期の知行国制」(『国史談話会雑誌』三二、一九九一年)。
(14) 市沢哲「鎌倉後期の公家政権の構造と展開――建武政権への一展望――」(『日本史研究』三五五、一九九二年)。
(15) 白川哲郎「鎌倉時代の国衙と王朝国家」(『ヒストリア』一四九、一九九五年)。
(16) 後述する「一同の法」においては、建武政府は朝敵所領を除いて当知行安堵をおこなうように「五畿七道諸国」に命じた。これに基づいて、国ごとに所領安堵を処理したのは守護ではなく国司である。このことは、守護の職掌が基本的に検断機能にとどまり、検断を含む多方面の機能を有する国司の権能と本来的に異なるものであったことを示唆する。とはいえ、多くの法令で守護と国司が並記されている事実は、所領紛争をはじめとする各種の裁定が専ら中央でなされて、国司は守護と同程度の役割しか実質的に果せなかった建武政権の構造的特質を表していると考えられる。
(17) 吉井前掲『建武政権期の国司と守護』三六〇・三六三頁。
(18) 建武政権期の国司・守護の変遷や活動内容については、吉井前掲『建武政権期の国司と守護』において詳細な分析がなされている。
(19) 黒田俊雄「建武政権の所領安堵政策――一同の法および徳政令の解釈を中心に――」(『赤松俊秀教授退官記念国史論集』京都大学文学部国史研究室、一九七二年、のち黒田『日本中世の国家と宗教』岩波書店、一九七五年に所収)。
(20) 黒田俊雄「中世の国家と天皇」(『岩波講座日本歴史』六、一九六三年、のち黒田前掲『日本中世の国家と宗教』に所収)。
(21) 元弘三年六月十五日口宣案(『大日本古文書』「金剛寺文書」一二九)。
(22) 佐藤進一「守護領国制の展開」(『新日本史大系』三、朝倉書店、一九五四年)。佐藤前掲『南北朝の動乱』。
(23) 吉原弘道「建武政権の安堵に関する一考察」(『古文書研究』四〇、一九九五年)。
(24) 元弘三年十月五日陸奥国国宣并事書写(「結城文書」有造館本、『大日本史料』六編之一)。
(25) 市沢哲「南北朝内乱期における天皇と諸勢力」(『歴史学研究』六八八、一九九六年)。
(26) 寛喜三年十一月三日新制(『鎌倉遺文』四二四〇)。

(27) 元弘三年七月二十五日官宣旨案（『鎌倉遺文』三二三九三）。
(28) 佐藤前掲『南北朝の動乱』。
(29) 黒田前掲「建武政権の所領安堵政策」。
(30) 小川信「南北朝内乱」（『岩波講座日本歴史』六、一九七五年）。
(31) 市沢哲「後醍醐政権とはいかなる権力か」（『争点日本の歴史』四、新人物往来社、一九九一年）。
(32) 近藤成一「本領安堵と当知行安堵」（『都と鄙の中世史』吉川弘文館、一九九二年）。
(33) 吉原前掲「建武政権の安堵に関する一考察」。
(34) 鎌倉末の後醍醐親政期においても、個別的な対応ではなく、普遍性を自覚してなされた政策提示（役夫工米賦課に関するもの）が「一同之法」の名で呼ばれている（上杉和彦「鎌倉期役夫工米の賦課と免除」『史学雑誌』一〇四—一〇、一九九五年）。七月令が同じく「一同の法」と呼ばれたことは、それ以前には知行確認に関する普遍的な原則は公示されておらず、ケースバイケースで処理されていたことをうかがわせる。このような筆者の考えは、伊藤喜良「建武政権試論——成立過程を中心として——」（『行政社会論集』一〇—四、一九九八年、のち伊藤『中世国家と東国・奥羽』校倉書房、一九九九年に所収）で示された理解に近い。但し、伊藤氏が陸奥国国宣（陸奥国検断事書）の第一項を「一同の法」に比定するのは無理がある。この国宣は、あくまでも検断に関わる内容を示したものであって、所領問題の原則を示したものではない。第一項で係争地をひとまず「本知行之仁」に沙汰居えるとしたのも、「所々濫妨」を鎮めるための暫定的な処置にすぎず、知行権の帰趨は訴訟の場における理非の判断を経て最終的に確定されたとみられる（吉原前掲「建武政権の安堵に関する一考察」）。
(35) 『建武記』（『中世政治社会思想』下〔『日本思想大系』二二〕）。
(36) 元弘三年八月の門司親胤申状（『鎌倉遺文』三二四八九）によれば、当知行安堵の綸旨を申請した親胤は、「非常御徳政」として本領・武家給恩地ともに安堵の綸旨を下賜せられんことを求め、もし安堵せずんば忽ち餓死することになり、綸旨を下されなければ所々の狼藉は断絶しないと述べている。在地領主たちはこうしたリアルな状況認識にたって綸旨発給を求めたのである。
(37) 後年、足利政権が所領政策においてまず着手したのが元弘没収地返付令であった事実からも、朝敵所領の没収こそが建武政権によってなされた所領政策の根幹であり、それが所領をめぐる紛争に火をつけた主因であったことがうかがわれる。

(38)『建武記』。

(39) 吉井功児氏は、新政期守護が足利政権の守護につながっていく面を重視し、とくに新政期の国司・守護兼帯者が強力な統治を実現したところに、室町幕府―守護体制下の守護の先駆者的な性格を見出そうとした（吉井前掲『建武政権期の国司と守護』、吉井『中世政治史残篇』トーキ、二〇〇〇年）。また、伊藤喜良氏は、建武政権は国司と守護を多くの国々でいずれ兼帯させる方針をもっていたのではないかと推測している（伊藤『南北朝動乱と王権』東京堂出版、一九九七年）。一方、森茂暁氏は、建武新政が守護に対して国司に伍する公的地位と任務を与えた点に室町期守護への発展の決定的契機を見出している（森『後醍醐天皇』中央公論社、二〇〇〇年）。建武政権がめざした王権強化と国別紛争処理のシステムは、のちに室町幕府―守護体制という形で結実したとみることができる。

(40) 建武元年三月十七日官宣旨（『建武記』）。

第二章　足利政権成立期の一門守護と外様守護

――四国支配を中心として――

はじめに

足利政権の成立と展開を考えていく上で、足利一門の守護が担った役割は重要であり、これについては小川信氏の詳細な研究がある。[1] そこでは、細川・斯波・畠山の三氏の成立と発展に関して、綿密な実証的考察が加えられている。この三氏は義満期になって管領職を出す家柄として固定していくことになるが、とくに貞治六年（一三六七）に管領に就任した細川頼之は幼年の義満に代わって幕府の実権を握った。その権力基盤となったのは、四国を中心とする細川氏の強力な分国支配であった。

南北朝期初頭以来四国に勢力を植えつけた細川氏は、阿波・讃岐・土佐の守護職を獲得し、残る伊予についても南北朝期の末に東予二郡の分郡知行権を獲得している。[2] しかし、その野望であった四国全体の分国化は、ついに成し遂げることができなかった。細川氏の強力な圧力にもかかわらず、伊予のみが細川氏の分国に組み込まれなかった事情を考えたとき、浮かび上がってくるのは外様守護河野氏の存在である。

足利政権にとって、外様守護をどのように位置づけるかは、一門守護の配置と並ぶ大きな課題であったと思われる。一門守護と外様守護の変遷についても、小川氏が以下のように簡潔に整理をおこなっている。南北朝期には守護の変動が激しく、当初は足利一門が畿内近国を中心に積極的に守護に起用された。しかし観応の擾乱以後、一門・譜代層は必ずしも重視されなくなり、没落する者が多くなる。そして南北朝末期に守護の配置が固定化し、一門・譜代層は細川・斯波・畠山ら八氏に淘汰され、畿内近国を主な基盤としながら幕府の中枢部を形成していった。これに対して、畿内から隔たった地域では、中・四国の大内氏や河野氏など、鎌倉期以来の根強い基盤をもちながら生き残っていく外様守護がみられた。

一方、漆原徹氏は足利政権成立期の守護権限の内容に分析を加え、畿内から中国地域においては一門守護が外様守護に優越する軍事的権限を与えられていたことを指摘した(3)。小川氏と同様、中央の政治情勢の変動と結びつけて、主に政策的な面から守護の配置に関する見解が示されている。

本章においては、単に足利政権の側からだけではなく、この時期自立性を強めていた地域社会の動きとこれを包摂・編成していこうとする中央国家の対応に注意しつつ、四国における守護職の推移とこれをめぐる抗争について分析を加える。その際、とくに国大将とのかかわりにふれながら、地域権力が室町幕府―守護体制に組み込まれていく事情を考察していくことにしたい。

一　室津の軍議における守護と国大将

鎌倉期の細川氏は、三河国額田郡内の細川郷を本拠地とする弱小御家人にすぎなかったとされる。ところが、元弘・建武期の激動の中で有力大名へと飛躍的な発展を遂げ、とりわけ四国地域に堅固な権力基盤を植えつけていくことになる。細川氏と四国の結びつきを最初にうかがわせるのは、建武政権において細川和氏が阿波守に任じられたことである。しかし、その活動の実態や在地とのかかわり方などは一切明らかでない。

建武二年（一三三五）十一月、中先代の乱鎮圧のため関東に下っていた足利尊氏が、鎌倉において建武政権への離反の意志を鮮明にした。これに呼応して、細川和氏の従弟定禅は、讃岐の鷺田荘で挙兵をおこなったという。『香川県史』は、定禅の挙兵は讃岐藤原氏の協力によるところが大きかったとし、かねてより建武新政に不満をもつ在地勢力の存在を指摘している。讃岐の要港宇多津から東上を開始した定禅は、播磨の赤松勢などと合流し、中・四国の軍勢を率いて西から京に迫った。翌三年正月、定禅は山崎を守る官軍を撃破し、尊氏の軍勢に先んじて入京を果すのである。このあと正月から二月にかけて京・畿内を舞台に繰り広げられた戦闘において、四国勢は一貫して細川氏を大将に軍事行動をおこなっている。まもなく足利方は、兵庫より海路九州に落ちのびて体制の立て直しをはかる。『梅松論』によれば、このとき赤松円心は尊氏に対して、「先四国へは、細川の一家下向あるべし、中国、摂津、播磨両国をば円心ふまゆべきなり、」と進言したとされ、四国は細川に、中国は赤松にという支配構想が示されている。さらに九州下向の途上、播磨の室津に逗留した際には、軍議において次のような取り決めがなされたという。

或人の云、京勢は定て襲来へし、四国九州に御著あらん以前に、御うしろをふせかむ為に、国々の大将をとゝめらるへきかと申けれは、尤可然と上意にて、先四人（国）は細川阿波守和氏、源蔵人頼春、掃部介師氏、兄弟三人、同従弟兵部少輔顕氏、卿公定禅、三位公皇海、帯刀先生直俊、大夫将監政氏、伊予守繁氏、兄弟六人、以上九人なり、阿波守と兵部少輔両人成敗として、国において勲功の軽重に依て、恩賞を行ふへき旨仰付らる、播磨は赤松、備前は尾張親衛、松田の一族を相随て、三石の城にとゝめらる、備中（後）は今河三郎、四郎兄弟、鞆尾道に陣を取、安芸国は桃井の布河匠作、小早川一族を差置る、周防国は大将新田の大島兵庫頭、守護大内豊前守、長門国は大将尾張守、守護厚東太郎入道この記事によって、京都の宮方の派遣する追手を防ぐために国々の大将が定められたことが知られる。先に触れた赤松円心の進言と違って赤松氏の管轄は播磨一国にとどめられ、中国には国別に大将が配置されているが、四国については細川一族がおさえるという構想が踏襲されている。細川和氏の兄弟三名と従弟顕氏の兄弟六名、あわせて九名が四国支配を担当し、和氏と顕氏の成敗により恩賞の沙汰がなされることになったという。実際、同年に阿波や讃岐・伊予において恩賞地を宛行った和氏・顕氏連署奉書が四通確認される。『梅松論』における国大将配置の記述は、確実な史料と一致する点が多く、概ね正確と考えてよかろう。定禅の挙兵から室津における大将配置までの一連の経過こそ、このあと細川氏が四国地域をその権力基盤の中心にすえていく状況を決定づけたのである。

佐藤進一氏は、『梅松論』の記事から中・四国の大将配置を表にまとめ、四国は細川一族、播磨は大将不在（守護は赤松円心）、備前は石橋和義（守護は松田盛朝）、備後は今川兄弟、安芸は桃井盛義と小早川氏、周防は大島義政（守護は大内長弘）、長門は斯波高経（守護は厚東武実）という体制がとられたと解釈した(4)。これを類別すると、a型　足利一族（四国・備後）、b型　国の豪族出身の守護（播磨）、c型　abの併用（備前・安芸・周防・長門）の三タイプが確認されるという。そして、建武三年二月の室津の軍議でうち出された軍勢配置は、先代の守護体制への復帰を基本とした反新政の体制であり、これが以後の守護体制の原型になったと評価するのである。

しかし、このときの軍議で直接的に問題になっているのは、あくまでも建武政権側からの追撃を防ぐことを目的とした大将配置である。室津から九州を結ぶ瀬戸内海沿岸の諸国に限定されているのは、そのためである。大将の配置が足利政権による守護制度の整備と何らかの関連を有するものであることは事実だとしても、これがそのまま守護制につながっていくとみてよいか、或いはこれが守護制の原型になったとすればいかなる意味においてであるのか、なお検討を要するところであろう。

軍議でうち出されたのが大将の配置であったことからすれば、この記事の中で各国・地域ごとに最初に書き上げられている者が大将とみるべきである。播磨の場合、赤松円心は大将と解するべきであり、佐藤氏のように守護と捉えるのは適切でない。円心は建武政権発足当初に当国守護であったようだが、まもなく新田義貞に代えられたとされる。尊氏は、細川定禅の京攻めに協力した赤松氏を、播磨の国大将に登用したのである。

備前の場合は、足利一門である尾張親衛（石橋和義）が松田一族を随えて三石城にとどめられたという。和義が大将に相当し、松田氏はこれに随従する立場にあったと読みとられる。新政期の当国守護については、『太平記』の記述をもとに松田盛朝をこれに比定する見解が有力であるが、『梅松論』の記事では松田氏を守護と明示してはいない。

備後については、足利一門の今川兄弟（顕氏・貞国）を鞆・尾道に在陣させることが定められた。これに従って軍忠を挙げた者には、今川氏から闕所地が預け置かれている。新政期の当国守護は朝山氏であったが、この段階でも宮方にふみとどまっていたようである。尊氏は朝山氏を味方につけようとはたらきかけており、二月十九日には朝山景連に対して当国大将今川三郎（顕氏）と共に国中静謐の沙汰をなすよう命じている(5)。同年五月に至って、景連が足利方に転じて活動していた事実を確認できる(6)。

安芸に関しては、佐藤氏は桃井盛義と小早川祐景の二名を大将と捉えている。しかしながら、二月十五日、祐景の父景宗は桃井氏に属して一族に相談しながら軍忠を致すよう尊氏から命じられている(7)。これは、小早川氏を大将とすることに疑問を抱かせる。むしろ前掲『梅松論』の記事は、備前において石橋和義が松田一族を随えたのと同じように、足利一門である大将桃井氏が小早川一族を随従させたと読みとるべきではなかろうか。なお、新政期の当国守護であり、早くから足利方に転じていた武田信武は、この段階では畿内にふみとどまっていたため、ここには登場してきていない。

『梅松論』の記事では、周防・長門の両国のみ、大将と守護が併記されている。周防国大将は新田一門の大島義政であり、長門国大将は足利一門の斯波高経である。両国の守護である大内長弘と厚東武実については、ともに新政期の守護とする見方が有力であり、尊氏の政権離脱に従って足利方に転じたものとみられる。尊氏は、守護という従来からの地位を各々に安堵することで、彼らが大将を支えて活動することを期待したのであろう。大将・守護の併用方式を、とくに両国に限って意識的に採用したというわけではあるまい。

以上のように、このとき大将に任用されたのは原則として足利一門かこれに準ずる人々であった。細川氏が勲功の賞を宛行う権限まで付与された点からもうかがえるように、彼らは足利氏の権威を背景にその軍事的権能を代行する存在であったと考えられる。これに対して、この段階で見出される守護とは、新政期守護のうちで足利方に転じた者が従来どおりその地位を安堵されたケースに限られる。しかも、この記事で守護として名前が見出せるのは、尊氏に従って西国にあった者たちだけである。すなわち、国大将を配置して追撃が予想される敵軍に備えるのがこのときの第一義的な課題なのであり、守護に関しては一定の方針をもって制度化がはかられたわけではない。

このあと山陽道諸国で確認される足利方の守護は、播磨が赤松、備前が松田、備後が朝山、安芸が武田、周防が大内、長門が厚東である。赤松氏を除けばいずれも国大将ではなく、新政期守護のうちで足利方に転じた者たちである。赤松氏の場合も、護良親王の失脚とともにその職を解かれたとはいえ、新政当初には播磨守護であったとみられる。したがって山陽道諸国について言えば、足利政権による守護制は新政期の守護配置をほぼそのまま受け継いだ形で出発したのである。

以上の点からみて、国大将の配置は基本的に尊氏西走期の緊張状態に対応するもので、足利政権の守護制に直接結びつくわけではない。したがって、これを守護体制に引き付けてその原型と理解する佐藤説はそのままでは成り立ちにくい。また、室津の軍議をもって大将・守護併置策が打ち出されたとするような過大な評価も慎むべきであろう。一方、守護制について言えば、足利政権成立期の守護制は佐藤氏の言うような先代の守護体制への復帰を基本とした反新政の体制などではなく、むしろ新政の守護配置を容認・継承するものであったとみた方がよい。

漆原徹氏は、室津の軍議における諸将配置を臨時の措置とした上で、このとき派遣された一門諸将の軍事的優位性から足利政権初期の基本的な軍事方針を読み取ろうとしている(8)。国大将の配置は、たしかに足利一門の優位性を示すものであろう。同時に、これを新政期の守護と組み合わせる形で足利政権の地方支配がスタートしたという点を、ここでは重視しておきたい。

さて、山陽道諸国と対比すると、四国においてはかなり様相が異なる。既述のように建武三年(一三三六)二月の室津の軍議では、四国大将として細川氏の一族が配置された。このときの『梅松論』の記事には、在来の守護や地頭御家人は一切登場していない。四国における新政期の守護は、いずれも足利方に転じることのないまま没落したようであり、このことが以後の細川氏による四国支配の展開にとって有利な条件となったと考えられる。

同年二月十五日に二通、四月十五日・五月十五日に各一通、計四通の細川和氏・顕氏連署奉書の存在が確認されている。それぞれ、阿波国勝浦荘公文職(大粟彦太郎跡七分一)を漆原兼有に、讃岐国高瀬郷領家職を秋山孫次郎に、伊予国壇生郷西方地頭職内の所領を同国萱生寺衆徒中に、阿波国坂野新荘中方地頭職(織原弥三郎入道跡)を村岡武藤三郎入道跡に宛行ったものである(9)。『梅松論』の記事にあったとおり、和氏・顕氏の両名は尊氏からとくに恩賞地の宛行権を委任されていたのである。山陽道諸国でも備後の今川氏、安芸の桃井氏などが軍忠の者に所領を預け置いていた事実が確認されるけれども、宛行権にまで関与していたのは細川氏だけである。

また、この時期(少なくとも二月中旬より五月中旬まで)の四国では、大将や守護が国別に配置されていたのではなく、細川氏一族が四国全体の軍事指揮権・恩賞宛行権を足利氏から一括して委ねられていたものと推察される。この点も山陽道との大きな違いであろう。同年六月に尊氏が上洛を果して足利政権が確立すると、四国においても国別の守護制度が整えられていく。しかし、細川氏一族による一括支配から守護による国別支配へと切り替えられたのがいつの時点であったのかは判然としない。

例えば阿波では、新政期に阿波守をつとめ室津の軍議で四国大将に任じられた細川和氏が初代の守護に就任したと考えられているが、これを確実に証拠だてる史料は残されていない。和氏が暦応三年（一三四〇）に公務から退いたあと、翌四年十一月に至って弟頼春の当国守護在職の確実な徴証が現れる。これ以後、阿波国守護職は頼春の子息頼之へ、ついでその弟頼有へと相伝されていくのである。

讃岐においては、やはり四国大将とされた細川顕氏が初代の守護と考えられている。顕氏の手になる軍勢催促状・感状・施行状などが、建武四年三月から十二月にかけて発給されているからである。このあとも顕氏の分国支配は順調に進展したようであり、観応三年（一三五二）に死没するまで守護職を維持している。顕氏の死後は子息繁氏が守護となったが、彼もまもなく死去したため、頼春の嫡子で阿波守護であった頼之が守護職を獲得した。

土佐に関しては、まず建武四年正月に香美郡若一王子社に禁制を下した細川顕氏が守護に在職していたとされる。ところが、同年七月下旬に伊予発向を命じられた土佐の守護を顕氏とは考えにくく、小川信氏は別人に改補されたものとみている。やがて暦応二年十一月になると、伊予から紀伊に転じて南軍と交戦していた細川皇海が土佐に発向していたことが確認される。このときの皇海は、単なる軍事指揮者ではなく、土佐国守護となっていたと推定されている。このの後ち当国守護職は、顕氏とその子息繁氏を経て、頼之系に伝えられていくのである。

以上の点からみて、新政期守護がいずれも足利方に転じることなく没落した四国においては、まず室津の軍議で四国大将となった細川一族が軍事指揮権を一括して委ねられた。まもなく足利政権が確立するに伴って、細川一族はその軍事指揮権を根拠に国別の守護職を得ていった。細川一族は和氏兄弟と顕氏兄弟に大別されるが、阿波・讃岐・土佐の守護職はいずれも彼らの間で伝えられていくことになる。そして、南北朝末期には、すべて細川頼之のもとに帰すのである。

これに対して伊予は、他の三国といささか事情が異なる。もちろん伊予でも、細川氏一族の活動が散見される。建武三年四月三日、顕氏の弟定禅は三島社大祝氏に宛てて足利家への祈禱精誠を命じている(10)。同月十五日には、前述の細川和氏・顕氏による菅生寺衆徒中への所領宛行がなされた。十月には、細川皇海が南朝勢力を誅伐するため伊予に発向しており、翌年四月まで半年ほど在国している(11)。しかし、小川信氏によれば、皇海は国大将の地位にとどまり、守護に転じることはなかったとされる。伊予国守護に就任したのは、細川氏ではなく河野氏であったというのである。四国大将細川氏が軍事指揮権を根拠に守護職を獲得していく動きと、伊予国内で伝統的な勢力基盤を保持する河野氏の関係はどのようなものであったのか、あらためて分析を加えてみる必要がある。

二　河野氏による伊予国地頭御家人統率権

鎌倉初期の河野通信は、平氏討伐以来、将軍家への奉公に励むことによって、守護から自立して独自に御家人を統率する権限を保持するなど、西国領主の中では異例の待遇をうけていた(12)。河野氏は承久の乱で一旦勢力を後退させるが、元寇における活躍を契機に再びその社会的地位を上昇させ、鎌倉末期に瀬戸内海で海賊が跳梁するようになると、幕府から度々海賊討伐の命令をうけている。元応年間、西国における悪党・海賊の活動に手を焼いた鎌倉幕府は、国ごとに「有名ノ仁ヲ両使ニ定メ、地頭御家人ヲ結番」して鎮圧をはかった（『峰相記』）。伊予では、このとき河野氏とその庶流である土居氏が両使となり、地頭御家人を催促して海上警固をおこなっていたことが知られる。(13)このように、鎌倉初期と末期に、河野氏が国内地頭御家人の催促権を保持していた点は注意しておく必要がある。

さて、元弘年中、後醍醐天皇の呼びかけに応えて反幕府勢力が挙兵すると、幕府は急ぎその鎮圧に乗り出す。伊予国守護宇都宮氏が河内攻めに出陣し、河野通盛も四国勢を率いて大船三百余艘で上洛したという（『太平記』）。一方、伊予国内では、宇都宮氏や河野氏の留守中のタイミングをとらえて、土居・得能・忽那・大祝氏らが反幕府方に立って挙兵している。この挙兵は元弘三年（一三三三）二月頃とみられ、諸国の動きに比べてもかなり早い。伊予における強大な海上勢力の存在が、討幕勢力の組織化をはかる後醍醐の企てと結びついたのであろう。周防・長門両国軍勢を率いて渡海してきた北条時直も撃退されて、「四国ノ勢、悉ク土居・得能ニ属シ」（『太平記』）たという。以後、伊予は長らく後醍醐方・南朝方の西国における拠点的位置を占めることになるのである。

建武新政期においては、河野氏の惣領職は庶流の得能通綱に与えられており、吉井功兒氏は通綱を同時期の伊予国守護に比定している。(14)一方、この時期の河野通盛の動静ははっきりしないが、(15)まもなく建武政権は通盛を帰国させて伊予の安定化をはかろうとしたようである。建武二年（一三三五）十月には、通盛に伊予国内の所領を領知させることを命じた太政官符も出されており、通盛の伊予帰国が想定できる。(16)

同年十一月の足利尊氏の建武政権からの離反は、通盛にとって新たな局面を切り開くことになった。翌年二月、京から九州へ落ちのびる途上にあった足利方は、通盛に宛てて次のような御教書を発するのである。

直義公

元弘以来被収公所領事、如元可有知行之状如件、

建武三年二月十五日　　　　在判
河野九郎（通盛）左衛門尉殿[17]

伊予国河野四郎通信跡所領等、為本領之上者、任先例可致沙汰之状如件、
　建武三年二月十八日　　（尊氏）（花押）
河野九郎左衛門尉殿[18]

前者は、鎌倉幕府滅亡の際に建武政権より収公された所領を返還する、いわゆる元弘没収地返付令である。後者は、さらに承久の乱の時点にまで遡って、河野通信が没収された所領を返付することを約したものである。元弘没収地のみならず鎌倉初期の通信跡所領の回復が取り上げられている点は、以後の河野氏の地位や権限を考える上で重要であろう。通信が築いた地歩の回復は南北朝期における河野氏の基本的な政治目標となっていった。なお、室津の軍議で細川氏に四国支配を委ねることが決定されたのは、この御教書が発せられる直前のことである。

河野通盛は、足利方の熱心な勧誘に応え、尊氏に従って九州に下ったようである。足利軍が六月に再び上洛を遂げて後醍醐方と衝突すると、通盛も京・畿内の各地を転戦している。六月五・六・十一日の合戦に関する通盛の実検注文が残されており、彼の率いた軍勢の構成がうかがえる。[19]それによれば、「伊予国軍勢」は仙波・設楽・二宮・江戸といったそれぞれ若党を伴う小武士団の集合体から成っていたようである。その中には、二宮義親のように三十人以上の若党を伴っていたことが判明する武士もいる。[20]六月十四日および十二月三十日の軍勢催促状に、「一族并伊予国地頭御家人」を動員するよう命じた文言があることからも分かるとおり、通盛は京・畿内の合戦で自身の一族のほか

に国内の地頭御家人の軍勢も引率していたのである。通盛の催促に従って発向した伊予国地頭御家人の軍忠に対しては通盛の注進に基づいて恩賞が付与され、逆に通盛の指揮に従わない場合は通盛より注申された交名に従って罪科が処せられている。(21)

こうした権限を得た通盛について、小川信氏は伊予の守護在任を推定している。これが事実であれば、河野氏は尊氏入京と同時に守護に就任したことになる。しかし、この時期、小川氏も指摘するように、畿内転戦中の通盛には伊予国内に目を向ける余裕はなかったとみられる。伊予では、同年十月以降、細川皇海が下向して南朝勢の討伐を開始している。「忽那一族軍忠次第」延元二年の項に、「和介浜大将細河三位合戦」と記されていることからも分かるように、その権限は四国大将という軍事的な地位に基づいたものであった。(22)けれども、その細川氏をもってしても、伊予の南朝勢力は容易に鎮圧できなかったようである。そこで幕府は、地頭御家人統率権を有した通盛を畿内から帰国させ、皇海に協力させることで南朝方との力関係の逆転をはかった。

直義公

伊予国凶徒誅伐事、兼日下細河三位皇海訖、不日令下国、相催一族并当国地頭御家人、令談合皇海、可対治之状如件、

建武三年十一月二日　在判

河野対馬入道殿(通盛)(23)

しかし、通盛はこのあとも畿内にとどまり、皇海の伊予出国後の翌建武四年の半ば頃にようやく帰国している。これ以後、彼は伊予における足利方の中心的存在として南朝勢力の討伐にあたった。七月二十二日の御教書によれば、足利直義は通盛に対し「安芸・土佐両国守護并軍勢」を差し遣わすことを伝えている。(24)また、同年十月十七日の幕府

引付頭人奉書では、伊予国国分寺と寺領を極楽寺雑掌に沙汰付けることが守護に命じられている。

極楽寺雑掌隆慶申、当国々分寺、同寺領等事、解状如此、去年十二月十二日、所被下　院宣也、早任先例可沙汰付雑掌、若有帯証文申子細之族者、且取進校正案、且可催上其仁、使節亦有緩怠者、可有其科之状、依仰執達如件、

建武四年十月十七日　　　阿波守（細川和氏）（花押）

伊予国守護(25)

通盛の守護在任を説く小川氏や佐藤進一氏(26)は、この奉書の宛所にみえる伊予国守護を通盛に比定している。次の史料から分かるように、奉書をうけて現地で執行にあたったのは、たしかに河野通盛であった。

極楽寺雑掌隆慶申、伊与国国々分寺同寺領等事、任去々年十二月十二日　院宣、可沙汰雑掌由事、去年十月十七日施行付給候了、先立御管領上者、不可有子細候歟、恐々謹言、

暦応元十一月十九日　　　善恵（河野通盛）（花押）

智承上人(27)

伊予国々分寺同寺領等事、就建武三年十二月十二日院宣并同四年十月十七日奉書、親父善恵為使節、令沙汰付雑掌候之上者、御知行不可有相違候、余戸田孫六郎若猶於得万名分、致違乱事候者、至其期可有其沙汰候、恐々謹言、

暦応四三月八日　　　通遠（河野）在判

智承上人御房(28)

前者は前年の引付頭人奉書をうけて作成された通盛（善恵）の請文であり、さらにこれをうけて通盛の子息通遠が知行を安堵したのが後者である。ところで、後者によれば、通盛は「使節」という立場で遵行をおこなったことが読み取れる。一般に使節とは、守護とは別に幕府の下知を遵行する役割を果し、守護と相互補完的に地方行政を担う存在である。前年の引付頭人奉書にも現地で執行にあたる者が「使節」と表現されていたが、ここでは宛所である伊予国守護の派遣する守護使を指すとみるのが自然な解釈であろう。いずれにしても、伊予国守護と使節＝通盛とは別人であった可能性が高いと思われるのである。

これまでみてきたように、足利氏が通盛に伊予国地頭御家人を統率する権限を認めていたことは事実である。但し、この事実から直ちに、その前提に守護職の補任が想定されると結論づけるとすれば、そこには制度史的な研究方法のはらむ問題点を指摘せざるをえない。足利政権の成立につながる内戦の渦中において、地頭御家人の統率が果たして守護職補任という手続きを必要とするものであったかどうかは、なお慎重な検討を要する。むしろ、伊予の地頭御家人の多くは出国当初から通盛に率いられる形で足利軍に合流・参陣していたとみることも可能である。その場合には、通盛による軍勢統率は足利氏からの権限付与に先行して存在していたものと性格づけられてくる。

そもそも、河野氏による伊予国地頭御家人の統率には、前述したように一定の歴史的前提が存在する。すなわち、鎌倉初期の通信は守護から自立する形で伊予国の御家人役の催促にあたっていた。これは在庁官人に出自する河野氏のもとに国衙軍制の一部が分有されていたものと考えられる(29)。さらに鎌倉末期には、通有が両使の一方として一族の土居氏とともに地頭御家人を催促して海上警固にあたっていた(30)。足利氏が京都で後醍醐方との決戦に臨んだとき、河野氏の地頭御家人に対するこうした影響力の大きさは十分認識されていたはずである。伊予が後醍醐方の重要拠点であったことを考えれば、伊予の地頭御家人の動員は河野氏の影響力を介するのが有効と判断されたのにちがいない。

山陽道諸国では足利政権による守護制が新政期の守護配置を基本的に受け継ぐ形でスタートすることは前述した。しかし、新政期守護がいずれも没落した四国においては、守護制度を国大将制とかかわらせて捉える視点が求められる。すなわち、室津の軍議で国大将に定められた細川氏が、そのまま守護に転じるケースが一般的なのである。伊予においても、建武三年十月の細川皇海、翌四年十月頃の細川九郎三郎と、足利氏の信頼あつい細川氏が上意を体して下向し、南朝方討伐にあたっている。伊予は中・四国における南朝勢力最大の拠点であり、建武政権崩壊後も土居・得能・忽那氏らが足利政権に根強い抵抗をつづけ、まもなく懐良親王が忽那島に、脇屋義助が府中に下向してくる。足利方では、こうした南朝勢力の猛威に対抗するため、国大将による臨戦態勢を容易に解消できないのである。

このような情勢を踏まえて考えると、伊予国守護の地位にあった可能性が最も高いのは、やはり細川氏であろう。河野通盛による地頭御家人の統率は、守護在任の決め手にはならないと思われる。(31) とはいえ、足利政権にとって、伊予の安定化のために河野氏の力が不可欠であったことも間違いあるまい。足利一門として四国支配を担当した細川氏の側では、河野氏の保持する地頭御家人統率権を、いかに足利方に包摂しながら伊予の安定をはかっていくかが、当面の課題であったと考えられるのである。

三　南北朝期の守護と国大将

建武五年（一三三八）、有力な足利党であった岩松頼有が、伊予の南朝方を討つために備後から渡海してくる。彼は国大将として軍勢を率いて入国したとみられ、このあと二年あまり伊予に在国し、そのまま守護に就任したものと考えられている。暦応元年（一三三八）十一月六日、桑村本郡観念寺に対して軍勢以下の濫妨狼藉を禁じた頼有禁制が残されている。[32]ところが、その一ヵ月後には同様の内容を記した通盛禁制が観念寺に出されていることは興味深い。[33]同年十一月に、国分寺を極楽寺雑掌に沙汰付くことを述べた通盛の請文が残されており、通盛は「使節」という立場で幕府の遵行ルートを支えていたことは既に述べた。さらに同三年には、河原庄内公文名における濫妨を停止すべきことを命じる幕府引付頭人奉書が通盛と頼有にそれぞれ発給されている。[34]守護支配と河野氏のかかわりを明示する史料は残されていないが、こうした事実は岩松氏の守護支配が河野氏の活動に補完される形で実現していたことをうかがわせるものである。

康永元年（一三四二）に入ると、細川頼春が伊予に下向してくる。『太平記』では頼春を「四国ノ大将軍」と記しており、彼はたしかに「大将」と呼ばれて芸予諸島から府中にかけて軍事行動をおこなっている。[35]このあと、頼春は伊予の守護に就任したことが確認され、観応の擾乱の時期まで守護職を保持していたようである。

このように、足利方では、伊予の南朝勢力の猛威に対抗するため、一門の細川氏や岩松氏をを相次いで下向させて軍事行動にあたらせた。彼らは、国大将という立場で軍勢を動かしたあと、そのまま守護に就任するケースが多くみられる。そして、岩松氏を除くと、こうした地位にあったのは概ね細川氏であった。これは、他の四国諸国と共通するあり方であり、室津の軍議で決められた細川氏一族による四国支配方式が基本的な枠組において継承されているとみることができよう。

但し、他の三国と大きく異なる点は、国大将の軍事的活動や守護の分国支配を河野通盛が補完する方式が見受けられることである。これは、強力な南朝勢力の存在を前にして、足利政権が河野氏のもつ伝統的な力を内部に組み込もうとしたためと考えられる。しかしこのことは、やがて訪れる南朝勢力の衰退に伴って、河野氏と細川氏の分国支配権をめぐる対立を顕在化させることにもつながっていく。

一三四〇年代の末になると、南朝勢力は著しく衰えていき、政局の焦点は足利政権内部の対立へと移行する。まもなく勃発する観応の擾乱は、伊予における守護制の展開においても画期をなした。この機を捉えて、河野氏が守護職獲得をめざして運動しはじめるのである。

観応元年(一三五〇)十月二十八日、足利尊氏は敵対する直冬を討伐するため出京し、十一月八日に兵庫に到着した。その途上で作成された尊氏の書状において、河野通盛が守護職補任の申請をおこない、尊氏もこれを容認する姿勢をみせていたことが知られる(36)。そして、同月五日・八日・十八日と、尊氏は矢継ぎ早に軍勢催促状を発して通盛の出陣を促している(37)。一方、対立する直義の側からも、同月三日と十五日付で通盛宛の軍勢催促状が出されている(38)。さらに、通盛が直義方に加わるならば、守護職補任と通信跡の本領安堵を約束しようという御教書も送り届けられた(39)。

従来、足利政権が通盛に保証してきたのは本領=通信跡のみであったのが、ここではじめて、それと並んで守護職補任が取り上げられるところとなった。内紛に際して、尊氏方と直義方は、双方ともに通盛を守護職に補任することを約して、自軍への勧誘をはかったのである。一方、西国で自立性を保持していた直冬が翌年四月十三日付で通盛を伊予国守護に安堵しており、これもまた通盛を引き付けようとしていたことが分かる(40)。このように、足利政権中枢部の分裂は、河野氏が守護職を獲得する道を切り開くことになった。尊氏や直義は、河野氏に守護職を与えることで、その地頭御家人に対する強い影響力を自己の側に組織しようとはかったのである。

このあと、南朝と結んだ直冬が山名氏の保護をうけながら中国地方で勢力を拡大させていった。文和三年(一三五四)に伊予の喜多郡に直冬党が侵攻しており、翌々年には直冬が安芸に着陣して忽那氏に軍勢催促をおこなうなど、伊予への影響力を強めた。こうした事態に対応して、足利政権が伊予に派遣したのが細川頼之である。頼之は文和三年から伊予国守護職を得たと推定されており、まもなく幕府が弓削島領家職の濫妨停止を頼之に命じるなど、守護としての活動が確認できる。伊予の守護職は、結局細川氏のもとに帰着したのである。ここからは、なお細川氏が有事に際して将軍家の意を体する四国大将的な立場で活動しえたこと、これを根拠に守護職を確保する可能性をもちつづけていたことを指摘できよう。延元元年（一三五六）になると、頼之は直冬党を討つため中国地方に下向しており、「中国大将」「中国管領」と呼ばれることになる。

河野氏に二度目に守護職を獲得しうる機会が訪れたのは、再び中央政界の変動に伴うものであった。康安元年（一三六一）、幕府の執事細川清氏が将軍義詮に背いて南朝方に転じた。翌年、本国阿波に下向した清氏を追討するため、義詮は河野通盛に対し頼之と相談して沙汰すべきことを命じた。[41]このとき頼之は、「伊与国守護職并御旧領」を安堵することで、通盛に協力を求めたという。[42]しかし、通盛が頼之とともに活動した形跡はみられず、この年七月の清氏の敗死、翌年の山名時氏・大内弘世の幕府帰参とつづく中で、敵対勢力の弱体化が伊予の支配権をめぐる細川・河野両氏の争いを表面化させていくことになる。

『予陽河野家譜』によれば、貞治三年（一三六四）九月に細川頼之軍が伊予に進攻し、通盛の嫡子通朝を府中南方の世田山城で敗死させたという。通盛も直後に病没しており、伊予は細川氏によって制圧された。四国全域支配を達成した頼之は、「四国管領」「四州総轄」などと呼称されることになる。[43]一方、通朝の嫡子通堯は、九州に落ちのびて南朝方に転じ、懐良親王から守護職と通信跡相伝地の安堵をうけた。[44]彼は後村上天皇にも「伊予国守護職并通信旧領」の安堵を歎願し、綸旨を得ることに成功している。[45]南朝は通堯に「四国中国計策」を期待し、彼の帰国を支援していく。[46]

同六年に頼之が上落して管領に就任した翌年、通直（通堯から改名）は伊予上陸を敢行し、幕府方の撃退をはかった。通直は府中に進攻し、南朝方の知行国主西園寺氏とともに寺社興行策を中心とする「国之御沙汰始」をおこなうなど、国衙の権能も利用しながら国内の制圧を成し遂げるのである。[47] 南朝方はこれに力を得て、良成親王を四国大将に任じて下向させ、四国対治にあたらせている。[48]

康暦元年（一三七九）、十年以上にわたって幕政を主導してきた細川頼之は、政変により失脚して讃岐に下向した。中央政界の激震により、河野氏は三たび足利政権から守護補任の誘いをうける機会を得る。義満は、細川氏を伊予国守護職から退けて河野通直をこれに代え、反逆した頼之の追討を命じたのである。[49] 義満の誘いにより足利方に転じた通直は、軍勢を率いて細川軍との決戦に臨んだ。翌年、通直は讃岐から侵入した細川軍の猛攻によって佐志久原の合戦で戦死を遂げる。しかし、義満はひきつづき河野氏に対する支援を表明し、遺児亀王丸（のちの通義）に宛てて通信の例に任せて守護職及び本知行地を安堵している。[50] このあと河野氏は、義満による細川氏封じ込め策の一翼を担うことで、伊予の守護職を確保していくのである。

以上にたどってきたように、観応の擾乱以降、守護職の確保をはかる河野氏と四国制圧をねらう細川氏との間で伊予の支配権の争奪が繰り返されていることが分かる。しかも、それが観応の擾乱・細川清氏の反乱・康暦の政変という中央政界の変動と密接にからまりあう形で展開したことが特徴的である。政変のたびに河野氏を守護職に任じる動きがみられる事実は、河野氏がそれ以前から地頭御家人を統率しうるほどの実力を地域社会において築き上げていたことを示すものであり、この力が足利方や南朝方に組織されたとき守護職という形で表現されるのである。

南北朝期を通じて「河野通信の例に任せて」などの文言が散見されるように、河野氏は鎌倉初期の通信の地歩の回復を基本的な政治目標としていた。しかし、実際には通信の段階で守護に任じられていたわけではない。むしろ、鎌倉期以来の地頭御家人統率権が守護職として結実するのは南北朝期後半になってからであり、そこにこの時期の地域権力の自立化と中央国家への包摂を読み取るべきであろう。いわゆる室町幕府―守護体制の確立である。

河野氏の伊予支配が地域権力の自立性をより強く主張するものであるのに対して、細川氏の四国支配はより求心的な性格を帯びていたと考えられる。小川信氏が指摘するように、南北朝期には足利政権の内紛と結びついて一門・譜代の守護の多くが没落し淘汰されていく。彼らは幕府権力への依存性が強いため、一旦守護職を失うと急速に衰亡してしまうのである。そうした中にあって、細川氏の場合は、将軍権力の軍事的側面を体現する四国大将という立場で四国支配を開始し、讃岐・阿波・土佐の三国では分国内に勢力基盤を植え付けることに成功していった。伊予にあっても細川氏は国大将として広域的軍事動員権を行使し、これを根拠に守護職を得る可能性をもちつづけていたのが南北朝期の状況であった。

しかし戦乱の収束は、国大将として活動しうる余地を狭めていくことになる。ここに、河野氏が細川氏を排除して守護職確保をはかる条件が生じる。そして両氏の抗争には、地域権力の自立化と中央国家による地域統合という二つの要素の間に内在する葛藤が投影されているように思われる。もちろん、この二要素は単純に対立するものではない。むしろ、地域権力は中央国家に密着することで地域支配権の拡大をはかり、後者は前者を媒介とすることで国家支配の再建をはかろうとしていた。結局、地域権力はその自立性を一定度保証されながら、中央国家の中に包摂されていくのである。(51)

なお、地域権力が守護職を確保しうるか否かは、地域社会における勢力基盤の強弱もさることながら、幕府政治内部の力関係の変転に左右される面が大きい。この点でも、義満政権期の政治情勢は河野氏にとって有利にはたらいたと言えよう。やがて、河野氏と細川氏は南北朝期の末に妥協を成立させ、河野通義は東予二郡の分郡知行権を細川氏に譲与する代わりに、伊予国守護職を確保することに成功した。上洛した通義は、一門・外様の守護二十数家のうちの最末端に位置づけられながら、幕府―守護体制の一翼を担う活動を展開していくことになるのである。

おわりに

本章では、室津の軍議以来の中・四国における国大将と守護の変遷をたどりながら、地域支配権の担い手やその構造を論じてきた。国大将は将軍家の分身として軍事動員権を行使することを任務としたため、足利一門やこれに準ずる人々が任用されることが多い。一方、守護は何よりも「政務の器用」を採用する必要性から（『建武式目』）、それぞれの地域の実情にあわせて、多様な人々が登用され、地域統合の主体として大きな権限を付与されていくのである。

中国地域においては、建武政権期の守護配置を受け継ぎながら足利政権の地域支配がスタートしており、周防の大内氏や長門の厚東氏ら外様守護がその地位を安堵されている。これに対して、新政期守護が悉く没落した四国では、細川氏が国大将としての権限を根拠に分国化を推進していった。但し、南朝勢力の最大の拠点であった伊予については、南朝方に対抗するために河野氏の伝統的な実力に依拠せざるをえない事情があった。ここでは、国大将・守護による地域支配を河野氏が補完する体制がみられたのである。

河野氏は、地頭御家人を統率する権限を容認されるなど、当初より重用されていた。しかし、足利政権発足以来、四国に勢力を植え付けていった細川氏の圧力の前に、河野氏が伊予の分国化をかちとるまでには長いプロセスを要した。強大な南朝勢力が衰退して以後、細川・河野両氏の抗争が表面化し、南北朝末期に両者の妥協が成立するまで、中央政界の変動と結びついた不安定な状況がつづくのである。

地域支配権をめぐるこうした動きに関して、それを単なる地方の政争として捉えたり、足利政権の地方支配として制度史的・政策史的に論じるのでは不十分である。それは、王権の分裂とも結びついた地域社会の自立性の強まりや、これを踏まえた中世社会の再編過程の特質と深く関連した動きだからである。

足利政権による守護制は各地域ごとに存在した在地秩序を包摂しながら展開していき、南北朝期の末に室町幕府―守護体制の確立に至る。地域社会秩序が特定の守護家により一応安定化せしめられ、再び中央国家に結びつけられるまで、長期に及ぶ内乱を必要としたのである。地域の論理と国家の論理が交錯する中にこそ、この内乱の意味を解く鍵が隠されていると思われる。

地域社会の自立性を守護を媒介として中央国家に接合させることで内乱を克服したのが室町幕府―守護体制であったが、地域支配権をめぐる矛盾や葛藤は完全に解決されたわけではない。地域権力が一定の自立性を保持したまま体制化されたことは、室町幕府―守護体制という仕組み自体に分裂の契機を内包させることにもなった。四国にあっても、強大な一門守護である細川氏は四国全土の分国化の野望をなお捨ててはおらず、やがて細川氏の介入が河野氏の分裂をもたらしていくのである。

（1）小川信『足利一門守護発展史の研究』（吉川弘文館、一九八〇年）。以下、小川氏の所説はすべて本書による。
（2）川岡勉「中世後期の分郡知行制に関する一考察――伊予及び安芸の事例を中心として――」（『愛媛大学教育学部紀要　第Ⅱ部　人文・社会科学』二〇、一九八八年）。
（3）漆原徹「南北朝初期における幕府軍事制度の基礎的考察」（『小川信先生古稀記念論集　日本中世政治社会の研究』続群書類従完成会、一九九一年、のち漆原『中世軍忠状とその世界』吉川弘文館、一九九八年に所収）。
（4）佐藤進一『南北朝の動乱』（中央公論社、一九六五年）。
（5）『南北朝遺文　中国四国編』二五四号、以下『南遺』二五四と略記する。
（6）『南遺』三五九。

(7) 『南遺』二四四。
(8) 漆原前掲「南北朝初期における幕府軍事制度の基礎的考察」。
(9) 『南遺』二四五・二四六・三三三・三六〇。
(10) 『南遺』三一四。
(11) 『南遺』五一一・五三一。
(12) 川岡勉「武家権門の成立と西国領主――伊予国の事例から――」(『愛媛大学教育学部紀要 第Ⅱ部 人文・社会科学』二六―一、一九九三年)。
(13) 『鎌倉遺文』二七七一三。
(14) 吉井功兒『建武政権期の国司と守護』(近代文芸社、一九九三年)。
(15) 石野弥栄氏は、通盛の九州下向を推定している(石野「南北朝期の河野氏と九州」『栃木史学』四、一九九〇年)。
(16) 『南遺』一七一。
(17) 『南遺』二四七。
(18) 『南遺』二五一。
(19) 『南遺』三七五。
(20) 『南遺』三七六・五六二。
(21) 『南遺』五六三・四四〇。
(22) 『南遺』一一九〇。
(23) 『南遺』五三一。
(24) 『南遺』六三六。
(25) 『南遺』六六七。
(26) 佐藤進一『室町幕府守護制度の研究』下(東京大学出版会、一九八八年)。
(27) 『南遺』八一三。

(28)『南遺』一〇四八。

(29)かつて川岡前掲「武家権門の成立と西国領主」では、通信の権限を道後部の御家人統率権と捉えたが、久葉裕可氏のいうように郡地頭職に基づく権限とみた方が適切であり修正を加えておきたい（久葉「鎌倉初期における河野氏の権限について——いわゆる『元久下知状』の評価を中心に——」『四国中世史研究』三、一九九五年）。

(30)両使による地頭御家人の催促は、この時期諸国で散見されるが、これは幕府が各地域の有力領主を使節として組織し、在地社会の変動に対処しようとする動きと捉えられる。

(31)足利政権成立期には、備後の朝山氏や長門の厚東氏など軍事指揮権を欠く守護が存在する（漆原徹「南北朝初期における守護権限の一考察——中国地域にみる軍事指揮権の特殊形態——」『古文書研究』二七、一九八七年、のち漆原前掲『中世軍忠状とその世界』に所収）。一方、守護職をもたない肥後相良氏が「相催国中地頭御家人」という文言をもつ催促状を発給される場合もあった（漆原前掲「南北朝初期における幕府軍事制度の基礎的考察」）。

(32)『南遺』八一〇。

(33)『南遺』八二二。

(34)『南遺』九九九・一〇〇〇。

(35)『南遺』一一五八・一二〇三・一二一二。

(36)『南遺』一八八六。

(37)『南遺』一八八八・一八九〇・一八九七。

(38)『南遺』一八八七・一八九三。

(39)『南遺』一九一九・一九六一。

(40)『南遺』二〇一八。

(41)『南遺』三一五三。

(42)『南遺』三一五八・三一六六。

(43)『後愚昧記』（『大日本古記録』）応安四年四月一日条。『普明国師語録』永徳三年九月春屋妙葩拈香仏事法話。

(44)『南遺』三三九四。
(45)『南遺』三四七〇・三四九〇。
(46)『南遺』三四六九。
(47)川岡勉「中世伊予の府中・守護所と河野氏」(『「社会科」学研究』一五、一九八八年)。
(48)『南遺』三六九三・三七六四。
(49)『南遺』四五五六。
(50)『南遺』四五九六・四六五九。
(51)川岡勉「室町幕府―守護体制の成立と地域社会」(『歴史科学』一三三、一九九三年)。

第二部　室町幕府―守護体制の構造と変質

第一章　室町幕府―守護体制の権力構造

――上意と衆議の関わりを中心に――

はじめに

室町期の武家権力秩序に関しては、いまだ統一的な像を結びにくい研究状況にある。室町幕府、とりわけ将軍権力に議論を集中させる傾向が存在する一方で、幕府が諸大名の衆議により運営されていたことを強調する研究があり、さらには守護の領国支配や国人の領主支配などを独自に取り出して分析する議論もみられる。中世後期社会の全体把握という問題とも深く関わって、集権性と分権性をどう結びつけて把握するかが、権力論において依然として大きな課題として横たわっていよう。

応永三十五年（一四二八）、将軍家の家督継承者に決定した足利義教は、政務に対する強い意欲を示し、将軍宣下以前に自らの御判をもって天下雑訴の成敗に当たろうとした。この件に関して意見を求められた儒学者清原良賢（常宗）は、「征夷大将軍以前判断天下事無子細者、誰人モ雖非将軍、就権威可有成敗歟」と述べて、将軍宣下以前の御判成敗を否定している(1)。その結果、将軍宣下以前は管領奉書が機能を代行することに決するのである。ここからは、室町将軍とは天下を判断する資格者であり、天下の成敗は将軍固有の権限と考えられていたことが知られる。「既執政御事、覇王勿論御座候歟」と記されるように、執政権を保持していたのは将軍自身だったのである(2)。

永享三年（一四三一）六月九日、諸大名のうちの有力者であった畠山満家・山名時熙・畠山満則は、「天下無為御政道」珍重たるべき旨を、護持僧満済を通じて将軍義教に申し入れた。(3)ところが、同年八月三十日に、「当時御政道相違間、面々儀定旨在之、仍天下ハ当年計」とする文言を記した伊勢貞経の書状が現れたという。(4)義教の担当する「天下の政道」に疑義を呈する動きが面々（すなわち諸大名）の中に存在していたことを示すものとみることができる。

室町幕府において、将軍の意思は「上意」と表現されて、幕府権力の中核をなす。(5)幕府の意思が「上意」という言葉で表現されるところに、室町幕府の特質の一端が表れているとも言える。但し、現実の幕政の運営にあたっては、諸大名の協力が不可欠であった。応永三十三年十月に細川満元が死去するときの史料に、彼を「天下重人」「御政道等事一方ノ意見者」と述べた記事が認められる。(6)また、斯波義淳が管領就任を辞退したときの史料には、「私無正体政道ヲ仕、天下御大事可出来條、公方ノ御為不可然事也」とある。(7)畠山満家に関しても、「宿老之間、天下事以諫言被申沙汰」と記されている。(8)細川や斯波・畠山などの有力諸大名は、将軍の担う「天下の政道」を補佐し、意見を申し述べる立場にあったのである。

こうした諸大名の衆議が、室町幕府の意思決定において重要な役割を果していたことは、最近の研究で明らかにされてきたところである。その際、将軍―近習勢力の専制的方向と、管領を中心とする諸大名の合議制的方向とを対立させて捉える傾向が強く認められる。しかし、上意＝将軍権力と大名衆議の対立面を強調するばかりでは、室町幕府―守護体制の構造を正しく把握できないように思われる。むしろ、幕府権力と守護権力との相互補完的な関係を基本にすえてこそ、室町期の武家権力秩序の特質に迫ることができるのではなかろうか。

上意と衆議の関わりを論じるとき、一つの焦点となるのが家督認定や守護職の任免の問題である。義持期に存在したとされる衆議治定の原則も、それが義教の手で踏みにじられたと論じる場合にも、家督相続の問題が中心的な論点となる。

永享三年六月に諸大名が「天下無為御政道」珍重たるべき旨を将軍義教に申し入れたことを前述したが、その三日後に今度は義教が諸大名に対して、「面々大名知行分国政道事」に尽力するよう満済を通じて申し含めた。(9)ここからは、将軍の担う「天下の政道」と諸大名の担当する「分国の政道」が相互に依存しあう関係に結ばれていたことをうかがうことができる。

翌月二十四日、「政道以外無正体」き状態を招いたとして、丹波国守護代香西の更迭が義教から守護細川に命じられた。(10)また、同五年には、伊賀国が「守護式以外無正体」「当守護仁木国行事毎事無正体、仍一国乱国」という有り様に陥ったため、義教は仁木に代えて山名を守護に任じている。(11)将軍は「分国の政道」を常に監視し、これを担当する守護・守護代が不適格だと判断すれば、人事に介入することができたのである。但し、守護職や守護家督に対する上意の介入は、へたをすれば政治的な緊張状態を生じさせかねない。とくに義教期については、将軍権力の強化をはかる義教が諸氏の家督相続に介入して、衆議を踏みにじる動きをみせたことが強調されてきた。しかし、こうした理解も、前述した上意と衆議を対立的に捉える発想を前提としているのではないだろうか。

これに対し本章では、上意と大名衆議の関係を統一的に捉える方向を探る。とりわけ、従来「重臣会議」とか「宿老会議」などと呼ばれてきた大名衆議の実態を再検討し、それが上意とどのような関係に結ばれて幕府の意思決定がなされたかを分析する作業を通して、室町幕府―守護体制の特質に迫っていくことにしたい。

一　室町幕府の権力編成をめぐる理解

本節では、室町幕府の権力編成をめぐる研究の推移を確認するために、室町期の武家権力秩序の見取り図を示した三人の仕事を取り上げてみることにする。それは、佐藤進一「室町幕府論」(一九六三年)、田沼睦「室町幕府・守護・国人」(一九七六年)、そして今谷明「一四―一五世紀の日本――南北朝と室町幕府」(一九九四年)である。[12]それぞれ、旧『岩波講座日本歴史』中世三、新『岩波講座日本歴史』中世三、『岩波講座日本通史』中世三に掲載されたもので、これらの作品から各時期の室町幕府研究の傾向や到達点を読み取ることはそれほど的外れとは言えないであろう。

まず、佐藤氏の「室町幕府論」であるが、これ以前の氏の研究においては、室町幕府は大守護の連合と相互牽制による勢力均衡の上に築かれた権力と把握されていた。[13]しかし、本論文では守護領国制論の中に埋没していた将軍権力がすくい上げられ、室町幕府における求心力の源泉となる将軍権力の独自基盤、とりわけ軍事的・経済的基盤に分析が加えられた。将軍権力の二元性(主従制的支配権・統治権的支配権)が明らかにされ、守護支配もその中に包摂して位置づけられることになる。

この論文の中に、大名継嗣について形式的な決定権をもつ者の決定がそのまま認められず、従者の協議決定が優先するという指摘がある。いわゆる衆議の尊重という問題である。但し、ここではそれは儒教的禅譲放伐の革命思想に裏づけられた政治領域観の登場を示すものであり、とくに将軍権力を正当化する思想的武器であったと位置づけられている。

田沼氏の「室町幕府・守護・国人」は、佐藤氏の研究を踏まえた上で、守護・国人論を幕府論と結合させようとしたものである。注意されるのは、佐藤氏の研究においては将軍権力の正当性を保障する思想的背景として議論されていた衆議尊重の問題が、ここでは義持期までは実体的なものであったと捉えられ、それが義教期以降改変されていくとする点である。すなわち、衆議尊重の時代であった義持期（とりわけ応永二十五年以後に合議制的方向が決定づけられたという）と、専制体制に変質した義教期という、時期的な変化として論が立てられることになる。義教期はそれまでの室町幕府―守護体制のあり方を大きく変質させた専制体制の時代として大きな画期性が与えられ、これ以後、将軍権力は有力守護を排除して直轄軍と官僚機構に立脚基盤を移す方向を強め、幕府権力は地域政権化への道を歩むとされた。

九〇年代に書かれた今谷氏の「一四―一五世紀の日本――南北朝と室町幕府」は、室町期の政治を三大原則（衆議治定・辺疆分治・遠国融和）に示される宿老政治と捉えた上で、それが義教の手で踏みにじられて破綻に向かうことを強調する。そして、そのことが惹起した嘉吉の変も宿老政治の復活にはつながらず、側近勢力の台頭をもたらしたと説く。ここでは、義教期を画期として衆議尊重から将軍専制へと変化したとする田沼説が基本的に継承されており、幕府に関する山城及びその周辺を基盤とする地域政権化という捉え方についても、田沼氏の理解が踏襲された上で今谷氏の戦国期幕府論に接合されていくのである。

以上、室町期の武家権力秩序に関する代表的な論者の研究を略述してきたが、ここでいくつかの論点を提示してみたい。第一に、室町幕府の構造や本質をどう捉えるかという問題である。室町幕府を論ずる際に、佐藤氏の「室町幕府論」がその後の研究に圧倒的な影響を与えたことは周知の通りである。しかし、この論文でとくに将軍権力がクローズアップされたことによって、幕府論を将軍権力論に矮小化する傾向が生まれたように思われる。衆議尊重の問題も将軍権力を正当化するための思想的武器として位置づけられていたことは前述した通りである。

一方、田沼説では、あらためて守護や国人の問題を幕府論と関連づけようとする方向が看取される。とくに、幕府と守護との関わりに目を向けて幕府―守護体制という権力構造理解を提示した点が注目される。しかし、幕府権力と守護権力が切り離しがたく結合していた室町期武家権力の構造的特質に関しては、なお十分に解明されたとは言いがたい。それどころか、幕府権力は将軍権力とほとんど同一視されており、そこで示される議論は将軍の直轄軍や官僚機構の分析など、佐藤「室町幕府論」の枠組を大きく出るものではない。幕府と守護を関連づける上でクローズアップされるのは、両者が公田支配を共通の支配原理としていた点に専ら限定されている。

これに対して、今谷説では、諸大名による衆議治定（宿老衆議）という原則が、室町幕府の本質をなすものとして把握されている。守護権力を幕府論の中に組み込むことによって、将軍権力論に矮小化された幕府論を克服する方向性が示されていると言えよう。しかし、そうなると今度は、将軍権力がどこに位置づけられ、宿老政治の衆議とどのように関わっていたのかがあらためて問題となる。今谷氏の議論には、その内実について突き詰めた議論は認められない。

第二に問題にしたいのは、義持期と義教期に関する対比的評価の妥当性である。田沼論文では、義持期に幕府の政治形態における二つの潮流の対立（将軍―近習勢力の結合による将軍専制の方向と、管領を中心とする幕閣の合議制的方向）を指摘し、応永二十五年（一四一八）の義持近習富樫満政の失脚を将軍―近臣勢力による権力集中・専制化の挫折と捉える。そして、死に臨んだ義持が継嗣決定を管領以下の合議に委ねて死去した点に、佐藤氏の言う儒教的禅譲放伐の革命思想にとどまらない、義持後期の幕府政治の置かれた現実的背景を見出す。そして、このあと義教期〜十五世紀末までが一つの段階と把握され、管領制の変質と地位低下、奉行人制の整備、奉公衆体制の整備などの点から専制化が強調されるのである。

こうした理解に関わって注目されるのは、田沼論文と同じ年に発表された佐藤進一「将軍と幕府官制についての覚書」である。(14) 佐藤氏はこの論文の中で、義満期から義教期までを室町幕府の第二段階と捉え、この時期の管領・重臣会議の役割に目を向け、管領・重臣会議が中間項となって大名と将軍との均衡関係が保たれていた点に、室町幕府の本質があるとする。そして、義政期を過渡期として応仁の乱以後、第三段階へ移行すると捉えている。佐藤氏のこうした見方は後年の「合議と専制」（一九八八年）においても継承されており、王権の二元性が専制と合議という矛盾を孕みつつ展開することが指摘され、両者の間を揺れ動く時期として義満〜義教期までが一括して捉えられている。(15)このように、佐藤氏の研究では、時期的な偏差はありつつも、幕府支配のあり方は義満〜義教期を通じて基本的に共通すると把握されるのである。

以上の論点整理を通じて浮かび上がってきたことの一つは、衆議治定の原則をもって幕府の本質と捉えるか、それとも将軍と諸大名の均衡関係に幕府の本質を見出すかという問題である。もう一つは、義教期を衆議治定原則からの逸脱と捉えるか、それとも義教期にも義満・義持期と基本的共通性を見出すかという問題である。次節以下では、この二つの問題に関して、分析をおこなっていくことにしよう。

二　幕府の意思決定システム

室町幕府における衆議・評定システムにいちはやく注目したのは佐藤進一氏であり、佐藤氏はその機能として、将軍・管領の政務決定の補助・正当化、将軍・管領への権力集中の牽制という二側面を指摘した。(16)その後、このシステムについて詳細に論じた今谷氏の専論では、これを守護領国制下における大名間の勢力均衡を保障した「宿老制」と捉え、義持期〜義教初期において大名間の紛争調停機能を担う機関と位置づけた。(17)今谷氏は幕府の議決機関（ないし諮問機関）を、軍事指揮権を取り扱う重臣会議（宿老制）と裁判権を扱う評定・御前沙汰（右筆方）の二つに分かつ。

そして、とくに南北朝期に強大な政治力を保持していた管領の権限が重臣会議によって実体を奪われたとして、管領制と宿老制を対立的に捉えているのが特徴的である。このような分析を基礎として、今谷氏は宿老政治の三大原則(衆議治定・辺彊分治・遠国融和)なるものを提示した上で、それが安定していたのは義教初期までで、やがて義教の手で悉く踏みにじられていくことを強調した。[18]

今谷氏の以上の議論の問題点は、守護領国制の展開を踏まえた衆議治定原則が、将軍権力・管領制のいずれとも対立的なものとして捉えられている点であろう。佐藤氏の述べた衆議の二面性のうち、将軍・管領の政務決定の補助・正当化という側面が十分考慮されていないように見受けられるのである。

重臣会議について論じた今谷氏は、一四二三―四七年の期間に百十五の事例を示した表を掲げている。[19] このうち、一四二三年から義持が死去する二八年正月十八日までの四年半に限ると、わずかに八例しか挙げられていない。百十五例のうち、大部分は二八年から四一年までの義教期の事例が占めるのである。このことは、衆議治定原則が最も重視されたのが義持期で、それが踏みにじられたのが義教期だとする氏の理解に疑問を抱かせる。

重臣会議一覧表に掲載された百十五例を吟味してみると、幾つかの問題に気がつく。第一に、この表で醍醐寺三宝院門跡満済が会議の構成員とされている点である。将軍が満済に対して管領や特定の大名に相談をおこなうよう命じた事例を、重臣会議に含めて論じるのは妥当であろうか。

満済の幕政への関与の仕方は、「満済者内々儀也」[20]「於公儀者難叶、内々事ハ可承」[21]という文言に示されるとおり、「内々」のものであった点に特徴がある。[22] 永享四年二月十三日、豊後の大友氏から他人知行の分国・分領に干渉しないことを誓約した罰状を提出させるにあたり、満済は公方として申し付けるのではなく自身から「内々」に申し遣わすのが宜しかろうと述べている。[23] 公的ルートを経ることがかえって問題を惹起する恐れのある場合、満済の「内々」

の処理が効果を発揮したのである。

こうした満済の幕政への関与の仕方を、大名衆議を構成する守護家と同列に論じるわけにはいかない。幾つかの例を挙げよう。永享二年八月、上意に違背した一色修理大夫の処分について宿老の山名時熙・畠山満家の意見を聴取した際、義教は満済を通じて上意を時熙に伝えさせ、満家には畠山修理大夫を通して意見を求めた。[24] 一色の処罰をはかろうとした義教であったが、満家が面々執りなしによって一色の赦免を主張し、当初は一色の出仕停止を述べていた時熙も最終的に満家に賛同したため、義教もこれに同意せざるをえなくなる。こうして義教の意向が宿老の意見の前に屈したのであるが、これを喜んだ満済は「予申入分ハ内儀也、以畠山修理大夫申入落居」と記している。満済の幕政への関与は「内儀」であるとされ、畠山修理大夫のルートと対比されている点が注意される。

また、正長二年七月二十四日、奥州篠川公方足利満直から軍勢合力を求める注進状を受け取った義教は、これにどう対応すべきか、各自の意見を表明するよう、奉行人を通じて諸大名に尋ねた。[25] このとき、管領畠山・斯波・山名・阿波細川・一色・赤松・能登畠山氏がそれぞれ返答をおこなったのに対し、満済のみ「内々」に申し入れて注進状の不審点を指摘している。義教が意見を求めたのは、あくまでも管領以下の大名七人に対してであり、満済はこれに含まれない。満済自身は大名衆議の構成員にはなりえないのであり、衆議の取りまとめ役などでもない。だからこそ、満済の意見は「内々」と表現され、諸大名の意見とは明確に区別されているのである。

満済の主たる役割は、諸大名に上意を伝達する一方、彼らの衆議を将軍に披露するところに存在した。但し、彼の政治関与が「内々」という形のものであったからと言って、それは彼の発言力の弱さを意味しない。むしろ、義教が管領斯波や畠山の意見を退けて満済の意見を採用した事例さえ認められるように、満済は上意と結びつくことで諸大名の意見を上回る発言力を幕政に保持しえた。また、大名衆議に基づく披露申請に対して、それが上意への返答に適っていないとか、意見の一致が不十分であるとして、差し戻して再談合を求めた事例も認められるのである。

しかし同時に、大名衆議の重要性を誰よりも強く認識していたのも、ほかならぬ満済であったと思われる。彼が管領以下諸大名の意見を尋ねるよう義教に進言した事例はしばしば認められる。永享元年十二月二日、満済は上意に違背した大和国民に対して軍勢を発向するのは明春に延ばすのがよいと述べた上で、この件については大名にも仰せ談ずべきことを進言している。[26] 義教はこの意見に従って大館入道を管領のもとへ遣わし、諸大名を召集して相談すべきことを命じようとした。ところが、大館は面々に仰せ談ぜられても年内発向の意見を申す者は一人もいないであろうから「中々御談合無益」と述べた。これに対して満済は、かりにそうだとしてもまず仰せ談ぜられるべきだと主張し、「其故ハ已大名両三人罷立程大儀候、一向不及御談合條不可然也」と述べるのである。彼は、自らの「内々」の意見を通じて上意を方向づける上で決定的な役割を演じながら、幕政の上での重大事については、衆議談合という手つづきを経ることが何よりも肝要だと認識していたのである。

以上、満済が大名衆議の構成員とは別個に独自の役割を果たしていたことを述べてきたが、今谷氏作成の一覧表にはもう一つ重要な問題点がある。それは、将軍が諸大名に意見を求める範囲に関して、幾つかのパターンが区別されないまま論じられている点である。その結果、出席メンバーは畠山・細川・山名・赤松氏が中心であり、管領出席が不可欠な評定とは異なって、管領の出席でさえ会議成立の要件でなかったとする制度的理解が導き出されることになる。

たしかに、一覧表では参加者は二人～九人までと不定であり、ずいぶんとルーズな組織であった印象をうける。しかも、構成員の分かる八十八例のうち、約半数の四十二例は参加者二人の事例が占めている。これでは、「重臣会議」というような捉え方自体が憚られるほどである。例えば、永享三・四年の三十八例のうち、半数は畠山・山名の二人を構成員とするものから成っている。この事実は、当時将軍義教が諸大名の中で最も信頼を寄せていたのは、管領斯波義淳ではなく、前管領畠山満家と山名時熙であったことを示していよう。しかし、このことと、管領をはじめとする諸大名の衆議の重要性とは区別されなければならない。

永享三年六月六日、九州への上使派遣にあたり、義教は考えるところがあって諸大名への相談を省略し、畠山・山名の両人にのみ自身の意向を伝えている。(27) 一方、同年七月十三日、九州で大内盛見が死んだという注進をうけた義教は、これを畠山一人に「内々」に知らせてどう対応すべきか意見を求めたが、このとき畠山はこれは「重事」であるとして、自余の大名にも仰せ談ずべきことを進言した。(28) そのため、管領斯波・畠山・山名・細川・赤松の五人に連絡がとられることになる。同四年正月二十三日には、大内合力の軍勢発向に関して管領・畠山・山名の意見を尋ねたところ、畠山はこれは「天下重事大儀哉、所詮諸大名意見、可被尋聞食條尤宜存」と回答している。(29) あるいは、まず畠山・山名らの意見を尋ねたのち、残りの諸大名の意見を聴取するという手つづきがとられたケースもある。

これらの事例からは、畠山一人、ないし畠山と山名、あるいは管領・畠山・山名への尋問が頻繁になされる一方で、「天下重事」「天下大儀」とされた案件に関しては諸大名にまで仰せ談ずる範囲が広げられていたことが知られる。諸大名まで拡大して意見が求められたのは、とくに幕府の関東対策や九州対策などに関する案件であり、これを放置しておくと「天下重事」「天下大儀」へと発展することを恐れる言葉が散見される。それらの事件に対処するにあたって諸大名の協力態勢を固めることが不可欠と認識されていたのであり、このことが諸大名に仰せ談ずるシステムを支えていたとみられる。その背景には、室町幕府―守護体制が微妙な力関係のバランスの上に成り立っていたことへの自覚があったと思われ、ささいな事件を機に天下大乱へとつながっていくことへの恐怖感が将軍と諸大名に共有されていたものと考えられる。

このとき将軍の相談にあずかる諸大名の範囲は、三管領家及び山名・赤松・一色ら数名の有力守護たちであり、概ね五〜八名程度の人数に限定される。これは、幕府を支える二十余りの守護家のうち、一ヵ国守護と区別されて抜きん出た負担を求められた三・四ヵ国守護（後述）の面々とほぼ重なる。当時の管領がそこに含まれていたことは言うまでもない。

但し、このシステムは、会議の成立要件が問題となるような、一つの制度的な組織体の存在を前提とするものではあるまい。しかも、大名面々が寄合をもって談合する場合も勿論あるが、諸大名の意見を個々に聴取する場合も少なくない。あるいは、管領の主導性が発揮されるケースがある一方で、とくにそれが認められず、奉行人を通じて諸大名の意見が聴取される場合もある。このように、課題の大きさや緊急度、時々の力関係などに応じて、意見聴取の手続きや対象となるメンバーは同一でなかった。このシステムがそうした伸縮性・融通性を特徴としたのは、それが何よりも将軍の諮問に答えるところに本質があったことによると考えられる。

以上のことからすれば、そもそも「重臣会議」とか「宿老会議」という呼称はこのシステムを指すのに適切な表現とは言い難い。むしろ、将軍が諸大名に「仰せ談ずる」という文言に示されているとおり、将軍が諸大名に対し自身の意向（上意）を伝えたり情報を流したりして彼らの意見を求め、大名面々はこれを承って返事をするという形式が、その基本的なあり方なのである。

ところで、諸大名への意見聴取と畠山や山名など一部大名への尋問という二重構造が認められる中で、しばしば前者が省略されて後者が多用されることの意味をあらためて考えてみる必要がある。そこには、管領を中心とする諸大名の衆議を無視することはできないものの、畠山・山名といった最も信頼のおける宿老を駆使して、将軍自ら主導的に政務の運営にあたろうとする義教の志向性が示されているように思える。

永享三年七月二十八日、義教は畠山・山名両人の申し入れに応じて御所移住を決意した。義教は直ちに管領斯波義淳に子細を伝え、「諸大名面々寄合」を開くよう求めている。(30)管領は両人の申し入れに同意を表明し、あわせて面々の談合による負担配分を承諾した。この日、管領亭でおこなわれた「面面会合談合」では、要脚一万貫を三・四ヵ国守護七人が各千貫、一ヵ国守護十五人が各二百貫を負担することが決定されている。(31)

この例からも分かるように、義教は諸大名寄合や、その中核をなす管領の役割を、否定したり軽視したりしているわけではない。義教は専制性が強調されることが多いが、その将軍就任の事情もあり、また幕政が諸大名に支えられる構造をもっている以上、大名衆議や管領制を排除して政務を運営することはできなかった。但し、重要事項や諸大名の協力が求められる課題についてはこうしたシステムに依存しながらも、義教はしばしばこれを省略して、畠山や山名、あるいは満済らとの「内々」の連携を強めようとしている。ここには、ときの管領斯波義淳が病弱であったという事情もあろうが、自ら意欲的に幕政を動かそうとした義教の、円滑で機能的な政務処理をめざす姿勢が表れているように思われるのである。

大名衆議の事例を総覧して浮かび上がってくるのは、その本質が将軍の諮問機関として機能していたことである。「天下の政道」を担うのは室町将軍その人であり、上意（将軍の意思）こそが幕府の意思決定システムの中核に位置していたことは疑いない。しかし、上意の決定が安定的に確保・実現されるためには、諸大名の意向を適宜くみ取ることは不可欠であった。直面する課題が重大であればあるほど、上意の判断に対して事前のチェックを加えたり、諸大名の同意を取り付けたりすることが肝要なのである。その点にこそ、大名衆議が幕政の一環に組み込まれなければならない理由が存在したと考えられる。

以上のことから、衆議治定の原則を幕府の本質と捉えたり、大名衆議を将軍権力や管領制に対抗する幕府の議決機関として位置づけるような見方には疑問を抱かざるをえない。上意と衆議の関係を、室町幕府―守護体制の構造的特質として統一的に捉える視点が求められるのではなかろうか。

三　家督認定における上意と衆議

近年の議論では、足利将軍家をはじめ、守護家や国人領主の家においても、一族・家臣の衆議が家督認定に際して決定的な意味をもったことが強調されている。衆議尊重・衆議治定の原則を説く議論の有力な根拠になっているのが、足利義持の後継者決定手続きであろう。応永三十五年（一四二八）正月十七日、管領畠山満家をはじめ斯波義淳・細川持元・山名時熙・畠山満慶らの諸大名は、談合をおこなったのち病床の義持に対し後継者を指名するよう申し入れた。このとき、義持は「為上ハ不可被定也、管領以下面々寄合可相計」と返答したという[32]。これに対して、宿老たちは「分明ニ無被仰旨間、各計会只此一事候、早々可被仰出」と迫った。しかし、義持はなお「兎モ角モ面々相計可然様可定置」と繰り返すばかりであった。宿老たちはそれでも諦めず、「何度モ此面々ハ可歎申入心中候」と述べた上で、義持に兄弟四人のうちから器用の仁を定めるよう求め、それも叶わないならば兄弟の名前を書いて八幡宮神前で鬮取をおこなうことを提案した。義持が最後に「然ハ御鬮タルヘキ」と決したことによって、鬮取によって相続人が定められることになるのである。

従来、この事例は、義持が足利将軍家の家督を管領以下大名ら「面々寄合」に委ねて死去したものと捉えられてきた。そして、田沼睦氏は義持後期の幕政のあり方がその背景にあると論じ、今谷氏は衆議治定の原則が適用された事例だと指摘した。しかし、衆議談合を過大評価するあまり上意の役割を過小評価するとすれば、これは正しくない。

むしろ、ここには義持の遺言が重要な意味をもっていたことが示されている。だからこそ、守護たちは執拗に上意による遺言を求めたし、それが得られず困惑したのである。最終的に「然ハ御鬮タルヘキ」（神慮に委ねる）という上意を引き出して決着がついたことを軽視すべきではあるまい。

万里小路時房の『建内記』正月十八日条においても、「縦雖被仰置、面々不用申者不可有正体」と述べる義持に対して、宿老たちは兄弟四人のうちから後継者を定めるよう求め、孔子取りをして「可被任神慮」という義持の命を引き出したことが記されている。これによって、神慮は上意に代わるべきものと位置づけられることになった。この一件を伝え聞いた時房は、「依神慮武家一味用申武将之上、公家又　叡慮無相違」と記した[33]。ここには、上意や神慮を中核にして諸大名が一味をなすところに武家秩序の安定が成り立つという構造が示されていよう。

義持が述べた「縦雖被仰置、面々不用申者不可有正体」とは、上意の遺言であっても面々に支持されなければ実体を持たないの意であろう（『建内記』の翌日条には「縦雖有官位御昇進、天下不用申者不可有正体」というよく似た文言も記されている）が、それが義持の上意自体を否定するものでない点に注意すべきである。義持の後継者決定プロセスからうかがえるのは、単に衆議治定の原則と把握さるべきものではなく、上意を中核として衆議談合（大名らの一味）がこれを支えるシステムなのである。

それにしても、死に臨んだ義持が自ら後継者を指名することをせずに神慮に委ねたのは何故だったのであろうか。ここには、度重なる義持の不満や無力感が表れていたのかもしれない。前年、義持は赤松満祐から播磨国守護職を取り上げて側近赤松持貞に与えようとしたが、諸大名の一揆の前に上意の撤回を余儀なくされている。また、さかのぼれば十年前にも、義持近習富樫満政が失脚するという事件も起きていた。諸大名の前に度々煮え湯を飲まされた義持の投げやり的な心情や報復意識が読み取れるように感じられる。いずれにしても、このとき上意と衆議談合の間に乖離が生じていたことは間違いない。しかし、だからといって衆議治定の原則と捉えてしまうと、上意の果す役割を過小評価し、室町幕府の意思決定システムを見誤ることになる。衆議尊重の原則に注目するだけでなく、上意の認定により家督が固定したり変更が加えられたりする仕組みを、正当に評価しておく必要がある。

幕府権力が諸国守護によって支えられる一方で、諸国守護職の維持・確保は幕府の保証が不可欠の前提であった。室町幕府―守護体制の確立する十四世紀末から十五世紀初頭にかけて、守護の反乱や更迭などが目につく(34)。これ以後、大幅な守護職の入れ替えはなくなり、世襲が一般化して守護分国の固定化が進む。しかし、それは室町幕府―守護体制の確立・安定を示すものであって、守護職補任権が将軍家に留保されていたことに変わりはない。実際、個々にみていくと、上意が介入して守護の任免がなされた事例は幾つも認められる。守護職の帰趨は上意との関係如何に大きく規定されていたのであり、それは中央政権に参画し幕府という権力集団の一員になることで守護職を確保しうるという、幕府―守護体制の構造的特質に起因していた。

幕府―守護体制の抱える矛盾や特質が顕在化するのは、とくに守護家の家督相続においてである。もちろん、とりたてて問題がない場合は、守護方の申請どおり家督認定の上意が下されるのが通例である。しかし、何らかの理由で上意の介入が必要とされた場合、そのことが混乱を引き起こすのを防止するために、一族・内者・国人らの意向を聴取する動きがみられた。

永享三年、駿河国守護今川範政は、嫡子彦五郎範忠以下数名の子息の中から、わずか七歳の末子千代秋丸を後継者に選んだ。これを咎める義教の上意が伝えられたのに対して、範政は本来相続すべき彦五郎が器量に乏しいため見限ったのだと述べ、内者たちもこれを支持して寄合をおこない千代秋丸擁立に決したことを主張した。その後、彦五郎が出家して駿河から逃亡したこともあって事態は膠着状態となり、翌年に入ると次男弥五郎が範政から譲状を得たとして後継者に名乗りを挙げるという推移をたどった。

義教は範政の譲状に相違する裁定を下して国錯乱に至った場合には将軍の成敗に過失が問われることを恐れ、ひとまず譲状どおり弥五郎に国を与える旨を記した御判を上使に持たせた。しかし、一方で義教は嫡子彦五郎を後継者に仰せ付ける旨の上意を打ち出して、今川一族の長老貞秋を通じて国人・内者たちの心中を探らせた。このとき、「簡要ハ国儀如意見被思食間、狩野以下所存趣御尋」と記されたように、義教は分国内の意見こそ簡要だとして狩野以下の駿河国人や範政内者の意見を聴取させている。[35]これに対し国人・内者らは、「雖為何仁可任上意」「簡要ハ可為上意」として、誰に決まろうと上意に従うことを誓約したため、彦五郎の家督相続・駿河国守護就任が決定したという。[36]

こうして、今川氏の家督認定において、父範政の譲状をおさえて上意の主導性が発揮されたわけであるが、その際に国人・内者の意見聴取が上意を支える役割を果したことに注意しておきたい。彦五郎の擁立が必ずしも彼らの本意ではなかったことは、このあと駿河入国を遂げた彦五郎に国人たちが反乱を起こした事実からもうかがわれる。[37]義教が国人・内者の意向を重視したのは、彼らの希望に従って相続人を決定するためだったのではなく、何よりも上意に対する了解をとりつけることで自身の裁定を確実なものにしたかったからであろう。

この家督抗争が引き起こされるにあたっては、千代秋丸を狩野・富士ら国人たちが支持し、弥五郎を矢部・朝比奈ら内者たちが支持するという構図があったようである。しかも、前者は山名氏と結び、後者は管領細川氏と意を通じていた。[38]そのような中にあって彦五郎が家督を相続しえたのは、彼が在京して義教に嘆願を重ねた結果であり、上意の主導性に拠るところがすこぶる大きかったとみられる。この頃から、各地で守護家の家督抗争が起こり、分裂した双方が細川・山名・畠山といった有力大名を頼って対抗しあう傾向が強まって、後年の応仁の乱に結びついていく。しかし、義教期においては、まだ上意の主導性が強く、諸勢力が有力大名のもとに系列化する事態が抑制されていたのである。

今川兄弟の家督抗争と同じ時期に、安芸の国人小早川氏においても同様の兄弟間の争いが発生し、ここでも上意の介入がなされている。この争いは、はじめ兄の方に家督が譲与されて将軍御判まで付与されていたのに、父親が死に臨んで弟に譲与し直したことが発端である。義教は「一族内者等、兄弟之間何ニ相随哉」と述べて、一族・内者の支持する方を家督に定めようとはかり、その線で管領・畠山・山名らの同意を取り付けた[39]。ここでは今川氏のケースと違って、義教自身が特定の人物に肩入れする姿勢は示していない。しかし、やはり上意の裁定を確固たるものにするために、一族・内者の意向が聴取されたとみられるのである。

これに対して、義教の手で衆議治定の原則が蹂躙された事例とされるのが斯波氏のケースである。しかし、これもそう単純化できるものではない。永享五年に斯波義淳が死去したとき、義教は相続人たる左衛門佐が一家惣領職としての器用に乏しいとみて、相国寺僧となっていたその兄を還俗させて家督にすえようとはかった。このとき義教は「定自武衛可申歟」と述べており、義淳の遺言として処理させたかったようであるが、これは義淳の容態急変により叶わず、満済が義教の意向をうけて甲斐以下の内衆との談合に臨んだ[40]。斯波氏の宿老甲斐・飯尾は「内々被仰出器用仁體事可為上意、殊又畏入」と述べて、上意を受け入れるのである。上意主導の裁定がなされるにあたって、ここでも内衆の代表である甲斐・飯尾との談合が家督の決定過程に組み込まれていることに注意すべきであろう。

永享三年、大内氏の家督の座を持盛と持世が争っていたとき、内衆の代表者である内藤盛貞は「(持盛が)家督ニ定候者、毎事一家事、不可有正体條勿論候、早々為公方可被計下」と述べて、義教の計により持盛を退けることを求めている[41]。守護家の安泰のために、内衆が上意の介入を求めた事例である。義教の守護家への介入について、それを単なる義教の恣意として片付けるのではなく、内衆たちの動静も含めて捉え直す必要があろう。

このほか、内衆たちが上意と結んで当主の交替を策す場合もある。永享十三年正月、畠山持国が義教の命により異母弟の持永へ家督を譲与させられて河内に没落した。これは持国が結城合戦での討伐命令を辞退したのが原因と伝えられるが、家督の交替は内衆の遊佐と斎藤が畠山一流の安全を図るために仕組んだものであったらしい[42]。ところが、まもなく嘉吉の乱が起きたため、上意の支えを失った持永は没落を余儀なくされ、持国が復権を果たすことができた。恐らく、こうした事態が起きない限りは、上意の裁定は容易に覆せるものでなく、上意と対立した守護がその権限を社会的に承認されるのは困難だったと思われる。守護家督の帰趨は、上意との関係如何に大きく規定されていたことが知られるのである。

以上の事例を通覧してみると、守護家内部の衆議はむしろ上意主導の裁定を支える機能を果しているのであり、衆議の役割を過大に評価すべきではないことが知られる。衆議を尊重する姿勢がとられたのは、従者の協議決定を優先させ彼らの希望通りに家督を決定するためというよりも、上意の介入を正当化し、その裁定を保証するための手つづきであったと捉えるべきであろう。

同時に、このことは、上意の介入に説得力や実効性を付与するためには分国内の状況への目配りが不可欠であったことを意味する。実際、上意による守護の認定にもかかわらず、それが覆される事例も無いではない。例えば、応永の乱後も幕府に抵抗する姿勢をつづけた大内盛見は、幕府から家督を安堵された弟弘茂を破って周防・長門を平定し、のちに守護職の追認をかちとっている。実力による地域制圧が上意を屈服させた事例である。また、応永十一年（一四〇四）に起きた安芸国人一揆は、守護山名満氏の更迭をかちとっている。勢力ある武士を味方につけるため守護職を与えて支配権を追認したり、あるいは逆に国人層から見離された守護が更迭されるというのは、ある意味で内乱期的なあり方の存続と言えるかもしれない。しかし、このことは、室町期にあっても、上意の一方的な押しつけを容易に認めようとしないほどに、地域の自立性が息づいていたことを示しているとみるべきであろう。守護職の維持・確保は、上意の認定が不可欠であると同時に、こうした地域社会の自立性にも基礎づけられていたのである。

こうした事情があるかぎり、上意の側もあまり乱暴に一方的な裁定を押しつけるわけにはいかない。とくに、数カ国をおさえる有力守護に対しては、将軍といえども簡単に家内部に介入することはできなかった。永享三年（一四三一）五月二十四日、義教は山名刑部少輔の振舞を看過しえぬとしながらも、公方として突鼻することは宿老である父時熙の心中を憚るという理由で、その処分を時熙の所存に委ねている。[43]有力な宿老の存在を前に、一定の配慮をせざるをえなかったのである。

上意の裁定に対抗して、諸大名が一揆を起こす場合もある。応永三年（一三九六）、山城国守護結城満藤が仁木氏との間で守護職をめぐって確執に及び、大名らは一揆して結城満藤を支持した。しかし、その甲斐なく満藤は義満の勘気を蒙って逐電を余儀なくされている。[44]同三十四年には、将軍義持が播磨を御料国とし側近赤松持貞に与えようとしたため、守護赤松満祐は帰国して抵抗する姿勢をみせた。このときには、諸大名が一揆して持貞の罪を訴え、満祐の赦免をかちとっている。[45]将軍が個人的に親近感を抱く者を守護に補任しようとして、守護家の意思や利害と対立した事例はこのほかにも認められるところである。[46]一つの守護家単独で上意に対抗することが容易でない場合、守護たちは分国支配権に関わる彼ら共通のルールを維持するために結集し、これにより上意を牽制しその修正・撤回をかちとろうとしたのである。

以上に述べてきたとおり、室町期の権力秩序を論じるにあたっては、上意の役割を重視すべきであると同時に、地域社会状況やこれを踏まえた守護家集団の意思が上意を規制する面も考慮されなければならない。室町幕府—守護体制は、上意と衆議が相互に規制しあう関係でバランスを保っていたのであり、一方の要素を過度に強調したり、両者の対立的な側面のみをクローズアップすべきではないことが知られるのである。

おわりに

室町幕府は、将軍権力（上意）と管領を筆頭とする守護家集団（衆議）の複合体であり、幕府は将軍権力を守護家集団が支える形で運営されていた。上意を中核に有力大名が結集することで武家権力の安定が確保されていた点に構造的特質が存在するのである。一方、個々の守護家は幕府を構成する一員であることによって自身の分国支配を国家的に保証されていた。そして、こうした相互依存的な関係を支えていたのが守護在京制である。在京守護が中央政権に参画し幕府権力の構成員となるところに、この時期の室町幕府―守護体制の重要な特質がある。

本章では、単なる衆議談合に還元できない上意の優越性を指摘する一方で、管領を中心とする大名衆議のシステムが上意を支え上意を規制する面をもちつづけていたことを述べてきた。将軍が「天下の政道」を遂行する上では、宿老層の支持や同意が不可欠であり、彼らに対する配慮を欠かすわけにはいかなかったのである。

したがって、上意専制を強調して幕府を将軍権力に矮小化したり、逆に幕府を守護の連合体制に還元したり、あるいは守護を単なる地域権力と規定したりするのでは、幕府―守護体制の本質が捉えられないことになる。幕府―守護体制は何よりも自立性を強める地域社会を中央国家に繋ぎとめるために確立したシステムと把握すべきであり、将軍権力と守護家集団の相互補完的な関係こそが重視されなければならない。上意と衆議の関わりについても、それを単に幕府機構の内部編成の問題としてのみ論じるのではなく、室町幕府―守護体制を成立せしめた社会的背景から読み解かれる必要があろう。

室町幕府―守護体制の成立に関しては、それが南北朝期の内乱状況に対応し、あるいは内乱状況を克服する中で成し遂げられたことを重視すべきである。(47)王権が分裂し地域社会の自立化が進行した南北朝期においては、将軍権力強化と守護権限拡大のうち、いずれが欠けても内乱を克服することはできなかった。守護の裁量権を大幅に認める国政改革がなされ、これによって全国な統治・収奪体系の再建がはかられたが、このことは中世国家が在地秩序に思い切って依存する体制に切り替え、一定の分権化を認めた上で求心性の回復をはかろうとしたことを意味する。いわば、自立性を高めた地域社会を、守護を媒介に中央国家に接合することによって、内乱は克服されたのである。(48)

このような内乱克服過程こそが、将軍の上意が大名衆議によって基礎づけられ、個々の大名の分国支配が上意によって保障されるという、室町幕府―守護体制の構造的特質を生み出したと考えられる。将軍権力は権門体制の存続を背景として諸大名に対して優位性を確保することができたものの、一方で幕府は諸国守護の分国支配に多くを依存せざるをえない。幕府が諸権門の権利保全を約束しても、守護方の同意と強制力執行がなされない限り幕命は実効性をもたないからである。しかも、諸国守護家の協力が得られなければ幕府自体が成り立たない構造をもっていたことは、軍事的な面からも経済的な面からも指摘することができる。

室町幕府―守護体制が以上のように捉えられるとすれば、地域社会の自立化が一層進行するに伴って、上意と衆議の関わり方は変質をとげていかざるをえない。その大きな画期となるのが将軍暗殺という衝撃的な事件である。嘉吉の乱が起きた理由、それがもたらした新たな局面については、義教の個性や性癖に問題を還元する事なく、独自に分析を深めていくことが求められている。

(1)『建内記』(『大日本古記録』)正長元年五月十四日条。佐藤進一氏は、ここに将軍の称号と天下の政務判断の地位は不可分のものとする論理が示されていると捉えている（「足利義教嗣立期の幕府政治」『法政史学』二〇、一九六八年、のち佐藤『日本中世史論集』岩波書店、一九九〇年に所収）。
(2)『満済准后日記』（『続群書類従』）永享六年六月十五日条。
(3)『満済准后日記』永享三年六月九日条。
(4)『満済准后日記』永享三年八月三十日条。
(5)室町幕府における「上意」とは、「室町殿ノ御意」と言い換えられるものであり、将軍の意思を指す言葉であった（『大乗院寺社雑事記』（『続史料大成』）康正三年二月二十一日条。
(6)『満済准后日記』応永三十三年十月八日条。
(7)『満済准后日記』正長二年八月二十一日条。
(8)『看聞日記』（『続群書類従』）永享五年九月十九日条。
(9)『満済准后日記』永享三年六月十二日条。
(10)『満済准后日記』永享三年七月二十四日条。
(11)『満済准后日記』永享四年十一月十五日・永享五年四月二日条。
(12)佐藤進一「室町幕府論」（『岩波講座日本歴史』七、一九六三年、のち佐藤前掲『日本中世史論集』に所収）。田沼睦「室町幕府・守護・国人」（『岩波講座日本歴史』七、一九七六年）。今谷明「一四―一五世紀の日本――南北朝と室町幕府」（『岩波講座日本通史』九、一九九四年、のち今谷『室町時代政治史論』塙書房、二〇〇〇年に所収）。
(13)佐藤進一「守護領国制の展開」（『新日本史大系』三、朝倉書店、一九五四年）など。
(14)佐藤進一「将軍と幕府官制についての覚書」（豊田武・ジョン＝ホール編『室町時代――その社会と文化』吉川弘文館、一九七六年）。
(15)佐藤進一「合議と専制」（『史学論集』一八、一九八八年、のち佐藤前掲『日本中世史論集』に所収）。とはいえ、義教の専制を強調する議論の発端が佐藤氏の研究にあることも事実である。「合議」と「専制」は佐藤氏の中世理解の根幹に関わる重要なキーワードであるが、氏がこの二つを対比的に捉えたところから田沼氏や今谷氏の議論が導き出されたとみることができる。

(16) 佐藤前掲「将軍と幕府官制についての覚書」。

(17) 今谷明「室町幕府の評定と重臣会議」(岸俊男博士退官記念事業会編『日本の政治と社会』塙書房、一九八四年、のち今谷『室町幕府解体過程の研究』岩波書店、一九八五年に所収)。

(18) 今谷前掲「一四―一五世紀の日本――南北朝と室町幕府」。

(19) 今谷前掲「室町幕府の評定と重臣会議」。

(20)『建内記』正長元年三月某日条。

(21)『満済准后日記』永享三年三月十八日条。

(22) 満済が「内々」の形で政治関与をおこなったことについては、笕雅博氏や本郷和人氏の研究がある。笕「「内々」の意味するもの」(網野善彦・笠松宏至・勝俣鎮夫・佐藤進一編『ことばの文化史』中世四、平凡社、一九八九年)は、「内々」と「公儀」という二つの経路を対比して中世武家の法と訴訟の世界を論じた。これを土台に重臣会議の性格を分析したのが本郷「『満済准后日記』と室町幕府」(五味文彦編『日記に中世を読む』吉川弘文館、一九九八年)であり、重臣会議を将軍の「内々」の諮問に答える組織と捉え、これに対して管領―奉行人の系統が「公儀・外さま」の系統であったと論じた。「内々」の立場による満済の政治活動を、彼が取りまとめ役であったとする重臣会議そのものに敷衍してみせたのである。しかし、本文で述べるように、本郷氏が満済の立場と重臣会議の役割を同列視するのには賛成できない。本郷氏は、畠山満家や山名時熙が「両人大名内々宿老分トシテ候ナカラ、如此存寄題目心中ニ裏置条、一向私ニ候也」(『満済准后日記』永享三年五月十二日条)と述べたことを捉えて、重臣会議が「内々」に政治関与する組織である明証だとするが、これは両人が満済に対して「私」の心中を「内々」に打ち明けようとした事例にすぎず、重臣会議とは無関係であろう。もちろん、管領や諸大名が将軍に「内々」に意見を申し入れた事例は散見されるところであるが、満済の活動が諸大名と異なるのは、彼は一貫して「内々」という形でしか政治に関与しえなかった点である。重臣会議の外側にあって「内々」に政治関与していた護持僧満済の立場と、大名衆議の性格を混同してはならない。

(23)『満済准后日記』永享四年二月十三日条。

(24)『満済准后日記』永享二年八月十一日条。
(25)『満済准后日記』正長二年七月二十四日条。
(26)『満済准后日記』永享元年十二月二日条。
(27)『満済准后日記』永享三年六月六日条。
(28)『満済准后日記』永享三年七月十三日条。
(29)『満済准后日記』永享四年正月二十三日条。
(30)『満済准后日記』永享三年七月二十八日条。
(31)『満済准后日記』永享三年八月三日条。
(32)『満済准后日記』応永三十五年正月十七日条。
(33)『建内記』応永三十五年正月十九日条。
(34)明徳元年の土岐氏の乱、同二年の明徳の乱、応永二年の今川貞世の召還、同六年の応永の乱などである。これは内乱期に強大になりすぎた守護への牽制・抑圧をはかる義満の政策として説明されることが多いが、同時に、内乱状況の収束に伴い、軍事司令官であった守護の地位が相対的に低下せざるをえなかった事情を背景にしていたと思われる。
(35)『満済准后日記』永享五年五月三十日条。
(36)『満済准后日記』永享五年六月一日条。
(37)小和田哲男氏は、国人らの誓書提出は事実と考えられず、今川貞秋の苦肉の策ともみられるとしている（小和田『今川一族』新人物往来社、一九八三年）。
(38)『満済准后日記』永享五年四月十四日条。
(39)『満済准后日記』永享五年四月十四日条。
(40)『満済准后日記』永享五年十一月三十日条。
(41)『満済准后日記』永享三年九月二十四日条。
(42)『建内記』嘉吉元年七月一日条。

(43)『満済准后日記』永享三年五月二十四日条。
(44)『荒暦』応永三年八月十五日条。
(45)青山英夫「応永三十四年、赤松満祐下国事件について」(『上智史学』一八、一九七三年)。
(46)応永三十五年(一四二八)、山名時熙の子息二人のうち弟弾正少弼持豊を相続人としようとする時熙に対して、義教は多年昵近奉公を勤めてきた兄刑部少輔が不便であるとして、刑部少輔を相続人とするよう求めている(『満済准后日記』応永三十五年四月二十三日条)。
(47)川岡勉「室町幕府―守護体制の成立と地域社会」(『歴史科学』一三三、一九九三年)。
(48)しかし、地域ごとの秩序が固まり、それが中央国家に安定的に結びつけられるためには長期の内乱過程を必要とした。離脱していた諸勢力を帰参させ、守護在京の原則を打ち立て、室町幕府―守護体制という武家権力秩序を確立することにより、ようやく支配体制の再建が成し遂げられたのである。

第二章　室町幕府―守護体制の変質と地域権力

はじめに

かつて一九五〇年代を中心に議論された守護領国制論は、領主制の発展を軸とする中世史理解を基礎に、守護を地域的封建制の担い手として高く評価するものであった。しかし、六〇～七〇年代には、室町幕府論が深化する中で、守護領国制に代わり「室町幕府―守護体制」という概念が提起された(1)。領主制は専ら国人レベルの問題として処理される一方、守護の問題は領主制と切り離して幕府支配の一環として捉える方向に傾斜し、守護支配は公権による領域支配を軸に理解されるようになった。このことは、守護研究が幕府との関係に視野を限定させた制度史的・政策史的な次元にとどまり、そのため地域社会との関わりにおいて守護を位置づける視点が弱まることにつながったのである。

一方、中世史研究全体において領主制理論からの脱却が進んで中世＝荘園制社会とする認識が強まる中で、中世後期の理解についても荘園制の変質・再編・解体過程を軸とする議論へと変容した。中世後期は、地域の自立化に直面した中世国家や諸権門が、荘園制・権門体制を維持するため新たな対応を迫られた時期と捉えられるのである。こうして、幕府・守護による荘園制の維持・補完機能が具体的に明らかにされていった。

九〇年代に入ると、「地域社会論」と呼ばれる一連の研究が盛りあがりをみせた(2)。そこでは、下からの地域形成の運動が重視される中で、この動きを荘園領主に代わって受け止める主体として守護が想定されている。これは、地域社会との関係で守護の役割を再評価するもので、制度史的な守護理解を克服するものとして評価できる。但し、この議論には権力構造論、とりわけ幕府―守護体制との関連を問う視点が欠落している。幕府―守護体制に言及することなく、守護のみを取り出してきて地域秩序との関係が論じられるのである。

荘園制が中央権門に求心的に結びつけられる構造をもつものである以上、その動揺は地域社会の自立化という形で展開する。しかし、中央国家や諸権門は荘園制や権門体制的秩序の解体を手をこまねいて見ていたわけではなく、地域の自立化と中央からの組織化が矛盾を含みながら進行するのが中世後期である。したがって、集権性と分権性をどう結びつけて理解するかが権力論にとって依然として大きな課題だと言えよう。地域権力の自立を論じる際にも、地域権力のみ取り出して論じるのではなく、室町幕府―守護体制の変質過程と結びつけて論じられなければならない所以である。

本章では、以上のような認識を踏まえた上で、いまだ座標軸の定まらない中世後期の権力論に関して、守護を軸に一定の見取り図を提示したい。その際に留意しておきたいのは、政治史を組み込んだ考察である。このように言うのは、従来の幕府論や守護論では、政治史が考慮されないまま制度や機構・組織が論じられる傾向があったように感じられるからである。加えて、社会構造の変化を論じる際にも、政治史的な観点は不可欠であろう。

一　室町幕府─守護体制の基本構造

1　幕府─守護体制の形成と特質

(1)　天下成敗権と国成敗権

まず、室町幕府─守護体制の変質を述べる前提として、その基本構造をおさえておきたい。この体制を歴史的に位置づける上で何よりも重要なのは、それが南北朝内乱をくぐりぬける中から誕生したという事実である。内乱期には、中央国家と地域社会の分裂状況を克服するために、守護の裁量権を大幅に認める国政改革がなされ、守護の在地支配に大きく依存する体制に切り替えられた。つまり、守護を媒介に地域の自立化を抑制することで全国統治・収奪体系(荘園制)の再建を果すことができたのである。(3)その一方で、守護は中央国家を背景にすることにより地域社会の統合を実現した。このような事情は、以後の権力構造や社会秩序の大枠を規定するものとなる。後述するように、内乱期を経る中で、天下成敗権は将軍が掌握し、国成敗権は守護が掌握するという体制が確立していくのである。

応永元年(一三九四)、東寺領播磨国矢野荘に対して相国寺大塔再建のため材木の調達が命じられた。このとき東寺僧良快は在地に宛てた文書の中で、「於相国寺材木者、一国大儀候、無左右難閣候」、「相国寺材木事、天下之御大事、諸国平均之煩候、無力次第候歟」と述べている。(4)この事例から、義満期に「天下の大事」への動員の中で守護役に国家的性格が付与されて公事として定着すること、守護は幕府による課役動員の論理(「天下の大儀」「天下の大事」)を「一国大儀」「国一大事」などとして分国内の動員の論理に転化させたことが指摘されている。(5)内乱期を通じて朝廷から幕府へ諸権限が移行する中で、将軍が掌握した天下成敗権と結びつくことによって守護は自らの公的立場を確保したのである。

出雲の国人である赤穴郡連の置文によれば、赤穴氏の所領には二形態あり、佐波郷にある本領は惣領佐波氏（幕府奉公衆）のもとで領知する一方、赤穴荘の所領は守護京極氏のもとで確保していたという。[6] 佐波梁山が七歳のとき謀叛が起きて親類衆が惣領家に敵対した際、「赤穴一人惣領方として梁山を連れ申候て上洛し、天下の儀を申なし、赤穴は下国し、国之儀をふまへかゝはりけり」とある。赤穴氏は、惣領の後見人として梁山を引き連れて上洛して幕府に処理を委ねる（「天下の儀」）一方、自身は下国して「国の儀」に関与した。奉公衆佐波氏と国人赤穴氏は、将軍の天下成敗権と守護の国成敗権にそれぞれ対応する形の存在形態を示したと考えられる。

永享三年（一四三一）六月、畠山満家・山名時熙らの幕府宿老は「天下無為御政道可為珍重旨」を、三宝院門跡満済を通じて将軍義教に上申した。[7] その三日後、今度は義教の上意として、「面々大名知行分国政道事、殊入意可致其沙汰旨」が満済より諸大名の面々に申し含められている。[8] 将軍の担う「天下の政道」と諸大名の担う「分国の政道」は相互に依存・牽制しあいながら重層的に結合していたことが知られるのである。

将軍の天下成敗権は諸大名によって支えられており、幕政の円滑な運営にとって諸大名による補佐・意見・諫言などは不可欠であった。[9] ともすれば専断・独走ぎみの将軍を諸大名が掣肘する場面は少なくない。伊勢貞経が将軍義教を批判した書状には、「当時御政道相違間、面々儀定旨在之、仍天下ハ当年計由申了」と記されていたという。[10] 幕府は諸大名を権力内部に包摂することを不可欠の構造としていたのである。

か。

(2)　室町幕府権力の特質

室町幕府—守護体制を以上のように捉えた場合、従来の幕府研究は二傾向の歪みをもっていたように思われる。一つは、幕府権力を将軍権力に代替・矮小化する傾向である。室町幕府の特質として、前述した諸国守護権力の幕府権力内部への包摂という問題が何よりも注意されなければならない。幕府は政治的にも軍事的・経済的にも、守護家集団の力に決定的に依存する構造をもっていた。また、幕府の全国支配は守護の遵行、すなわち守護の同意と強制力執行を伴うことではじめて実効性をもちえた。佐藤進一氏の研究以来、将軍権力の独自基盤として奉行人・奉公衆・御料所などの研究が進んだが、幕府の権力基盤全体を考えたとき、それらを過大に評価することはできないのではないか。

室町幕府論におけるもう一つの傾向は、中世後期の武家権力における一揆的原理を重視するあまり、幕府を守護の連合体制とみなしたり、幕府の本質を宿老による衆議治定原則に見出す理解である。しかし、幕府権力を衆議治定に単純化して把握するのでは、上意（将軍の意思）の果す独自の役割が捉えられないように思われる。

衆議治定が最も機能していたとされるのは将軍義持の時期であるが、当該期にも「彼腹立之趣不及是非、理不尽之沙汰、綷絶常篇、……諸人履薄氷時節歟、可恐々々」[11]という文言に示されるとおり、義教期と同様の恐怖政治的な傾向がうかがわれる。守護職を召し上げようとして諸大名の一揆との衝突も起きている[12]。義持の相続人に関して、諸大名が執拗に義持による後継者指名を求め、最終的に「然ハ御鬮タルヘキ由」、「可被任神慮之由」という義持の発言で鬮取に決した事実も、上意の役割が軽視できないものであったことを示している[13]。

室町期においては、上意により忽ち守護家督が交替したり固定したりする構造がしばしば認められる。そうした上意の主導性や優越性は、本来的に権門体制的秩序の存続に由来するものであろう。しかし、上意が幕府の意思決定システムの中核に位置する一方で、上意の決定が安定的に確保・実現されるためには諸大名の意向を適宜くみ取ることが不可欠であった。幕府の守護家集団への依存構造からみても、それは当然であろう。大名衆議が意思決定システムの中に包摂されなければならない理由がここに存在した。

大名衆議を担う中心的機関とされるのが、いわゆる重臣会議である。今谷明氏の専論に掲載された一覧表をみると、会議の構成員は多くが二・三名の事例で占められていることに気がつく。[14] このことは、将軍が常時意見を聴取していたのは二・三名の幕府宿老に限られていたことを示す。永享四年、義教は九州の情勢に関して畠山と山名の意見を尋ねるにあたり、「天下大儀モ出来セハ御計次第、又可為御短慮儀間、先両人意見様被聞食、就其自余大名ニモ被仰談可被定事」と述べている。[15] 畠山・山名両名の意見が求められた上で、特に「天下大儀」に及ぶ恐れがある案件に限って残りの諸大名（概ね七〜八名）にも相談が寄せられるのである。重臣会議と言っても、それは定員をもった恒常的な組織として存在していたわけではない。ゆえに、これを上意専制に対抗する議決機関などと捉えるのは困難であろう。むしろ、それは上意を支える諮問機関的性格が濃厚であり、天下大儀・天下重事に際して大名衆議を意思決定プロセスに組み込むシステムと捉えるべきである。

将軍権力（上意）と大名衆議は二律背反的なものではなく、むしろ諸大名の意向をくみ取りながら上意決定がなされた。このことは、武家権力の内部に一揆的原理が組み込まれていることを意味し、幕府が地域権力の側から掣肘される面を不可避的に随伴することにもなるが、原則的にフラットな構成員からなる一揆集団と、当主を戴くことにより安定する武家権力を同質視するのは正しくない。諸大名はあくまで上意を中核に結集を果しているのであり、大名一味による将軍推戴がなされたことで、上意の主導性や優越性が強く現れる局面も生じることになる。

(3)　室町期守護権力の特質

守護の歴史的性格として、地域紛争を鎮め国郡単位に地域統合を果たし、地域社会を中央国家に接合する役割を担った点が特に重要である。守護の分国支配は、軍事動員権を中核としつつ、従来国衙の保持してきた諸権限を包摂しながら地域統合を実現していった。(16)

但し、注意されるのは、守護による地域統合の不均質性や歴史的規定性という問題である。守護による国成敗権の内容は、国によってかなり多様性をもつ。それは、守護の出自や守護就任の時期、内乱の展開度、南朝勢力との関係、幕府との地理的・歴史的距離、地域経済の発達や民衆の政治的成長度等々の諸要素が、守護支配に少なからず偏差をもたらしたためと考えられる。特に国衙・一宮・在地寺社・国人・荘官層ら、在地諸勢力はそれぞれに自立性を保持しつつ、相互にネットワークを形成しており、それを十分に踏まえながら地域統合を実現することこそ室町期の守護支配の特質であった。したがって、守護の保持した権限は単なる公権の分有として捉えるべきではなく、地域社会から様々な要素を受容・包摂しながら国成敗権の内容が歴史的に形成されたと考えられる。幕府は、地域統合のレベルが異なることを前提としつつ、ともかく一律に守護と認定することによって体制に組み込んだのである。

とりわけ守護の分国支配の成否を規定したのは国人との関係である。安芸国守護山名満氏は国人毛利福原氏に宛てて「国の事ハ一向面々合力憑入候」と申し送っている。(17) 新任守護が国人に宛てた同様の文書は諸国で確認される。ここから、国人とは守護に合力して国成敗権（「国の事」「国の儀」）を支えるべき存在と位置づけることが可能であろう。「国の儀」を構成する諸要素のうち、例えば一国規模の祭祀権のあり方をみると、出雲では一宮杵築社の三月会頭役を鎌倉期以来の一国結番帳に基づき地頭御家人が負担する体制が採られていた。守護は幕命をうけて地頭御家人が怠りなく負担を勤仕するよう相触れており、守護は国人層の自立的な在地秩序やネットワークを前提としつつ、幕府を背景に地域社会のあり方を秩序づける役割を果していたのである[18]。このような事情が、守護が在京して幕府―守護体制の一員であることを必要としたと思われる。体制内に安定的に位置づけられていることが、国人らの合力を確保する前提だからである。しかし、それは守護が地域権力としての自立化を抑制される側面を随伴することにもなる[19]。

こうして、守護の国成敗権は国人層に支えられると同時に、上意から保障・規制される側面を有していた。そのため、上意の保障や国人の支持を失った守護は、更迭・放逐されざるをえない。前述の山名満氏が、国人らへの協力要請にもかかわらず、国人一揆の結成を招くのは応永十一年（一四〇四）のことである。一揆契状によれば、第一条で守護による本領召し放ちに対し一同で嘆き申すべきこと、第二条で国役等は時宜により談合すべきことが契約される一方、第五条には「京都様御事者、此人数相共可仰上意申事」として上意に服す姿勢が明示されている[20]。将軍の天下成敗権には従うが守護の国成敗権には従わないという態度表明である。二年後、満氏に代えて「国事」は別人（山名右京亮）に仰せ付けられる一方、国人面々の進退は赦免するという上意が示されることになる[21]。

室町期には、「伊賀国事……只今守護式以外無正体由承及候」として守護仁木氏が更迭されたり[22]、「（丹波）守護代香西政道以外無正体」として上意による交替命令が出されるなど[23]、将軍による「分国の政道」への監視や介入がなされ、国成敗権の実体を伴わない守護・守護代は牽制・抑圧・更迭される事態が散見される。上意が守護家の家督相続に介入しうる根拠としては、何よりも国成敗権を担うに足る器量の有無という問題が伏在する。国成敗権は守護権として幕府から補任されることにより安定をみたのであり、守護職とは個別領主権を越える国成敗権（一国知行権）を幕府側から表現した言葉と捉えることができよう。

2　足利義教政権の歴史的位置

(1)　義教期の上意専制

それでは、以上に述べた幕府―守護体制の基本構造にてらして、足利義教政権はどのように位置づけられるのであろうか。このことに言及するのは、近年の研究では室町幕府の本質を衆議治定原則に見出し、義教はそれを蹂躙して排除されたとする理解が有力だからである。(24)しかし、義教の施策は本当に幕府―守護体制の枠組から逸脱したものなのであろうか。

義教は家督相続直後から意欲的な政治姿勢が目につく。例えば、将軍職就任以前に天下雑訴に関して御判成敗をはかるが、「征夷大将軍以前判断天下事無子細者、誰人モ雖非将軍、就権威可有成敗歟」として、反対をうけた。(25)雑務沙汰の裁定は、ひとまず管領奉書による代行に決している。(26)このやりとりからは、天下成敗が将軍固有の権限であり、将軍は天下判断の資格者とされていたことが読み取れよう。

義教の積極的な政治運営は、評定衆・引付頭人の再設置計画や、牢籠譜代救済のため前代の非分寄進神領の本主返付をはかるなどの施策にも示されている。奉行人制や訴訟システムの整備がなされるのも義教期の大きな特徴であり、多くの雑務沙汰関連の立法がなされ、御前沙汰制も整備される。但し、これらの施策は一概に管領や守護に対抗するものと位置づけるべきではあるまい。むしろ、これまで将軍専制の制度的指標とされてきた奉公衆・奉行人・御料所・御前沙汰などの諸要素は、実際には管領や諸大名の協力や政治参加を得ることで存立していたことが明らかにされつつある。(27)義教期における天下成敗も、管領や大名衆議を意思決定プロセスに組み込んだ形で展開していた。それは、永享六年（一四三四）に延暦寺僧乗蓮の赦免を求める管領以下大名五頭が「無御免者、各屋形自焼、分国へ可罷下之由懸生涯申」したため、義教も同意せざるをえなかった事例に示されるとおりである。[28]

義教による守護家や国人家への家督介入も上から一方的になされたものではない。むしろ、上意の介入に説得力や実効性を付与するためには、分国内の地域状況への目配りが不可欠であった。駿河今川氏の家督抗争に際して、「簡要ハ国儀如意見被思食」という上意のもとで、国人・守護被官らの意見が聴取された。[29]「万一国錯乱せハ一向御成敗ノ相違ニ可成歟」とあるように、将軍の成敗に過失が問われることを防ぐため「駿河国事、国様能々被尋聞食」なければならなかったのである。これに対する国人たちの返答は、「簡要ハ可為上意」というものであり、誰に決まろうと上意に従う旨の請文を提出した。これを踏まえて、義教は相続人を決定し直すのである。上意の主導性は「国儀」に支えられて存立しており、とりわけ国人らの了解を取り付けることが成否の鍵を握っていた。ここには、上意の一方的押し付けを容易に認めない自立的な地域社会秩序の存在がうかがわれよう。

義教晩年の諸大名弾圧についても、大名衆議と衝突したりそれを蹂躙した形跡は認められない。むしろ、衆議を主導してきた人々が相次いで死去するなど、衆議の機能が低下する中で、義教の専制的側面が強化されたとみられる。したがって、上意専制の拡大は、何よりも政務の円滑化、裁判の公正・迅速な処理を基本方針とする彼の意欲的な政治姿勢の表れと解すべきである。そして、その背景には地域諸勢力の自立的な動きが想定される。[30]

(2) 地域諸勢力の自立化と義教専制

地域諸勢力の自立化を何よりも示すのは、守護の領域支配の拡大である。守護勢力による荘園違乱は一層激化しており、播磨の年貢未進は「希代事也、或地頭違乱、依守護之扶持也、或請地未済、依守護之懈怠也」とされている。[31]近江の六角満綱が「称令拝領甲賀郡」して地頭職を押領したり、郡内所領を勝手に寺社に寄進したように、守護が国郡知行権を根拠に国人などの領主権の否定・包摂をはかる動きも認められる(32)。

守護勢力のこうした動きの背景には、在地諸勢力の自立化、とりわけ民衆の政治的成長が存在した。正長二年（一四二九）、丹波国土一揆の蜂起に際して、守護細川氏は「寺社権門領等之内ニ専此一揆在之、厳密ニ可致其沙汰処、自方々被歎申時被閣者不可有正体也」と述べて、土一揆を鎮圧しようとする守護に対して諸権門が抵抗する動きを牽制している(33)。守護は土一揆の蜂起に乗じて、荘園の枠組を越えた領域支配の拡大をはかったのである。また、「被仰付守護使、被破却堤、同百姓等還住事ヲモ被仰付者、尤可畏存者也、……守護不入事ハ諸門跡領雖大法候、於申請者可有何子細哉」とあるように、逃散百姓の還住等のため守護使の入部が荘園領主側から申請される事例もある(34)。在地諸勢力の動きに対抗して、守護を中心に地域を全体として組織しうる権力体制の構築が急がれていたのである。

所領をめぐる相論が激化する中で、幕府の官僚機構も地域諸勢力の台頭に引きずられがちであった。文書の理非をさしおいて敵方を讒言する訴人の横行に対し、幕府には「毎事政道厳重」であることが求められていた(35)。管領や守護と結んで訴訟に対して不公正な対応を示す奉行人に対して、義教は「不依尊卑・親疎、任次第可伺申」と命じている(36)。「政道無好悪被裁許者尤可叶天心」と述べられている通り、義教は幕命に応じない守護・在地勢力を牽制・抑圧・更迭することで諸権門の要望に応じようと腐心していたのである。

「厳密の沙汰」と称された義教による厳罰主義、訴訟における公平性の確保（理非の重視）などは、基本的に武家権門としての立場に由来するものと考えられる。このようにして上意専制が強まる中で、年貢未進の事実を義教の耳に入れないよう懇願する言葉が散見されることになる(37)。義教期は、上意専制を強め諸制度の整備を進めることにより、幕府支配の安定と伸長をはかった時期と特徴づけることが可能であろう。

以上のことからみて、室町幕府—守護体制のあり方は義満〜義教期に至るまで基本的に共通しており、義教の施策がそれから逸脱したものとはいえない。幕府―守護体制は、天下成敗権を将軍が掌握し、国成敗権を守護が掌握する体制であり、十五世紀前半には天下成敗権と国成敗権が重層的に結びつくことにより地域統合が実現されていたのである。幕府や守護権力を論じる場合、衆議治定や一揆的原理を強調するなど家や領主制に問題を還元してしまう傾向が強いが、天下成敗権・国成敗権それ自体の展開過程をあとづけることこそ何よりも肝要であろう。

二　室町幕府―守護体制の変質

1　嘉吉の乱後の政治社会状況

前節でみたように、室町幕府は上意を中核に諸大名が結集するところに特徴があり、地域権力のさらなる自立化は上意の圧力により抑制される面をもっていた。ところが、嘉吉の乱と、その後十年近くに及ぶ上意の不在状況は、幕府―守護体制やそれに支えられた荘園制・権門体制的秩序、さらには地域社会状況に深刻な影響を及ぼすことになる。義教殺害後、将軍家の家督は義勝・義政と幼主が続き、「若公御成人之間ハ管領政道可申沙汰[38]」「御政道事、為御代官於管領右京兆之許被執行之[39]」とあるように、管領による天下政道の執行（天下成敗権の掌握）がなされた。但し、この時期に両管領家（細川・畠山）の権力拡大がみられた[40]とはいえ、管領が上意を完全に肩代わりしえたわけではない。赤松討伐の遅延、嘉吉の土一揆の際の徳政要求の受け入れ、荘園違乱の激化、国役以下の無沙汰等は、「御少年之時分之間、管領下知人々所存如何、無心元[41]」「諸大名且不同心人々在之[42]」「近日管領奉書面々更不叙用云々、雖加下知無其実[43]」「室町殿御幼稚時分也、諸大名国役已下要脚無沙汰之時節也[44]」などの文言に示されるとおり、諸大名の非協力によるところが大きかった。管領下知のもとに諸大名を結集させる体制を確立するのは容易でなく、そのため管領が赤松治罰の綸旨を申請したように、天皇の政治介入を要請することにもなるのである。

(1)　荘園制・権門体制的秩序の動揺

上意の不在状況は、幕府—守護体制を軸に支えられてきた荘園制や権門体制的秩序を動揺させ深刻な危機に陥れた。そうした動きを代表して突出した動きを示すのが、旧赤松分国を獲得した山名持豊である。「山名濫吹以外之次第也、自管領度々可止濫吹之由立使之処、……更不及制止之下知也、近日無道濫吹只在山名也(45)」「山名右衛門佐持豊在播州、濫吹狼戻以外也、滅赤松称我功、望申守護職、不及裁許時分也、奪取寺社・本所・武家人々所領・年貢等、猛悪無度云々、彼若補守護者、一国可滅亡歟(46)」と表現されるように、山名一族による違乱・押領は目に余るものであったらしい。

赤松方勢力の没落、代官層の大幅入れ替えに乗じて、山名方勢力は赤松方の権益を継承して代官職補任を競望した。荘園領主側はこれに対抗して寺社本所領の一円直務または守護被官以外からの代官登用をはかったが(47)、守護勢力の圧力のもとで代官請負が進行して押領に帰結している。守護を管領の下知に従わせることが期待できない中で、勅定によって播磨の寺社本所領への違乱停止がはかられたが、それは下達されなかった。その理由として、「存礼儀之輩者如管領・畠山云々元来無子細、表濫吹之輩者縦雖　勅定更不可承引、然者　勅定却似軽歟」と述べられている(48)。管領細川や畠山の如く礼儀を存じている者は元来問題ないのに対し、濫吹を表す者は勅定が出されても従わず、かえって勅定が軽んじられるというのである。勅定による違乱停止も十分な効果を期待できるものではなかった。

文安元年（一四四四）、山名氏は新たに獲得した播磨三郡において郡散合（＝地検）を実施した(49)。これは、郡内の寺社本所領に関し、田数土貢以下の当知行の実態、本所直務・守護請の別、本給の実否、闕所地については名主得分に至るまで、地下人から指出を提出させて詳細を調査させたものであり、守護による在地把握は格段に強化されたと考えられる。

持豊が「凡例といふ文字をば向後は時といふ文字にかへて御心えあるべし」（『塵塚物語』）と述べたというエピソードはよく知られているが、『建内記』にも「地頭称半済事、不可依文書之理非也、只可依当知行之有無歟、是山名方之法式云々」とある。[50] 山名分国では文書の理非によらず当知行を優先する方式が採られて、実力による占有を正当化する論理が打ち出されたことが分かる。山名分国の拡大に伴って国人・被官人は守護給分地を拡大させているが、[51] その中には山名方による押領地も少なくなかったとみられる。

『建内記』によれば、万里小路家領への守護勢力の違乱は山名氏の分国（旧赤松分国）に限らず、美濃土岐氏や尾張斯波氏などでも同様であった。実際、嘉吉の乱を機に全国的に荘園の違乱・押領・年貢減少が多数確認される。若狭の守護武田氏などは、「国中寺社本所領預所職事可知行」との御教書を賜ったという。[52] しかし、「殊播磨《山名惣領》・美作《山名入道》・備前《山名少輔》等事、新守護任雅意押領之処、更不及制止沙汰、如無上位《（意）》」とあるように、山名分国の事例は特に甚だしいものであった。[53] 幕府―守護体制が変質し荘園支配を保障してきたシステムが機能不全に陥ると、荘園領主は自力で危機を乗り越える道を模索せざるをえない。従来のシステムにしがみつくだけでなく、守護をはじめとする地域権力との個別的交渉を通じて荘園年貢の確保をはかるのである。

(2)　幕府—守護体制の変質

a　両管領家の対立と諸大名の系列化

諸大名が結集する上で中核となるべき上意の不在は、武家の権力体制を大きく変質させる契機となった。まず、義教の上意により退けられていた守護が復権を果し、逆に上意の支えを失った守護は没落した（畠山・富樫・京極など）。一方、嘉吉元年（一四四一）に赤松討伐の軍功により山名一族が播磨・美作・備前の守護職を獲得し、三年後には幕府御料所となっていた播磨三郡をも手中に収めた。守護職＝国成敗権を中央から秩序づけていた仕組みが崩れたことは、国成敗権が自力で確保されるべきものへと変質を遂げていく端緒になった。

上意の認定により家督が固定する状況が解体する中で、家督確保の上で管領や諸大名との結合が重要な要素となる。前掲史料に礼儀を重んじるのは管領細川と畠山であると記されていたが、以後の幕政はこの二氏が主導権をめぐって争う経過をたどった。上意のもとに結集する構造に代わって、両管領家の一方を頂点に結びつく形で諸大名の系列化が進行するのである。大名間のこうした関係を、ここでは「扶持・合力関係」と呼んでおきたい。

例えば、加賀の守護富樫兄弟の分国相論では、畠山氏が兄を扶持したのに対し、細川氏は烏帽子親子関係にあった経緯から弟を贔屓した[54]。こうして、富樫兄弟の争いは、畠山氏と細川氏の対立構造を顕在化させることになる[55]。この時期、管領職の交替に伴い、富樫氏や伊予河野氏などの内紛に対する幕府の方針は一八〇度の転換をみせている。幕府の権力意思を掌握する両管領家の対立は、地域社会に大きな混乱をもたらす要因となるのである。

一方、同じころ幕府内で畠山氏などによる山名持豊の排除・討伐（旧赤松分国没収）の動きが散見される[56]。上意に従わず荘園押領・違乱に突出した動きをみせる山名氏は、権門体制維持のためには排除さるべき存在であろう。しかし、持豊の軍功の実績と幕府内部の力関係は容易にそれを許さなかった。この時期、持豊は一族の娘たちを自身の養女とした上で大内教弘・細川勝元らに嫁せしめ、のちには斯波義廉をも女婿としている。大内との縁組に関して「寺領・本所領任雅意振威勢之時分也、弥為援彼助力者歟」[57]と記され、細川との縁組については「山名年来望之、今日終有此儀」[58]とされるように、持豊は大内・細川氏などと合力関係を強めて山名排除の動きに対抗したのである。大名間の結合が深まる中、烏帽子親子関係や婚姻関係などは、以前にまして重要な意味を帯びることになった。[59]

b　上意の再建と管領政治の確執

文安六年（一四四九）、十五歳になった足利義政は将軍宣下をうけて、上意再建の動きを開始する。以後も管領が幕政を主導する体制はしばらく続くが、康正二年（一四五六）までに幕政の中心は管領から将軍に移行した。しかし、管領政治が展開し両管領家を中心とする扶持・合力関係が形成されていたため、義政の上意のもとに諸大名を結集させることは容易でなかった。むしろ義政は、養育関係（乳父・乳母）や家政機関運用等の契機で結びついた側近勢力を基盤に上意再建をはかるのである。[60]義政の上意が諸大名を十分組織できないものであったことは、幕府の全国政権としての性格を弱めることにもつながった。

まもなく、上意再建をはかる義政と管領・諸大名との間で確執が表面化する。宝徳二年（一四五〇）、義政は尾張国守護代である織田氏の家督に上意として口入をおこなった。[61]兄弟の一方を扶持する義政に対して、織田氏の主である斯波氏や斯波宿老の甲斐常治は「不応上意」る態度を示し、義政の母日野重子や管領以下諸大名も義政を制止して斯波氏の意向に任せるよう説得したため、義政は孤立して口入を停止している。[62]同じころ、両管領家（畠山・細川）が上意と偽って公権を発動したため義政の立腹や在地の混乱を招いた事例が散見される。細川勝元は、義政より「近日不伺上意、管領以我成敗、被書出奉書・御教書事等、及度々」んだことを責められて、管領を辞職せんとしたという。[63]

この時期、もはや上意や公方扶持は絶対的なものでなく、大名間の扶持と同様に特定勢力に肩入れする役割を演じるものへと変質しかけていた。上意は守護軍を動かす現実的効力をもち、なお一定の優越性を確保していたとはいえ、将軍が諸大名の結集の中核たりえない中で、上意の弱体化・相対化は避けがたかった。上意再建の動きは、扶持・合力関係の展開と衝突して、限界を露呈させていくのである。

このように、嘉吉の乱は室町幕府―守護体制における求心力を低下させ、幕府権力のあり方を大きく変質させる端緒となった。強大な上意の前に人々が抑制されていた義教期までと違って、地域権力の自立化が一挙に表面化する一方、上意は大名衆議を意思決定プロセスに組み込むことなく特定の側近勢力と結びつくものに変質していった。幕府は全国支配権を縮小しながら、京都周辺に権力基盤を集中させる道をたどるのである。

2　守護権力の分裂と抗争

(1)　守護家督の変動

守護家督が上意の認定により固定する仕組みが崩れたことに伴い、国成敗権の確保や家督の帰趨は内部的には国人・被官人により規定され、外部的には大名間の扶持・合力関係に依存する側面が強まる。しかし、このことは守護権力にとってしばしば分裂要因ともなった。この時期、被官人一揆や有力被官人の台頭、外部勢力の介入などによって、守護家督の変動や内紛が頻発し、上意の支えを失った守護権力は不安定性を高めていくのである。

文安元年（一四四四）、六角氏の被官人らが「四郎行儀心操無道」として一揆を結んだため、当主六角四郎は遁走を余儀なくされている[64]。斯波氏においては、宿老甲斐常治が傍輩の反発を抑えて守護権力の実権を掌握し、上意と結んで勢力を伸ばした。長禄三年（一四五九）、斯波義敏は甲斐氏との合戦に敗れ、家督を退けられて周防大内氏のもとに身を寄せている。

細川氏と並んで管領政治を展開してきた畠山氏においても、享徳三年(一四五四)に家督抗争が表面化する。畠山義就の家督相続に反発する被官人らが一揆して義就に背き、管領細川氏や山名氏の扶持をうけて畠山弥三郎を擁立した。(65)被官人一揆と扶持・合力関係が結合して守護権力の内部分裂に至ったのである。これに対抗する持国・義就父子は、弥三郎治罰の御教書を申請し、上意と結合して家督確定をはかったが、その甲斐もなく義就は八月に「公方御扶持不叶、空没落」を余儀なくされた。(66)しかし、義就は年末には「内々伺上意」い河内より上洛を果しており、ひとまず弥三郎を追って家督に返り咲くことができた。(67)

しかし長禄三年になると、義政が弥三郎を赦免し、義就は翌年に河内に没落した。これで細川勝元による畠山追い落としの策謀が実現したのである。義就は観心寺に諸役免許状・安堵状・禁制を発給するなど、補任手続きなしに事実上の守護として活動を続けたが、幕府軍の攻撃をうけ寛正四年(一四六三)に吉野に没落している。義就が上意によらず山名の手引きにより上洛を果して応仁の乱の火付け役となるのは、それから三年後のことである。

(2) 幕府―守護体制からの離脱と復帰

斯波氏や畠山氏以外にも、一四五〇年代から六〇年代にかけて、幕府―守護体制から離脱する守護が続出している。享徳三年(一四五四)、山名持豊が上意に背いて隠居を命じられ、家督は子息教豊に譲られた。この年十二月の細川勝元書状には「山名方知行三ケ国事者、悉上意無為」(68)とあり、山名分国では上意に従わない動きが継続していたことが分かる。上意により退けられて但馬に下った持豊であったが、彼は依然として実質的な家督として活動しており、分国内の国人は但馬に赴いて持豊より知行安堵をうけている。(69)まもなく持豊は、畠山追い落としをはかる細川勝元の尽力で上意の赦免をかちとった。持豊が幕府―守護体制に復帰を果すのは、長禄二年(一四五八)のことである。

山名持豊の隠居・没落は、赤松氏を赦免して山名に奪われた分国を回復させようとする幕府内の動きと連動していた。赤松則尚は阿波細川氏や有馬元家などと結び、上意に取り入って守護職獲得を策したが、これは失敗に終わる。則尚はやむなく下向して国人を語らい播磨制圧をめざした。このとき、正規の守護でない権力が出現し、「国方」と呼ばれて事実上の守護として社会的承認をかちとったとされる(70)。国内を制圧することで守護職補任の手続きなしに国成敗権を確保しうるのが戦国期の状況だとすれば、赤松の事例はその先駆とも位置づけられよう。則尚の播磨支配は山名方の攻撃により短期間で終息するが、長禄二年に赤松政則が加賀半国守護となったことにより、赤松氏は幕府―守護体制に復帰を果す。このあと政則は細川勝元と提携を強めながら、山名との対立を深めていくのである。

このほか、河野通春・大内政弘なども幕府―守護体制から離脱している。河野氏の上意敵対は寛正五年（一四六四）に細川勝元に背いたものであり、大内氏の場合は斯波義敏を扶持して幕府と対立を深め、寛正六年には上意に背いて河野通春の救援に踏み切っている。

以上の事例からも分かるとおり、幕府―守護体制から脱落した人々は、いつまでも離脱したままではない。諸大名の結合を背景としながら、機会を捉えて上意赦免を乞い、体制復帰をはかる動きが繰り返された(71)。すると、働きかけられた義政は彼らの利害に引きずられて上意を変転させている。これは義政の定見のなさということもあるが、むしろ上意の絶対性が失われて扶持・合力関係が優越するという状況が示されているとみるべきであろう(72)。

畠山追い落としが実現したことによって、幕政の主導権をめぐる構図は、両管領家の対立から細川党と山名党の対立へと変化をみせた。一方、将軍義政を支えていた伊勢貞親は、斯波義敏・畠山義就・大内政弘ら細川・山名主導の幕政から離脱した人々を上意により赦免することで義政の上意再建をはかろうとした。文正元年（一四六六）、斯波義廉を退け義敏を家督につけようとする上意が打ち出されたのに対して、諸大名は一揆評定して抵抗をみせた。「如今者義敏仁雖給御判、不可任上意」[73]とされる中で、まもなく伊勢氏らを排除する文正の政変が起きる。これで義政による上意再建の動きは頓挫をきたすことになる。「京都様一向諸大名相計之、公方ハ御見所也、今出河殿又諸事被仰計云々、公方儀無正体云々、以外事也、行末無心元者也、殊更山名・細川両人為大名頭相計」[74]と述べられているとおり、諸氏の内紛は細川・山名両氏を「大名頭」とする抗争に系列化され、大名連合の武力衝突によって矛盾を解決する方向がめざされた。将軍家自体も大名連合間の対立に巻き込まれて分裂し、応仁の乱に突入するのである。

応仁の乱は、守護職確保をめざして結合した二系列の大名連合が、それぞれに上意を擁して衝突したものであり、東幕府と西幕府の争いという形をとった。諸国の守護権力が東軍と西軍に系列化されると、国内諸勢力も守護のもとに結集させられることが多くなり、東西いずれにつくかの二者択一を迫られることにもなった。

十年余り続いた戦乱は、山名・大内氏らが東幕府に帰服し、守護職を安堵されて下向することにより終結を迎える。分裂が克服されて上意は一本化し、幕府―守護体制の再建が実現した。しかし、上意分裂を引き起こした大名間の抗争が消滅しないかぎり、体制からの離脱→復帰という循環運動が繰り返され、上意の分裂が再生産されることになる。

例えば、畠山義就は大乱終結後も上意への敵対姿勢を継続したまま出京し、政長が「国成敗」のため派遣していた守護代遊佐長直[75]を撃退して河内を制圧した。これ以後、義就は幕府―守護体制から離脱して守護職補任なしに自立した分国支配を展開することになる。しかし、義就は体制復帰の機会を窺いつづけてもいた。やがて、義就流畠山氏が幕府―守護体制への復帰を実現するのは、明応二年（一四九三）に起きた明応の政変においてであった。この政変は細川政元を中心とする諸大名による上意の交替であって、幕府―守護体制の否定ではない。畠山氏に関していえば、将軍足利義材と運命を共にした政長流畠山氏が体制から脱落し、代わって義就流が体制復帰を果すのである。

諸大名の離脱→復帰という循環運動を繰り返しながら、室町幕府―守護体制は変質を遂げつつ存続・再生産されていった。この循環運動を基礎に、将軍家や管領家の分裂・抗争がとめどなく繰り広げられることになる。「細川与畠山ハ主従儀也[76]」という文言に示されるように、大名間の扶持・合力関係は主従関係になぞらえられるほどになる。上意を中核に諸大名が結集する構造が崩れ、系列化された大名連合が上意を推戴しながら抗争をつづけていくのが畿内近国の戦国史であった。

三　戦国期社会と国成敗権

1　幕府―守護体制の変質と国成敗権

(1)　幕府モデルの導入

室町幕府―守護体制においては、本来、国成敗権は天下成敗権の下位に位置づけられて重層的に結合していた。国成敗権は守護職補任という形で幕府から認定されて初めて安定していたのである。このことは、国成敗権に対する上意の介入を随伴するものでもあった。ところが、前節で述べた十五世紀半ばの幕府―守護体制の変質を通じて、国成敗権の自立性が高まる。幕府から補任されないまま、国元に下向して国成敗権を行使する権力さえ登場した。本節では、こうした状況が地域社会にどのような事態をもたらしたかを考察する。

かつて勝俣鎮夫氏は、戦国法の構成要素を家中法と国法の二つに分類し、系譜として家中法は置文に、国法は守護裁判権・守護法に源をもつが、領主階級の自己否定を媒介とすることで絶対的・超越的な性格をもつ戦国法が新たに創出されたと論じた[77]。その後、研究の主流は専ら家中の論理（領主制・家支配・一揆的原理）を軸に戦国期権力の形成や戦国大名国家の成立を議論する方向をたどった[78]。これに比べて、守護の系譜から戦国期権力を見通す研究は著しく立ち遅れたと言わざるを得ない。戦国期の権力論において、室町期の天下成敗権や国成敗権とのつながりが正面から問われることはなかった。しかしながら、本章でこれまで述べてきたところからすれば、領主制や家支配の問題に還元できない国支配の論理に光を当て、天下成敗権や国成敗権の戦国期的なあり方を探る必要がある。

勝俣氏の議論の力点は、戦国期には前代の公権力との関係を断ち切った新たな公権力創出が強調されるところにある。その根拠としてしばしば引き合いに出されるのが、『今川仮名目録追加』二十条にみえる、「自旧規守護使不入と云事は、将軍家天下一同御下知を以、諸国守護職被仰付時之事也、……只今はをしなべて、自分の以力量、国の法度を申付、静謐する事なれば、守護の手、入間敷事、かつてあるべからず」という規定である。

ここで今川氏は自らを守護と自己認識しているわけであるが、守護使不入に関わって述べられている内容は、要するに天下成敗権に対する国成敗権の自立という問題である。勝俣氏の言うような、前代の公権力との断絶とまでは言えない。むしろ最近の研究では、戦国期権力における権力編成の基本に幕府モデルが認められることに注意が向けられてきている。官僚機構、発給文書の形式・書札礼や花押、各種の典礼・故実・儀式、租税制度、各種の文化装置等々において、幕府の諸要素の模倣が認められる[79]。また、中世考古学の成果によれば、十五世紀後半以降に守護所の遺構が明確化し、それは一辺一〜二町程度の規格性の強い方形館であった。京都系のてづくね成形の土師器皿（かわらけ）の技法が導入されるのも戦国期に入ってからである[80]。ここには、中央の儀礼空間の模倣が顕著である。

幕府―守護体制から離脱した諸氏が上意赦免を乞い体制回帰をはかる運動を繰り返す中で、将軍家・管領家が分裂を深めていくことは前述した。戦国期の地域権力が中央から自立性を高めることは事実であるが、国家組織を構成する官職と結びついた家格秩序はなお根強く存続する。戦国期を象徴する現象とされる下剋上にしても、それが主家の簒奪に至ることは稀で、家臣が実権を握る場合でも当主や一族を擁して重層的な権力構造が生まれるのが一般的である。結局、地域権力秩序のあり方は、なお幕府を中核とする武家権力秩序に連なる側面を持ちつづけていたのである。

とはいえ、以上の事実は戦国期権力の守旧的性格と評価されるべきものではない。むしろ、幕府諸制度の模倣が幕府―守護体制の変質過程において進行する現象であることに注意すべきであろう。戦国期の地域権力は、幕府―守護体制の存続・変質を前提としながら、幕府権力を構成する諸要素を積極的に借用・導入することによって自らの分国支配を強化し正統化をはかったのである。将軍を頂点とする身分秩序・権力秩序体系の存在を踏まえ、各地域権力は自己の社会的地位を顕示し正統化するための装置として幕府モデルを分国に導入した。したがって、それは基本的に地域権力の自立化の動きを示すものであり、国成敗権が自立性を高める分だけ、よけいに正統化が強く求められたと言えよう。

(2)　分国の一体化

地域権力の自立化を端的に表わすのが、守護の領域支配下にある分国・分郡・分領が空間的・理念的にひとまとまりの有機的一体性を強めるという事実である。例えば周防の大内氏の場合、十五世紀半ばは家臣団編成や知行制・官僚機構などにおける大きな画期であるが、同じ時期に氏寺興隆寺の祭祀頭役を分国全体の公役として負担する体制を確立させた(81)。これは宗教面から分国支配を正統化する仕組みと言えよう。また、長禄・寛正期には、分国中のみに適用される法令（『大内氏掟書』）が発布され、勘気を蒙った者は分国中から追放処分を受けた。しかも、その対象となるのは、武士のみならず「御分国中上下人々」や土民までが含まれる。「他国の輩、加用心可召仕之事」「従山口於御分国中行程日数事」「当家分国中土民等事、或案内を領主にへ、或於庭中子細を申は可加下知也」「御分国中所納年貢のあさ布寸尺事」などの規定からは、分国の一体性が強く窺われる。

文明三年（一四七一）、室町幕府が出雲・隠岐国内の一族・国人・被官・寺庵の訴訟吹挙権を守護京極氏に一元的に付与している。[82] これは大乱中の政治的な措置とはいえ、分国内の諸勢力を守護権力のもとに結集させることになったと思われる。軍事面を中心としながら、政治や経済、知行制・租税制・裁判・文化・宗教等々、様々な面で分国単位のまとまりが強化されていくのである。但し、当然ながら国成敗権の自立性には地域的偏差があった。特に今川氏や大内氏など、幕府―守護体制の外縁部分においては、分国の一体化がより強く推進されたと予想される。また、幕府に敵対して河内に下向した畠山義就が、敵が分国の者か分国外の者かによって捕虜の扱いに差を設けている事例も認められ、[83] 体制から離脱した地域権力の支配下においては分国支配の自立性が高かったと言えるかもしれない。

2 国成敗権の地域的展開

幕府―守護体制の変質は幕府からの守護の自立性を高めると同時に、幕府―守護体制に依存する面が弱まる中で守護代・郡代・国人ら守護以外の諸勢力が地域公権力として並び立つ可能性にも道を開いた。その際、地域権力秩序のあり方において、国成敗権を誰が握るかが大きな焦点となり、これをめぐって諸勢力の間で抗争が繰り広げられた。こうして、各国ごと各地域ごとに多様な地域権力秩序が模索されていくことになる。

その一つのパターンは、国内領主の守護権力への結集である。多くの地域で、国成敗権を確保する上で最も有利な立場にあったのは、やはり守護であった。本来、国成敗権を掌握していたのは守護であり、幕府の全国支配が後退するにつれて、守護の支配権が相対的に高まった。国人層の多くは、いわゆる守護被官から自立性の強い国衆まで、一定の階層差を伴いながら守護権力のもとに包摂されていくのである。

国内諸勢力の守護権力への結集の仕方は国により偏差が認められるが、守護権力の中枢においては、評定衆・奉行人など当主を支える官僚機構の整備と守護代の強大化が同時進行し、両者が拮抗・対立する現象がしばしば見受けられる。そのため、たびたび守護家と守護代家の衝突が起こり、敗れた守護代家が没落したり、逆に守護代家が優勢となって守護家と守護代家の重層的権力編成が出現したりする。[84]

守護の国成敗権のあり方は、上意の介入が弱まる反面、国人・被官人から規制される面が強まった。文明十六年（一四八四）、「今度国之儀、依政則成敗相違候、諸侍并国民以下背候之間、没落候」と記されるように、播磨の赤松政則は国成敗を誤ったとして家臣たちに背かれて没落している。[85]一方、近江では、同十年に「国之儀、国人等安富殿守護代ニ可有承引之由、以連判申」したという。[86]国人らが細川氏の被官安富元家の守護代就任を求めて連判を提出したのである。その後、元家は「国中成敗、凡如守護也」と称されるまでになっている。[87]明応四年（一四九五）、細川氏の本国讃岐で反乱が生じたとき、即座に下向をはかる元家を細川政元が引き留めたのに対し、これに反発した元家は「此上者守護代可辞申云々、国儀者以外事也云々」と述べたという。[88]「国之儀」＝国成敗権が守護代・国人らによって支えられる側面が拡大していたことが窺われよう。

もう一つのパターンとして、在地諸勢力が台頭して国成敗権が分有されるケースが挙げられる。特に守護の本国以外では、守護が在国しないため国成敗権を現地の守護代や有力国人層に委ねざるをえない。出雲では応仁の乱を契機に、守護京極氏が守護代尼子氏に国成敗権を一元的に委ねていった。[89]守護代を中核とする地域的権力秩序が形成され、やがて尼子氏は守護職を獲得するまでに至る。これに対し、有力国人層に依存する傾向を強めたのが備後の場合である。守護山名が分国経営のため派遣した被官が「国之儀可為無案内候」とされる中で、山名は国人山内氏に対して「不残心底被加意見、被申合」るべきことを要請した。[90]やがて、山名は山内氏に「国之儀条々」を注進させたり、「国之儀永可申付」き旨を約したりしている。[91] 国内の混乱が深まると、山内氏は国衆を味方につけるよう尽力を求められており、守護支配は国衆のネットワークに支えられる形で存続していくことになる。[92]

安芸や石見などでは、守護権力から自立的な国人一揆が地域支配秩序を担った。永正九年（一五一二）、安芸国人たちは「雖従　上意被仰出之儀候、又雖自諸大名蒙仰之儀候、為一人不可致才覚候、此衆中相談可有御事請候」と契約している。[93] これは将軍の天下成敗権や守護の国成敗権に基づく軍事動員よりも衆中談合が優先することを宣言したものであり、幕府―守護体制そのものを乗り越える動きが芽生えつつあるように思える。

大和の場合、「大和国成敗事、……蒙朝家御成敗致下知事、及普広院(足利義教)代不相替者也」[94] とあるように、天下成敗権を背景に維持されてきた興福寺による国成敗権は、将軍義教の時代までは比較的安定したものであったことが分かる。ところが、「衆徒・国民等、嘉吉・文安以来奉軽公儀」とか「文安・寛正以来奈良中・国中新儀狼藉」とされるように、嘉吉・文安あるいは寛正年間以降に動揺・退転に向かい、自立化した衆徒国民らが公儀を軽んじ新儀狼藉・私反銭賦課などをおこなったという。[95]

一般に、畿内近国では寺社本所・幕府・守護・国人など、諸勢力が錯綜して相互に確執を深めており、特定の権力による一元的・領域的な支配は困難を極めた。そうした間隙をぬって、地侍層に主導された在地勢力による国成敗権の掌握という事態が現実化した。いわゆる惣国一揆の成立である。但し、このような場合であっても、守護権力と無関係に国成敗権の掌握がなされたわけではない。山城国一揆においては、幕府や寺社本所を介さず国人らが直接両畠山氏に交渉し、去状を手に入れて「国人等悉皆成敗事」を実現している。[96] 惣国から畠山氏に礼銭が支払われていた事実もあり、いわば国成敗権を買い取る形で国持体制が実現し、国掟法が制定されるに至った。国持は下から自生的に積み上げられてきただけで成立するのではなく、政治的な契機を背景に守護権力との交渉の中から生み出されたのである。[97]加賀一向一揆の場合は、守護を擁立しながら実質は国持体制が実現しており、やがて「百姓ノ持タル国ノヤウニナリ行キ候」と表現されることになる。[98]

戦国期には、守護本国であるか非本国であるかということとも関わって、地域権力のあり方は一様でなかった。但し、諸勢力は無秩序に衝突しあったのではなく、国成敗権をめぐる抗争を軸に、地域社会秩序が多様に展開していくのである。したがって、戦国期の分国支配は、個々の領主権からでなく、それまで守護が握っていた国成敗権の展開・継承・再編ということを中心に説明されなければならない。いかなる方向が基軸となるかは、各地の地域状況や戦闘の推移、幕府―守護体制との関わり方などにより規定されるのである。

3　国成敗権と地域社会

中世後期には、民衆の政治的成長が認められ、在地レベルでの保障体制が成熟する。また、流通や商業の活発化は、個別荘園の枠をこえる地域的結合を促した。「地域社会論」と総称される一連の研究は、こうした事実を基礎に下からの地域社会形成の運動を具体的に解き明してきた。それでは、本章で述べてきた国成敗権の推移と地域社会形成の動きは、どのように関わるのであろうか。

「地域社会論」の論者は、地域を自立的な村々の連合と捉え国郡制的秩序と対立的に把握する。また、守護は、宗教者や流通などを契機に下から形成される地域秩序を追認・吸収することで公権力たりえたとも述べられている。これに対して、それではなぜ宗教者や流通は国郡という範囲で地域を形成するのかと問いかけた上で、国郡の枠組は地下にとって対立物でなく、むしろ一揆や民衆も国郡制的枠組から自由ではなかったと論じたのが池上裕子氏の研究である。[99]戦国期の地域形成の運動は、しばしば国郡という単位で総括されるのであり、そういう意味で国郡は単なる行政単位ではなかった。

中世後期に荘園領主による直務復活を求める運動が頻発することからみて、守護勢力の介入は民衆にとって決して歓迎すべき事態ではなかったとみられる。だからこそ、守護勢力と衝突して守護の国成敗権を排除したり形骸化させたりして国持体制を実現したケースが生まれるのである。しかし、国持体制の実現はやはり大勢とはなりえなかった。住民の地域形成の運動が国郡単位で展開する中で、その運動を受け止める主体として守護が軍事力を背景に立ち現れたとき、彼らの運動は守護・守護代らによる国成敗権のもとに包摂されていかざるをえなかった。そしてこれに合わせる形で、守護の側は国よりも在地に密着した郡単位の支配・収取機構を整備していくことになるのである。

一方で、国郡の枠組を越える地域形成の動きが展開していくのも事実である。その契機としては、特に流通の発達が重要であろう。郡規模の地域経済圏から列島規模で展開する広域的な流通まで、重層的な広がりがみられた。しかし、この点に関しても守護は有利な立場を確保していた。なぜなら、守護領の多くは国内の政治・経済・交通上の要衝を占め、守護は町場や港湾・交通路等の支配や統制を通じて地域社会を秩序づける機能を果たしていたからである。それは、守護による国衙領掌握、国衙の交通支配権の継承に由来するものであった。当時の地方都市の主流も、守護による町や城郭の設定に基づくものであったという(100)。

守護の国成敗権の展開を下から規制する要素として地域形成の運動を見出し、そこに民衆側の達成を読み取るのは大切な視点であるが、そのことをもって守護権が下から生み出されたとするのでは本末転倒である。むしろ、守護権力は荘園制などを介さず地域社会と直接対峙する中で、それまで権力の統制外にあった自立的な在地システムにまで統制の手を伸ばした。町や村を支配下に包摂し、撰銭令のような流通統制を強化していくのである。

おわりに

本章では、室町幕府―守護体制の基本構造は、中央権門としての幕府と地域権力である守護の相互補完関係を基軸に捉えられるべきだとする立場から、十五世紀半ば以降にみられる幕府―守護体制の変質、地域社会との関わりを論じてきた。嘉吉の乱は、将軍の天下成敗権と守護の国成敗権の重層的・相互補完的な結合に亀裂を生じさせ、そこから体制の変質が始まる。上意不在状況が大名間の扶持・合力関係を展開させる中で、将軍の天下成敗権が弱体化し、幕府は地方政治から後退していくことになる。これに対して、守護は国成敗権の担い手として自立性を高め、幕府―守護体制の諸要素を模倣しながら、分国の一体化を進めた。戦国期権力のあり方を考える場合、守護が握っていた国成敗権がどのような形で再編・継承されていくかということが基本にならなければならないであろう。

個々の領主権から分国支配の形成を導き出す試みは、これまでのところ決して成功しているとは言いがたい。在地領主制の発展を軸に捉えようとする限り、室町期から戦国期への移行を正しく把握することはできないのではないか。むしろ、これまで戦国大名と呼ばれてきた権力は、概ね守護の所持してきた国成敗権を受け継ぎ、それを戦国期の地域社会状況に合わせて再編することにより分国支配を実現したものと捉え直されるべきである。

戦国期には国成敗権は地域的に多様なあり方を示すが、天下成敗権は将軍が握り国成敗権は守護が担うという構造は、根強い家格意識に支えられて基本的に維持されたと考えられる。天下統合の契機は、なお将軍や天皇のもとに留保されていたのである。(101) 永禄十三年（一五七〇）、「天下之儀、何様ニも信長ニ被任置之上者、不寄誰々、不及得上意、分別次第可為成敗之事」とされて、信長は天下成敗権を将軍義昭から委任された。(102) 上意に代わり天下成敗権を掌握した統一権力は、これに基づいて国成敗権の統合をはかるのであり、国成敗権は統一権力のもとで再編成された上で国持大名の手に引き継がれていくことになる。(103)

（1）田沼睦「室町幕府・守護・国人」（『岩波講座日本歴史』七、一九七六年）。
（2）榎原雅治「中世後期の地域社会と村落祭祀」（『歴史学研究』六三八、一九九二年、のち榎原『日本中世地域社会の構造』校倉書房、二〇〇〇年に所収）。歴史学研究会日本中世史部会運営委員会ワーキンググループ「『地域社会論』の視座と方法」（『歴史学研究』六七四、一九九五年）など。
（3）川岡勉「室町幕府―守護体制の成立と地域社会」（『歴史科学』一三三、一九九三年）。
（4）「廿一口供僧方評定引付」応永元年三月二十日・四月十三日（『相生市史』七）。
（5）伊藤俊一「中世後期における『荘家』と地域社会」（『日本史研究』三六八、一九九三年）。岸田裕之「室町幕府・守護と荘園」（『講座日本荘園史』四、吉川弘文館、一九九九年）。
（6）永正二年七月十四日赤穴郡連置文（『萩藩閥閲録』二一）。
（7）『満済准后日記』（『続群書類従』）永享三年六月九日条。
（8）『満済准后日記』永享三年六月十二日条。
（9）細川満元に関して「天下重人也、御政道等事一方ノ意見者」（『満済准后日記』応永三十三年十月八日条）、畠山満家については「宿老之間、天下事以諫言被申沙汰」（『看聞日記』『続群書類従』）永享五年九月十九日条）と表現され、細川勝元についても「以文道輔政道者、尤可為珍重」（『建内記』『大日本古記録』）文安元年四月五日条）と述べられている。
（10）『満済准后日記』永享三年八月三十日条。
（11）「称光院大嘗会御記」（『圖書寮叢刊　看聞日記紙背文書・別記』）。
（12）『満済准后日記』応永三十四年十月二十六日条。『南方紀伝』。
（13）川岡勉「室町幕府―守護体制の権力構造――上意と衆議の関わりを中心に――」（『愛媛大学教育学部紀要　第Ⅱ部　人文・

社会科学』三三—一、二〇〇〇年、本書第二部第一章)。

(14) 今谷明「室町幕府の評定と重臣会議」(岸俊男博士退官記念事業会編『日本の政治と社会』塙書房、一九八四年、のち今谷『室町幕府解体過程の研究』法政大学出版局、一九八五年に所収)。

(15) 『満済准后日記』永享四年三月六日条。

(16) 白川哲郎「鎌倉時代の国衙と王朝国家」(『ヒストリア』一四九、一九九五年)に示された鎌倉後期の国衙機能(国衙領支配権・国衙関係諸職補任権・訴訟裁定権・一国検注権・一国平均役賦課権・正税官物賦課権・国衙文書管理・祭祀権・交通路管理・商業統制・大規模勧農権・軍兵徴募権)の多くは、内乱期を経る中で守護のもとに包摂されたと考えられる。

(17) 応永十一年九月六日安芸国守護山名満氏書状(『広島県史』古代中世資料編Ⅴ「福原文書」)。

(18) 今岡典和「戦国期の守護権力——出雲尼子氏を素材として——」(『史林』六六—四、一九八三年)。

(19) 室町期には南北朝期にみられた著しい荘園侵略は抑制されており、守護の発給文書も書下が減少して幕命の遵行が増加するという傾向が見られる(細溝典彦「六角氏領国支配機構の変遷について」『年報中世史研究』五、一九八〇年)。

(20) 応永十一年九月二十三日安芸国人一揆契状(『大日本古文書』「毛利家文書」二四)。

(21) 応永十三年閏六月二十六日・同年七月三十日山名常熙書状(「毛利家文書」三九・四一)。

(22) 『満済准后日記』永享四年十一月十五日条。

(23) 『満済准后日記』永享三年七月二十四日条。

(24) 今谷明『室町時代政治史論』(塙書房、二〇〇〇年)。

(25) 『建内記』正長元年五月十四日条。

(26) 『建内記』応永三十五年正月十八日条。

(27) 設楽薫「将軍足利義教の『御前沙汰』体制と管領」(『年報中世史研究』一八、一九九三年)。田中淳子「室町幕府御料所の構造とその展開」(大山喬平教授退官記念会編『日本国家の史的特質』古代・中世編、思文閣出版、一九九七年)。

(28) 『看聞日記』永享六年十二月十日条。

(29) 『満済准后日記』永享五年四月十四日・五月三十日・六月一日条。

(30) 嘉吉の乱は諸大名による組織的な反乱ではないから、義教による宿老政治の蹂躙にその原因を求める説は成り立たない。むしろ、衆議の機能が低下して諸大名の意向をくみ取る回路が弱まる中で、上意専制の拡大が人々を逃げ場のない状況に追い込んで反乱を引き起こさせたと考えられる。その背景には、地域諸勢力の自立化と、それを許さない上意の間で矛盾が激化していたことが想定される。
(31) 『建内記』永享三年三月十三日条。
(32) 『御前落居記録』(永享三年十一月八日・同四年八月十五日)。
(33) 『満済准后日記』正長二年二月五日条。
(34) 『満済准后日記』応永三十四年四月九日条。
(35) 『建内記』永享十一年二月一日条。
(36) 『建内記』永享十一年六月二十五日条。
(37) 『看聞日記』永享五年十二月十九日・嘉吉元年四月十一日条。
(38) 『看聞日記』嘉吉元年六月二十六日条。
(39) 『斎藤基恒日記』(『続史料大成』) 嘉吉元年九月条。
(40) 百瀬今朝雄「応仁・文明の乱」(『岩波講座日本歴史』七、一九七六年)。鳥居和之「嘉吉の乱後の管領政治」(『年報中世史研究』五、一九八〇年)。
(41) 『建内記』嘉吉元年七月二十六日条。
(42) 『建内記』嘉吉元年九月十日条。
(43) 『建内記』嘉吉元年九月十七日条。
(44) 『康富記』(『史料大成』) 嘉吉三年六月十九日条。
(45) 『建内記』嘉吉元年七月十二日条。
(46) 『建内記』嘉吉元年閏九月九日条。
(47) 『建内記』嘉吉元年十月十二日条。

(48)『建内記』嘉吉元年閏九月二十日条。
(49)『建内記』文安元年四月六日・四月十四日条。享徳元年（一四五二）十一月、山城国紀伊郡で日吉田の「散合」がなされ、目録と地検帳に基づいて地検が行われた事例があり（「東寺百合文書」カ一一九・イ九五）、このころ「散合」とは「地検」と同様な意味で用いられる言葉であったことが窺われる。
(50)『建内記』文安元年五月二十八日条。
(51)川岡勉「中世後期の守護と国人――山名氏の備後国支配を中心として――」（有光友学編『戦国期権力と地域社会』吉川弘文館、一九八六年、本書第二部第三章）。
(52)『康富記』文安元年七月十九日条。
(53)『建内記』嘉吉三年五月二十三日条。
(54)『看聞日記』嘉吉三年正月二十六日条。『建内記』嘉吉三年正月三十日条。
(55)『建内記』文安四年七月十六日条。
(56)文安四年七月に畠山氏が治罰綸旨を賜り諸大名を引率して山名氏を襲撃するという風聞が流れたが、管領細川氏の尽力で事なきを得た。同五年にも旧赤松分国を山名氏から取り上げ赤松則尚に渡そうとする動きが表面化し、山名氏と阿波細川氏の間で緊張が走った。享徳二年には、山名持豊をめぐる荒説が伝わって、諸大名は分国勢を召し上げて警戒に当たっている。
(57)『建内記』嘉吉三年六月三日条。
(58)『建内記』文安四年二月二十五日条。
(59)家永遵嗣「『三魔』」（『日本歴史』六一六、一九九九年）。
(60)いわゆる三魔の政治介入や伊勢氏の台頭等、義政期には将軍側近勢力が幕政を担うようになる。御料所代官から守護が消滅して奉公衆や奉行人に預けられるようになったり（田中前掲「室町幕府御料所の構造とその展開」）、将軍の出行に守護が扈従する形式が維持できなくなり御供衆が成立するのも同時期である（二木謙一『中世武家の作法』吉川弘文館、一九九九年）。
(61)『経覚私要鈔』（『史料纂集』）宝徳二年七月二十三日条。

(62)『康富記』宝徳三年十月十日条。
(63)『康富記』享徳二年五月三十日条。
(64)『康富記』文安元年七月一日条。
(65)『康富記』享徳三年八月二十一日条。
(66)『康富記』享徳三年八月二十八日、『師郷記』(『史料纂集』)享徳三年八月二十三日条。
(67)『康富記』享徳三年十二月十三日条。
(68)(享徳三年)十二月十一日細川勝元書状(『広島県史』古代中世資料編V、「保坂潤治氏旧蔵文書」)。
(69)康正二年六月十九日山内泰通覚書(『大日本古文書』「山内首藤家文書」一〇五)。
(70)馬田綾子「赤松則尚の挙兵——応仁の乱前史の一齣——」(大山喬平教授退官記念会編『日本国家の史的特質』古代・中世、思文閣出版、一九九七年)。
(71)体制から離脱したままでの分国支配には、権力の正統性において不安定性がつきまとっており、それを克服しようとする志向が存在していたと見られる。
(72)「勘当に科なく赦免に忠なし」(『応仁記』)という言葉に示される通り、義政が定見を持たなかったことは事実であろう。しかし、何よりも重視されなければならないのは、「当将軍准三后之近臣共、以当座之折紙礼物毎々申沙汰故、我も々々ト申沙汰故、昨日成敗ハ今日被改之、今朝御下知ハ今夕又相替故、諸人無安堵思」(『大乗院寺社雑事記』(『続史料大成』)文明九年十二月二日条)とされるように、金銭や礼物により容易に変転しうるものに上意のあり方自体が変質していたことであろう。
(73)『大乗院寺社雑事記』文正元年七月二十八日条。
(74)『大乗院寺社雑事記』文正元年九月十三日条。
(75)『大乗院寺社雑事記』文明八年四月二十日条。
(76)『大乗院寺社雑事記』明応三年二十三日条。
(77)勝俣鎮夫「戦国法」(『岩波講座日本歴史』八、一九七六年、のち勝俣『戦国法成立史論』東京大学出版会、一九七九年に所収)。
(78) 勝俣鎮夫『戦国時代論』(岩波書店、一九九六年)。
(79) 長禄・寛正のころに幕府・将軍周辺で完成された各種の儀礼や格式は、それ以後も武家社会を根強く規制しつづけた(二木謙一前掲書)。室町・戦国期は都鄙の文化が伝播・交流して地域的落差が縮まった時代であり、地域の自立化という現象も中央と様々な回路で結びつきながら展開したことを見落としてはならない。
(80) 金子拓男・前川要編『守護所から戦国城下へ――地方政治都市論の試み――』(名著出版、一九九四年)。小野正敏『戦国城下町の考古学』(講談社、一九九七年)。
(81) 宝徳二年二月十三日興隆寺二月会脇頭三頭役次第注文(山口県文書館蔵「興隆寺文書」)。
(82) 文明三年五月十六日室町幕府奉行人奉書・細川勝元書状(『島根県史』七、「佐々木文書」)。
(83) 『経覚私要鈔』寛正二年六月二十一日条。
(84) 川岡勉「守護権力の変質と戦国期社会」(本多隆成編『戦国・織豊期の権力と社会』吉川弘文館、一九九九年、本書第三部第一章)。
(85) (文明十六年)二月五日赤松家老臣連署状案(『大日本古文書』「蜷川家文書」一五一)。
(86) 『多聞院日記』(『続史料大成』)文明十年十一月十四日条。
(87) 『大乗院寺社雑事記』延徳三年十一月十八日条。
(88) 『大乗院寺社雑事記』明応四年三月三日条。
(89) 応仁二年十二月二十九日京極生観書状案、年欠八月二十三日京極生観書状、年欠十一月二十二日京極持清書状(「佐々木文書」)。
(90) 年欠八月二十四日山名持豊書状(「山内首藤家文書」一二四)。
(91) 年欠正月二十一日山名俊豊書状、年欠九月十一日山名俊豊書状(「山内首藤家文書」一六九・一七二)。
(92) 年欠十二月二十七日山名氏年寄連署副状(「山内首藤家文書」一七五)。
(93) 永正九年三月三日安芸国人一揆契状(『広島県史』古代中世資料編Ⅴ、「天野毛利文書」)。

(94) 『大乗院寺社雑事記』延徳二年二月十二日条。

(95) 『大乗院寺社雑事記』延徳四年六月条。

(96) 『大乗院寺社雑事記』文明十八年十一月十五日条。

(97) 川岡勉「室町幕府—守護体制と山城国一揆」(『歴史学研究』七二五、一九九九年、本書第二部第四章)。

(98) 『実悟記拾遺』。

(99) 池上裕子「中世後期の国郡と地域」(『歴史評論』五九九、二〇〇〇年)。

(100) 今谷明「畿内近国に於ける守護所の分立」(『国立歴史民俗博物館研究報告』八、一九八五年、のち今谷『守護領国支配機構の研究』法政大学出版局、一九八六年に所収)。

(101) 戦国期の幕府や細川京兆家の動静も、まず天下成敗権との関わりから読み解かれるべきであり、幕府を単なる畿内政権としたり、京兆家による畿内領国化というような方向を基軸に論じられるべきではない。

(102) 永禄十三年正月二十三日足利義昭・織田信長条書(奥野高廣『織田信長文書の研究 上』吉川弘文館、一九六九年)。

(103) 笠谷和比古「『国持大名』論考」(井上満郎・杉橋隆夫編『古代・中世の政治と文化』思文閣出版、一九九四年)。

第三章　中世後期の守護と国人

――山名氏の備後国支配を中心として――

はじめに

戦国期権力を歴史上にどう位置づけるかは、戦国期研究の隆盛の中で活発に議論されている問題ではあるが、戦国大名はどこまで到達しえたのか、その達成と限界を追い求めるという視角がその中心的な位置を占めてきたように思われる。しかしこれでは分析の重点が専ら後ろの方（戦国末期）に偏っていくのは必然であり、また戦国期の多様な諸権力を総体として問題にしていくことも困難にならざるをえない。そしてそうである限りは、戦国期の権力を歴史上に正しく位置づけることも不可能になるのではないだろうか。最近、戦国期の独自性を強調したり、室町期との断絶を強調したりする傾向が強まっているが、これも以上の研究視角と無関係ではなかろう。このような議論には、中世→近世というドラスティックな社会構造の転換を捉える上で、方法的に問題があるように思われる。いま必要なのは特定の権力体に視野を収斂させてしまうことではなく、十五世紀後半以降の流動的な社会状況をまるごと戦国期社会として認識し直した上で、中世的な権力秩序の崩壊と近世的な秩序の形成とをつなぐものとして、戦国期の諸権力とその全構造の歴史的位置づけを確定していく作業であると考える。

以上のような観点からすれば、まず室町→戦国の権力的転回のプロセスを明らかにすることが求められてくる。ところがここで厄介なのは、その出発点となるべき室町期権力論が甚だ混迷状況にあるという点である。とくに、かつて室町期の権力体制を捉える概念とされてきた守護領国制概念が、少なくともそのままでは通用しえなくなってきているという問題がある。伊藤邦彦氏は、そもそも守護領国制は極めて理論的な要請に基づく歴史的名辞として登場したものであったがゆえに、その実態分析が進む中で実質的に破産せざるをえなかったのだとして、「一体、国人被官のルーズ性といわれる現象が、室町期守護権力の歴史的特質を示す一指標として独自に分析の対象になったことがかつてあったろうか」と鋭い疑問をなげかけている。(1) これに対して今谷明氏は、必ずしも守護領国制論が破産しさったとは考えないと述べ、従来とは別の視角から守護領国制論を再構築するため、守護の分国組織を多数の地域で具体的に検出していく必要性を説く。(2) このように、初期の守護領国制論をのりこえるべく綿密な基礎作業がつみ重ねられている。

このような現状において、守護の権力編成の整備を最も高く評価するの大名領国制論の立場であろう。しかし、その主唱者である永原慶二氏も、室町期についてはその具体的適用を留保せざるをえないのが実情である。(3) これに対して、やはり中世後期を一括して「大名領国」と捉える岸田裕之氏は、「守護大名領国から戦国大名領国への構造的発展」を積極的に明らかにしようとしている。(4) 専ら戦国期の独自性が強調され、かえってその歴史的位置づけが見失われがちな研究状況にあって、とりわけ知行制度を中心に室町→戦国の移行を具体的に論じた数少ない本格的研究として高く評価されよう。けれども、十五世紀前半を通じて守護の権力編成の整備を強調する氏の主張は、なお初期の守護領国制論を色濃くひきずっており、前述した伊藤氏の疑問があらためて問題とされなければならないであろう。

本章では、伊藤氏の言う守護と国人の間でとり結ばれる諸関係の内実をより具体的につめていく作業を通じて、岸田氏の室町→戦国移行論の批判的検討をおこない、氏が主要な分析対象とした備後国に即して、戦国期への権力的転回過程を考えていきたい。但しその際に、単に守護と国人のみをとり出して論じるのでは甚だ不十分であり、当時の権力体制、社会秩序、民衆の動向などを視野に入れたトータルな歴史把握が求められるのは言うまでもない。しかしここでは筆者の力不足から、ある程度守護・国人関係に視野を限定した形をとらざるをえない。しかも奉公衆系の国人領主についても、ここでは考察の対象からはずしておくことをお断りしておきたい。

一　国人領主の所領構成

1　南北朝期の本領支配

岸田氏の研究で、備後守護山名氏に被官化した国人領主の代表として、中心的にとりあげられているのが山内氏である(5)。山内氏はもと相模国の鎌倉御家人であったが、南北朝期に山内通資が西遷して備後国地毘庄に定住する(6)。山内氏の譲状をみると、南北朝期にはなお全国的に散在所領をもち、鎌倉期的な所領構成を残存させていたことが分かる。

イ(7)　譲渡　　所領事、

一所　備後国地毗庄本郷除高山門田以下、地頭職事、

一所　同庄多賀村一分地頭職事、

一所　摂津国富嶋庄地頭職事、

一所　信濃国下平田郷地頭職事、
一所　相模国早河庄一得名内田子田畠在家屋敷等事、
一所　鎌倉甘縄地事、
右所領等、通継相伝所帯也、雖然、通継依無子、舎弟刑部四郎通忠お為養子、相副代々証文并通時譲状、永代譲与上者、無相違可令知行、又所々内他国所領等、近年依動乱無謂他人等令押領者也、於京都訴申、可知行之、仍譲状如件、

貞治四年六月一日　　　　　通継（花押）

ここでみられるように、十四世紀も後半の貞治年間になると、備後国以外の所領の多くは他人の押領をうけるようになり、鎌倉期的な所領構成は維持しがたくなっている。このあと十四世紀最末期の譲状では、地毘庄以外の所領はついに姿を消すのである。(8) こうして備後国地毘庄が山内氏の領主制の拠点となっていく。西遷した通資はまず北方の蔀山に築城してここにはいり、ついで地毘庄本郷に甲山城を築いて本拠とする。地毘庄本郷は、十四世紀初頭以来山内氏の地頭請となっており、領家方使者の入部を停止して排他的な下地所務権を確立していた。(9) 但し惣領通資の本郷支配は、全体が均質な構造をとって実現されていたわけではない。

ロ(10)　和与

備後国地毗本郷惣領地頭山内首藤三郎通資与同一分地頭山内五郎入道慈観相論当郷内条々事、
一当郷領家職者、惣領地頭通資為請所致所務之地也、爰一分地頭慈観被打止領家毎年内検、及年貢未進之間、為関左衛門蔵人奉行、雖致訴訟、今両方和与之上者、止訴訟畢、然者、於内検者、惣領通資不可有其綺、有限領家年貫肆拾伍貫文内於相当慈観分者、無懈怠可致其弁矣、将又、至田所分得分陸畠大豆者、自今年避渡于通資

者也、此上者、田所分本年貢外者、可停止通資之綺者也、

一黒杭分事、非領家本年貢之足、自元為預所私進止之上者、惣領知行不及子細、庶子慈観不可相綺者也、

一田所得分段米事、令披見庄家文書、可令治定也、然者、自元為領家分内者、可付于田所、為地頭得分内者、可付惣領通資也、

一所載本主慈善(時通)之譲状泰貞名、并弥太郎入道屋敷事、号弥太郎入道之輩、当郷四人有之、就之慈観通資両方雖申子細、和与上者、九郎太郎屋敷、并田五段内藤木縄手上弐段、清六前壱段、町屋田弐段、同栗林等者、為弥太郎入道分、避付于慈観者也、次如観屋敷、并大坪畠新入道作者、今就和与之姿、是又所奉避渡于慈観也、

一弥真名内平五郎入道之畠、同行安名内平内入道、新見小四郎弥八等屋敷内相交〻之間、雖有子細、就和与之儀、任根本之堺、所避付于惣領也、次於自余所〻之堺者、両方相互可致沙汰、敢不可違乱者也、但就堺之事、於庄家相互不可有異論、堺等事相胎不審者、召出古老之百姓、以起請之詞、尋究之、可落居也、若存私曲、背此状者、慈観通資等可蒙諸神、殊者当庄鎮守八幡大菩薩御罰者也、

（中略）

右条〻、相論之子細雖多之、非可載旨趣於和与状之間、注扁目条〻、以和与之儀、契約分明之上者、相互雖一事不可有違犯、若背此状致違乱者、可被申行其咎也、仍為無改変、和与状如件、

文保元年五月廿六日　　藤原通資在判

沙弥慈観在判

この和与状の第一条によれば、惣領地頭通資は請所たる地毘庄本郷に対して「領家毎年内検」をおこない、「領家年貢」四十五貫文を徴収する権限をもっていたことが分かる。ところがここで注目されるのは、惣領による内検を拒

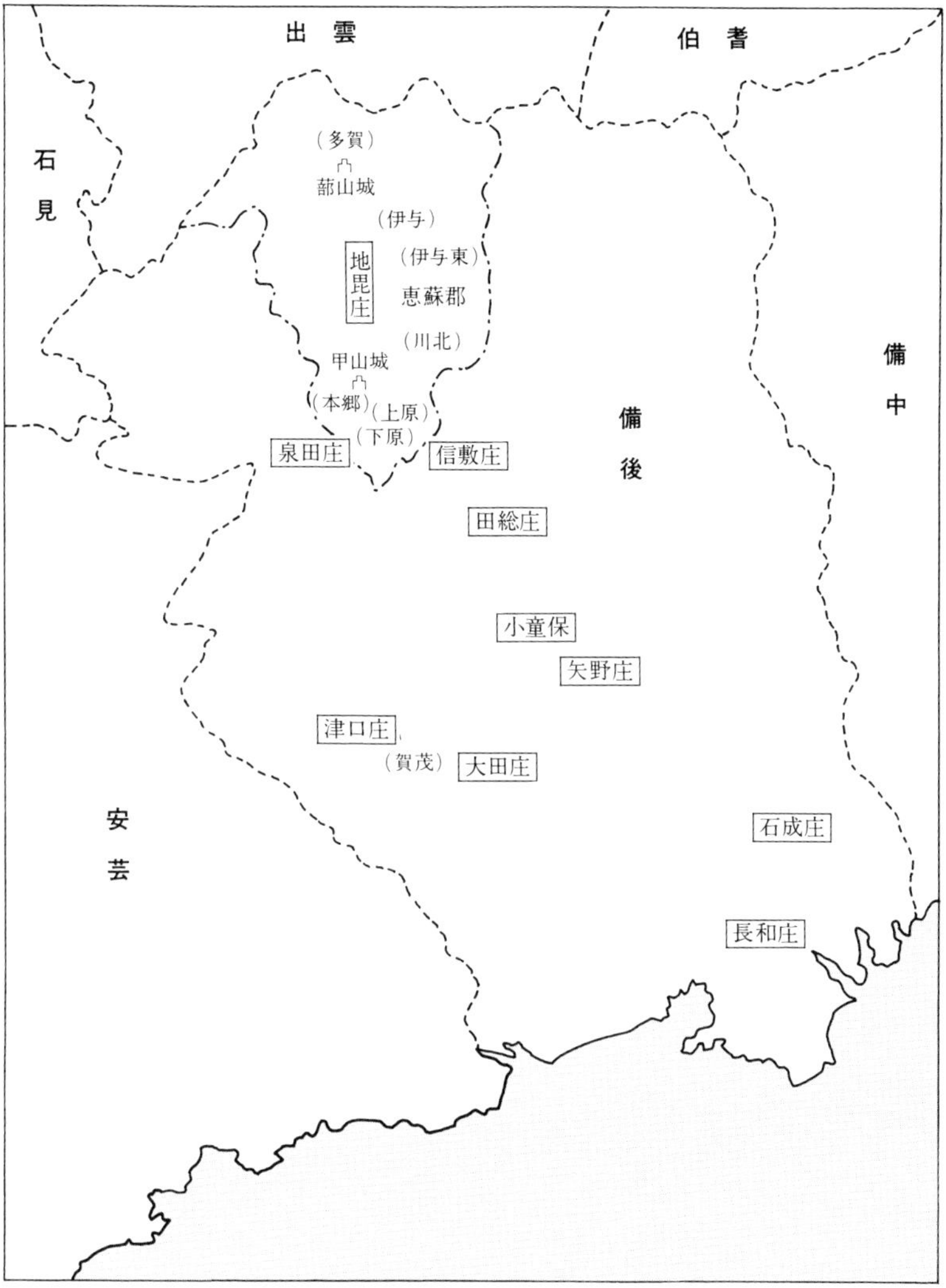
出　雲
伯　耆
石　見
（多賀）
蔀山城
（伊与）
（伊与東）
地毘庄
恵蘇郡
（川北）
甲山城
（本郷）
（上原）
（下原）
泉田庄
信敷庄
備　後
備　中
田総庄
小童保
矢野庄
津口庄
（賀茂）
大田庄
安　芸
石成庄
長和庄

図1　備後国の荘園分布

否して独立的な所領支配をはかる一分地頭慈観（滑通忠）の存在である。惣領の請所支配は、こういった一分地頭の所領を内部に含みこんでいたのである。地毘庄本郷の内部構造をもう少しうかがわせてくれるのが次の史料である。

ハ(11)　八幡宮御放(生)会出米注文

合

白米二石六斗八升　乃米延而三石二斗二升

本ノ乃米二石九斗九升

以上乃米六石二斗一升内

秋丸安貞　乃米一石二斗二升七合五夕　銭百六十四文

黒杭分　乃米四斗九升　銭八十二文

懸田分　乃米六升五合

田原分　乃米六升

末安《なかい分》　乃米二升三合

殿廻分　乃米六升四合

以上乃米一石八斗八升四合五夕　銭二百四十六文

残庄分乃米四石三斗二升五合五夕内

安国頭　二丁　米四斗　八十文

秋末頭　五反　一斗　廿文

同成俊　五反　一斗　廿文

同末吉　五反　一斗　廿文
同守久恒吉　五反　一斗　廿文
（十三筆略）
同弥実　一丁　二斗　卌文
行安　五反　一斗　廿文
国光　四反大　九升三合三夕二才十八文
せき谷　五反　一斗
地頭名　一丁一反　二斗二升
公文名半分五反　一斗
安元　一反　二升
山下殿雑免六丁四反半　三斗二升二合五夕
うゐき殿同二丁一反小　一斗六合六夕
（四筆略）
田原殿同山崎二反　一升五合
中垣内殿専当給二反　一升
高山門田　三斗一升二合三夕八才
以上四石三斗二升五合五夕
永徳三年癸（亥）□□月十五日

図2　山内氏系図

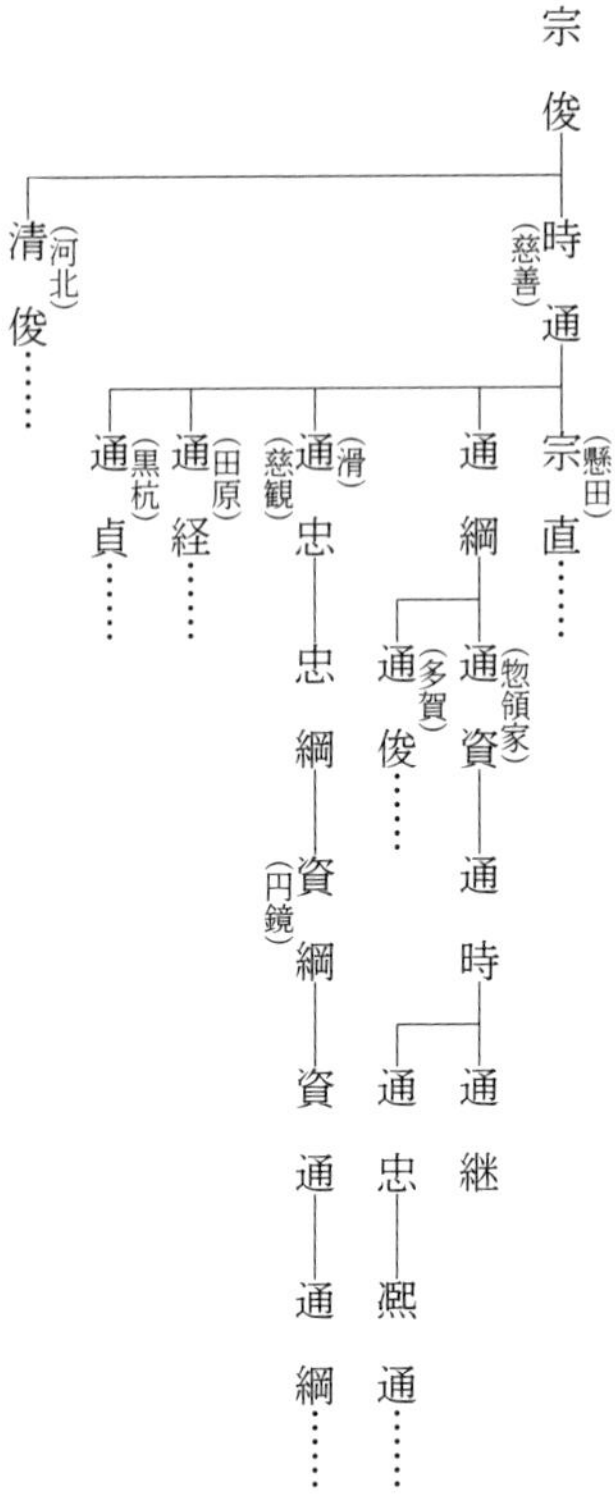

この史料については、松浦義則氏や藤井昭氏によって詳細な分析が加えられているが(12)、鎮守八幡宮においてなされる放生会の出米のわりあてを示すものと考えられる。この注文は大きく二つの部分に分かれている。最初の「秋丸安貞」（史料ロの第四条に「泰貞名」が一分地頭慈観の知行としてあらわれているようにこれは滑氏の知行分である）以下の六筆は、山内氏庶流の知行分である。滑氏以下の庶流は、惣領家の地頭請下において独立的な知行を維持していた。これに対して、「残庄分」以下が山内惣領家の直接支配の部分である。そしてこれはさらに、百姓名（いくつかの名が二町単位で組み合わされて一つの頭に編成されており、このような頭が少なくとも七つは確認することができる）、地頭名・公文名などの領主的名、雑免とされる殿原分（山内惣領家の被官か）の知行分、高山門田などいくつかの部分に分けることができる。

このように、地毘庄本郷では鎮守八幡宮の祭祀を山内惣領家・庶流・百姓の全体で担う体制が確認できる。そのヘゲモニーがいずれの階層にあったのかは十分明らかにしがたいが、名主百姓のみが自主的に宮座組織を成立させているのではなく、また領主側が百姓を排除した領主的な祭祀組織を作りあげているのでもなく、百姓をも組みこんで全体として鎮守八幡宮の運営がなされている点が重要であろう。この点、松浦氏などは領主制が村落共同体によって規制される側面を強調するが、むしろ領主制から自立した形の村落共同体を想定すること自体困難ではなかろうか。

次に、山内惣領家の地頭請下でも独立的な位置を占めていた山内氏庶流の所領支配はどのようなものであったのだろうか。

二⒀　譲渡所領之事、

合六ケ所者、嫡子弥五郎通綱所

一所備後国地毗庄内本郷之田所職并安貞名弥太郎入道之屋敷田畠地頭職之事、
一所摂津国小村之上庄地頭職之事、
一所信乃国きのふの苻下平田参町地頭職并浮免の田屋敷之事、但、此所者、未下地於分之間不分明、慈善（時通）任御譲状、惣領相共可分知行物也、
一所備後国地毗庄内河きたの村内ゐのきたにのかいちせい三郎か名の田畠地頭職事、
一所備後国信敷東方内本郷村内ときさた名、さゝお名、ミつひら名、むねかの名、もりむね名等地頭職事、
但、此信敷河きた二ケ所ハ、くんこうのしやうとして拝領之間、譲与物也、
一所備後国地毗庄内上原村地頭職内
なかくら名　もりすゑ名　いゑさね名
くにつね名　なかむね名　くろいし

（中略）

一くろほうしまろをハ、通綱ふちすへし、自身子なくハ物（惣）領をハくろほうしにゆつるへき物也、仍為後日譲之状如件、

延文五年庚子正月廿三日　　沙弥円鏡（滑資綱）在判

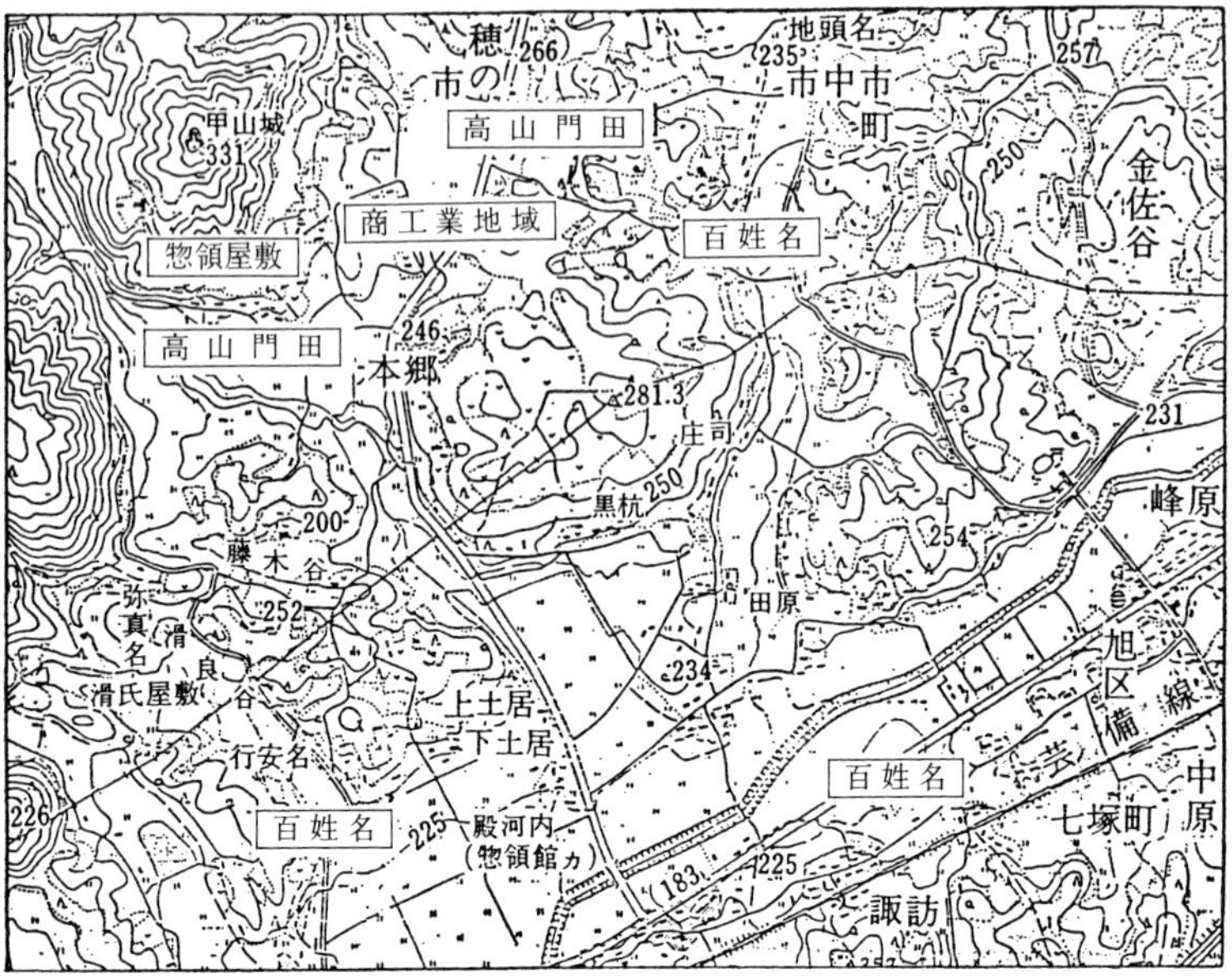

図3　地毘庄本郷の中心部

この譲状作成者滑円鏡は、史料ロにおいて惣領地頭による内検を拒否していた一分地頭慈観の孫にあたる人物である。末尾部分から分かるように、一分地頭滑氏の内部においても惣領制が再生産されて、所領の相伝がおこなわれていく。南北朝期の所領構成は、山内惣領家同様、摂津や信濃など他国に散在所領をもつ点で鎌倉期的な形態を残存させていた。備後国地毘庄本郷においては、田所職・安貞名及び弥太郎入道之屋敷田畠地頭職を知行している。前掲の史料ロ第四条によれば、「九郎太郎屋敷、并田五段内藤木縄手上弐段、清六前壱段、町屋田弐段、同栗林等」も「弥太郎入道分」として滑氏に付与されている。また同五条によると、弥真名や行安名など百姓名内の畠・屋敷地（これらの百姓名は史料ハにおいて山内惣領家の直接支配下にあったことが確認できる）と滑氏知行分との間で堺相論が生じている。これら史料にあらわれる地名の位置関係から考えて、滑氏知行分は滑良谷から藤木谷にかけてひろがっていた様子がうかがえよう。本郷地域について歴史地理学的調査をおこなった服部英雄氏の論稿(14)を参考にすれば、図3のような分布を想定することができる。

甲山城南麓に惣領屋敷があり、これをとり囲む形で高山門田が存在し、百姓名はおおむねその外側に広い範囲で分布していた。地頭名や預所・田所・専当・荘司・公文など荘官進止下の所領は、本郷内所々の谷々に分布する。そして地頭請以後においては、荘官進止地はもはや山内惣領家・庶流・殿原分などの領主支配の拠点に転化していたのであった（史料ロ第二条で預所進止地が惣領知行となっており、史料ハでは地頭名と並んで出てくる公文名が惣領支配下に(15)、同じく専当給は殿原分となっており、さらに史料ニの滑氏譲状に田所職が書き上げられているなど）。

地毘庄の本郷以外の地域については、本郷ほどその構造を明らかにしえない。史料イなど山内惣領家の譲状には地毘庄多賀村一分地頭職が書きあげられ、史料ニの滑氏譲状では地毘庄内河北村・上原村に所領が確認できた。これらの地域は本郷とはちがい地頭請になっておらず、荘園領主権が直接及んでいたと考えられる。このうち滑氏譲状にみえる河北村の所領は、地毘庄伊与東方地頭職とともにもと山内藤三の知行地であったものであるが、建武五年（一三三八）足利尊氏によって山内一族への「勲功之賞」としてあらためて宛行われた。

ホ(16)

（尊氏）
（花押）

下　山内彦三郎通時并一族

可令早領知備後国信敷東方海老名五郎左衛門尉跡、河北郷山内藤三跡、伊与東方同人跡、等地頭職事、

右、為勲功之賞、所宛行也者、守先例可令配分領掌之状如件、

建武五年二月三日

ここで宛行われた所領のうち、信敷庄東方と地毘庄河北郷が各名ごとにバラバラに分割されて一族に配分された姿

が、滑氏譲状にあらわれているのである。このように、山内氏庶流の支配権は、地頭職が名レベルにまで細分化された一分地頭職として捉えることができる。それらはそれぞれ相互に独立的な権利として確立しつつあり、鎌倉末期以降たびたび惣領地頭と確執を生み出しているのである。しかし同時に、当荘が「山内一族等本領」と呼ばれ[17]、一族全体として領主支配が実現している側面も見のがすわけにはいかない。貞和七年（一三五一）の一族一揆等[18]を経て、山内氏惣領・庶流間の相論はみられなくなっていき、南北朝期末には一応の安定状態が生まれていたように思われる。

山内氏の本領（地毘庄）支配は、根本的には地頭職や荘園領主からうけついだ諸権利に立脚したものとすることができよう。しかし同時に、十四世紀を通じてこれを補完する体制が構築されつつあったことも事実であり、地毘庄内所々で門田が拡大し[19]、また領主・百姓を含みこんだ八幡宮祭祀組織の網の目がひろがっていく[20]。地毘庄の支配権は山内氏の一族に名レベルにまで細分化されて配分され、彼らは田所や公文などの村落領主的機能をとりこみつつ、一族総体として農民支配を貫徹させていくのである。

このような状況においては、領主から自立した形での村落結合の存在は想定しがたい。かつて黒田俊雄氏は安芸国三入庄を分析して、ここでは原則として地頭の所領の内部に村落共同体が含みこまれていること、十四世紀以降急速に進行する地頭職の細分化は惣領による統制を決して消滅させず、村落支配を全小所領で確保する体制として惣領制が再生産されることを指摘した[21]。同様な傾向が、十四世紀以降の国人の本領支配において一般的に確認できるように思われる。

2　本領・給分・請地

十四世紀後半から十五世紀にかけて、国人領主の所領構成は新たな展開をみせる。まず前述したように、備後国以

表1　給分関係史料（山名時義・時熙期）

	年	文書名	宛先	内容	出典
①	至徳3(1386)	時義判物	小早川又四郎	三津庄領家職を給分として宛行う	小早川家文書 71
②	康応2(1390)	時熙判物	山内下野守 山内駿河守	信敷庄東方を給分として宛行う	山内首藤家文書 65, 542
③	応永17(1410)	〃	山内四郎二郎	地毘庄内福田十名を給分として宛行う	〃 85
④	〃	〃	山内下野四郎二郎	地毘庄内残田名を給分として宛行う	〃 86
⑤	応永21(1414)	〃	山内上野介	地毘庄内奈目良分を給分として宛行う	〃 87
⑥	年不詳	時熙書状	〃	三河内給分・奈目良給分の替地として津口庄半済を宛行う	〃 88
⑦	応永24(1417)	高富地頭分内堤方給分目録			『県史』Ⅳ—916
⑧	応永30(1423)	時熙判物	山内上野介	地毘庄内河北領家職を給分として宛行う	山内首藤家文書 89
⑨	年不詳	時熙書状	山内上野守	地毘庄内福田を三河内へ給分として宛行う	〃 90
⑩	応永34(1427)	長井道寿置文		賀茂郷を時熙より給分に給わる	『県史』Ⅴ—154
⑪	正長元(1428)	時熙判物	村上備中入道	多嶋地頭職を給分として宛行う	『県史』Ⅳ—553

外の所領が譲状から姿を消し、鎌倉期以来の全国的な散在所領の形態が最終的に解体する。こうして備後一国に限定されることとなった山内氏の本領地毘庄に対して、初めて備後国守護山名氏による安堵がなされていることが注目される[22]。しかし、地毘庄地頭職は本来的に将軍家下文に支配の根拠をもっていたはずであり、本領支配を究極的に保証するのはこの段階でもやはり将軍権力と考えるべきではないか。この点については後述する。

次に特徴的なのは、新たに守護山名氏による給分宛行が展開しはじめることである（表1）。ここではしばしば知行替がみられる（③→⑨、⑤→⑥）ことからすれば、山内氏はあくまで守護権力に依拠することによって給分支配を維持しえたと考えられる。但し、この段階での給分はおおむね本領地毘庄の周辺やその内部に宛行われる傾向があり、本領を中核とする領域的支配を促進することになったであろう。

最後にもう一つ注目されるのは、荘園領主と山内氏との間で、地毘庄内各郷についての代官職（所務職）契約がつぎつぎと結ばれていく事実である。こういった契約状は、応安—応永年間初頭に集中的に確認することができる。その結果、地毘庄全域が山内氏の請地となるに至るのである。[23]

　備後国地毗庄七郷領家所(本脱)一紙目録

　　合

一本郷并上原下原本所領家　千光寺領　此間之請十五貫文さた申候　もとは廿二貫五百文

　　とかの尾喜多坊領

一川北領家本所　村上殿へ納

　　公用十三貫文請

一伊与領家本所　蓮花王院領　石泉院殿へ納申候

　　公用弐拾貫文

一伊与東領家本所　蓮花王院領　妙法院殿へ納申候

　　公用伍貫文

一多賀領家本所　蓮花王院領　伏見法安寺へ納申候

　　公用弐拾貫文

　　永享十二年八月七日

　何と申候へ共、かない候ハて、此前ニはんをし候てのほせ候、

以上のように十五世紀になると、山内氏がかかわりをもつ所領は、本領、守護によって宛行われた給分、荘園領主との契約により成立した請地に三大別しうるようになる。この点に鋭い注意をむけたのが村田修三氏である。[24]氏は、

「これまで、国人領主制を、所領の制度的な種類別にあまり注意せず論じてきたきらいはありはしないか」として本領・給分・請地の差に注目し、国人領には本領（及び給地）の世界と請地の世界が並存しており、両者の関連の構造こそが所領分析の次元をこえた幕府―守護体制の分析のカギだと述べた。また北爪真佐夫氏はとくに村落支配の面で本領型と請地型の差異を論じ、前者では農民の共同組織はその自立性や抵抗機能に著しい制約をうけざるをえないのに対し、後者ではしばしば対領主闘争が活発に展開することを指摘した(25)。

このような国人領の構造は、山内氏以外の備後国人でもある程度確認しうるように思われる。

ト(26)　尊氏（直義）公ノ御判

下　長井縫殿助重継法師 法名聖重

可令早領知備後国田総庄・同国小童保・同国長和庄東方等地領（頭）職事

右住（任）去徳治弐年二月五日亡父時継并正和四年十月廿五日養母尼阿弥陀仏譲状等、可領掌之状如件

貞和元年十二月十七日

チ(27)　譲与

備後国田総庄・同国小童保・同国長和庄東方地頭職事

右地頭職者、聖重々代相伝之所領也、然間、相副次第譲状并関東御下文当御代安堵御下知等、所譲与嫡子孫次郎直千也、為無後日牢籠譲状如件、

貞和二年二月九日　　聖重（花押）

長井（田総）氏は、鎌倉期以来備後国に三ヶ所（田総庄・小童保・長和庄東方）の地頭職を保持してきた在地領主であ

るが、足利将軍家から知行の安堵をうけて以後、「次第譲状并関東御下文当御代安堵御下知等」を相副えて知行を相伝させていた。このほかにも備後国石成庄下村地頭職が、「当御代最初勲功之賞」(28)と記されるように足利将軍家より宛行われており、以上四ヶ所を長井（田総）氏の本領として捉えることができる。(29)本領支配の構造は山内氏ほど明らかにしえないが、田総庄・長和庄における鎌倉末期の和与状によれば、領家方と所務相論をひきおこしつつ、地頭（土居）門田畠等を拠点に領主制を展開していた様子をうかがうことができる。(30)

ところが十五世紀にはいると、家督相続の際、譲状とは別に置文を認めるという変化が生まれている。

(31)リ

応永卅四年正月十一日　道寿《長井広里》（花押）

譲状幼少之時候間、いさい《委細》心ゑらるましく候間、おきて《掟》ニ別ニしたゝめて候、

一公方役之事そりやく《疎略》あるましく候、

（中略）

一賀茂郷《世羅郡》　御屋形《山名氏》より給分ニ給候、是又此間所務之むきにちかわす沙汰あるへく候、

一当所祇薗領《小童保》なかい《長井》□《の》者よりけいこ《警固》の地頭ニふせられ申、御屋形御うけニ御立候事にて候、御年貢等をふさた《無沙汰》なく候ハゝ、可為本領候、彼御年貢八十七貫、長□《夫カ》一人祇薗□御遣あるへく候、暮々此条々をちかへす可有沙汰候、仍為後日置手状如件、

この置文作成の二年前、応永三十二年（一四二五）に書かれた譲状は、前掲史料チの譲状などにみられる南北朝期の形式を引きついでおり、四ヶ所の本領部分を「次第譲状并代々関東御下文当御代安堵御下文譲状」を相副えて譲与するというものであった。(32)ところがこの置文では、譲状にはあらわれてこない二つの所領が登場している。守護山名氏から宛行われた給分たる備後国世羅郡賀茂郷と、祇園社領たる小童保領家方である。賀茂郷については従来長井

（田総）氏との結びつきは認められず、守護による宛行によってはじめてかかわりをもつことになったものと思われる。また小童保は鎌倉末期以来領家方と地頭方に下地が分割されており、領家方ではそれまで祇園社による直務支配がおこなわれていたものであるが(33)、ここで地頭方の領主長井（田総）氏が「警固の地頭」として入部するに至ったのである。後年の史料に「小童保代官職」は「田総方ニ被預置候也(34)」とあることからして、代官請となったものであろう。置文に「御屋形御うけニ御立候ことにて候」と記されていることからすれば、この契約に際して守護山名氏が保証人になったようである(35)。こうして「御年貢八十七貫」が長井（田総）氏の手から京進されていくことになる。

以上のように、山内氏と同様長井（田総）氏においても、本領に加えて給分及び請地がこのころ登場してきた。給分や請地の支配構造は十分明らかにできないが、請地部分において一定の農民闘争がみられる点が注目される。

ヌ(36)　（端裏書）「たふさ殿」（田総）

畏申上候、

抑小童保（世羅郡）領家御方御百性等一同ニ、去年も河成之佗事申上候へ共、無御承引候間計会仕候、さ候間河成之名田之下地之分しるし進上申之候、去年ハ上毛水損仕候、下地ハ更ニ近年作ニハなりかたく候間、いかゝ仕候ハんする哉、此前を御扶持候ハてハ、御百性等退屈可仕候、委細ハ此者ニ御たつねあるへく候、さためて可申候、

一所　井上名二反　　一所　国安名一反

一所　真光名三反　　一所　貞弘名一反半

（中略）

一所　塩江名二反

領家御方
沙汰人（花押）

康正二年　備後国小童保領家御方

　　二月十六日　御百性等謹申上候、

進上　池田伊賀殿

　　　人々御申

端裏書に「たふさ殿」とあるように、この百姓申状は代官田総氏の手を経て、京都の預所池田氏のもとに送付されている。百姓層の年貢減免要求に対して、田総氏が具体的にどのようなかかわり方をしたのかは明らかにできないが、本領などとは違って自立した村落結合の存在を想定してよいであろう。北爪真佐夫氏が述べたように、国人の本領に比べて請地の方が農民の共同組織の自立性は高く、対領主闘争が発生しやすかったのである。

　ところで長井（田総）氏の場合、本領・給分・請地という三つの地種のうち、本領部分のみが譲状に記載され、給分及び請地は置文においてのみあらわれてくる。この関係は、嘉吉元年（一四四一）の譲状と文安四年（一四四七）の置文においても同様である。(37)一体何故このようなパターンをとるのであろうか。これについては、譲状と置文の性格の違いを考えてみる必要があろう。もともと譲状は土地財産権譲渡の確認と同時に、その結果を権力に承認させるという目的をもつものであった。これに対して、置文や処分目録などは処分者の一方的な意思表示を示すものであったとされる。(38)譲状に記される本領部分は、鎌倉御家人制以来将軍家によって保証されてきた地頭職であり、「関東御下文当御代安堵御下知等」を相副えて代々相伝するという手つづきがとられてきた。譲状という伝統的な形式をとることによって、将軍家からの権力的保証が期待されていたのである。とすれば、新たに出現した給分や請地は、それが将軍権力との直接的つながりなしに獲得されたものである以上、譲状にあらわれることは容易でなかったと考えられる。そこで、「在地領主の発展による内部構造の複雑化が、置文という法規範を、形式・内容ともに発展させた」(39)とされるように、給分・請地は置文に記載するという原則が採用されることになったのではあるまいか。

表2　給分関係史料（山名持豊期）

	年	文書名	宛　先	内　容	出　典
⑫	文安元(1444)	持豊判物	山内上野介	（播磨）枝吉別苻領家を給分として宛行う	山内首藤家文書 97
⑬	文安2(1445)	〃	〃	（播磨）桑原庄地頭職を給分として宛行う	〃 98
⑭	文安4(1447)	長井時里置文		（播磨）平位を給分として給わる	『県史』Ⅴ—156
⑮	康正元(1455)	持豊判物	山内次郎四郎	（播磨）恒富保内小原村・念井位田内を給分として宛行う	山内首藤家文書 103
⑯	文正2(1467)	〃	山内新左衛門尉	岩成下村領家分・伊与西村半済を給分として宛行う	〃 111
⑰	応仁2(1468)	持豊書状	〃	信敷東分半分を給分として宛行う	〃 114
⑱	文明2(1470)	持豊判物	〃	信敷東方半分の替地として、信敷東西・地毘庄津口領家・岩成下村・伊与半済公用段銭を給分として宛行う	〃 119
⑲	文明2(1470)	〃	〃	信敷東方を一円宛行う	〃 120

さて、十五世紀半ばに至り、文安四年に作成された長井（田総）氏の置文は、前掲した応永三十四年の置文の内容をおおむね継承したものと言える。[40] 但し、新たにつけ加わるものとして、「播磨国揖西郡之内平位越中并庶子跡等之事者、勲功為御給分之間、無相違知行あるへく候」という記載があらわれる。備後国賀茂郷に加えて、播磨国内にも給分を得ることになったのである。前述した山内氏の場合もこのころ播磨国内に給分を与えられており、嘉吉の乱後に山名氏が播磨国支配を実現したことに伴うものと考えることができる（表2）。給分の増大によって山名氏との関係が一層緊密化したことは勿論であろうが、従来の給分宛行が専ら本領の周辺部であったことからすれば、備後国人層が備後一国の枠を越えて給分を獲得したという事実は重要である。長井（田総）時里が播磨国平位に給分を獲得することができたのは、山名氏の播磨制圧に参陣したという「勲功」によるものであった。その時里は後年「播州平位用害」に於て討死を遂げたとされている。[41] ここから考えると、給分地平位が軍事的な意味をもっていたことが予想されよう。山名氏が備後国人層に宛行った播磨国内の給分は、山名氏の播磨国支配の拠点として機能していたと考えられる。

このように国人層が備後一国の枠を越えて守護山名氏との間に緊密な関係をとり結んでいく中で、長井（田総）氏においてみられた譲状と置文の関係は変質をみせていくことになる。

ル(42)

譲渡所領之事、備後国田総・小童・賀茂・播州平位其外新御給所にいたるまて豊里重代相伝之所領也、新次郎（長井）に
ゆつりわたすところしち（実）なり、并　高氏（足利）将軍御判　御屋形（山名氏）様之御判之物色々相副ゆつりわたす者也、去々年播州
御陣立之時亀鶴に一筆雖書渡、其支証ハ立ましく候、若親類中ニ雖支証候、ゆめ〳〵立ましく候、仍為後日譲状
如件、

文明十七年乙巳二月七日　豊里（花押）

新次郎殿

ヲ(43)

置文之事

一備後国田総地頭分・同国岩成（石）之下村・なかわ（長和）の庄東方地頭職・同国小童地頭分・賀茂地頭分半分・播州平位地
頭分越中之跡、其外備前播磨新御給所いたる□（ま）て、豊里重代相伝所領也、
一高氏将軍御判・同中（直義）御所御判・同法橋（宝篋）（義詮）院殿御判・同鹿（義満）薗（苑）院殿御判在之、
一大明神（寺）（山名時熙）殿様より賀茂御給御判
一遠碧院（山名持豊）殿様より播州平位御判・田総地頭分御判・同ミつきの御判
一当御屋形（山名政豊）様御判物色々在之、
一自先祖代々契（系）図・同譲状已下色々在之、
一関東御下文在之、

一小童領家者祇薗領、本家江年貢在之、如先々致其沙汰者也、

（中略）

一親類中ニ号有□□公方江沙汰出候共、ゆめ〳〵不可叶候、

若□（背カ）惣領罷出候ハヽ跡をハ惣領可為進退、豊里重□（代）相伝之依為所領、他人違乱妨あるへからさる者也、仍為後日置文如件、

文明十七年乙巳二月九日　　豊里（花押）

新次郎殿

まず後者の置文からみていくと、足利尊氏・直義・義詮・義満のころまでは専ら将軍家によって長井（田総）氏の知行が保証されてきたことが読みとれる。守護山名時熙の段階（応永・永享頃）では、守護の判物は給分（賀茂郷）についてのみかかわりをもつにすぎない。ところが山名持豊（宗全）の段階に至ると、給分（播州平位）のみならず本領たる田総地頭分についても守護の判物が発給されてくる[44]。こうして当御屋形様（山名政豊）の下では、「御判物色々在之」となるのである。本領・給分を含めた一元的な守護の保証体制が確立してくるのではないだろうか。

次に史料ルの譲状に目を転じてみると、ここに本領と給分が併記され、両者一括して譲与がなされている点が注目される。嘉吉元年（一四四一）までの譲状では、記載は本領部分に限られ、将軍家の下文が知行の根拠とされてきた。ところがここでは、「高氏将軍御判・御屋形様之御判之物色々相副ゆつりわたす者也」の如く、守護山名氏の判物が知行の根拠として掲げられるに至っているのである。十五世紀前半では守護の判物は給分についてのみ根拠となりえていたにすぎなかったのが、十五世紀後半には本領をも含めて守護による一元的な知行の保証体制が確立していたのである。本領支配を支えていた将軍権力による伝統的な知行制秩序が解体し、守護権力による一元的な知行の保証体

制がとって替わったことによって、譲状と置文に本領と給分を書き分けておく必要は消滅したと言えよう。

以上、備後国人山内・長井（田総）両氏の所領構成を分析し、十四世紀末には鎌倉期的な構成から完全に脱却し、これにかわって本領・給分・請地という体制が生まれてくることを述べた。本領は国人領主制の中核をなす部分であり、鎌倉期以来地頭職という形をとって将軍家の保証下におかれてきた。南北朝期には一族結合を利用して百姓までまるごと領主制に組みこむような動きが顕著になるが、その支配の根拠は最終的になお将軍権力に結びつけられねばならなかったと考えられる。これに対して守護によって宛行われる給分は、領家職や地頭職だけでなく、職記載をもたない所々もその対象とされ、半済分や守護段銭なども含む雑多な内容が含まれてくる。ここでは守護の意向によって知行替がなされるなど、給人と在地との結びつきは本領ほど強くない。しかし守護の分国支配が存続するかぎり、その保証下で知行を維持することができた（備後国人層が播磨国内に得た給分は、山名氏による播磨国支配の開始とともに出現し、その終息とともに消滅する）[45]。一方、請地の支配権は、荘園領主との間の個別的な代官職（所務職）契約によって成立する。そこには国人層の「地下所務職競望」[46]の動きが成立の前提になっていたであろうことは間違いないが、荘園領主側にとっても彼ら国人層に依拠する必要が存在したのであろう。彼らの実力に頼ることで、ともかく年貢分の確保をめざしていたと考えられる。農民の反領主的動きが最も顕在化するのはこの部分においてである。

但し、この三つの地種の区別は、村落・農民支配の差を本質とするものではなかろう。むしろこの三類型は、なによりも知行制の制度面において、とくに上級権力との関係においてこそ把握されなければならない。十五世紀前半段階の国人領主制は、本領・給分・請地というそれぞれの地種を媒介として、将軍権力・守護権力・荘園領主等との多元的な結合を生み出しているのである。給分の増加のみを過大評価して、守護の領国支配に一元化させてしまうべきではなかろう。国人領主制の諸側面をトータルに捉えることによってこそ、この時期の権力構造を統一的に理解する途も開けてくるのではないだろうか。

二 守護知行制の展開

1 知行の安堵・宛行

岸田裕之氏は知行制度の面から室町→戦国の転換を論じ、とりわけ段銭知行制の展開が守護の領国支配を変質させる契機になったとしている。(47) その主要な分析対象になっているのが、備後国の守護山名氏と国人山内氏との知行関係である。岸田氏は守護大名領国の権力編成が十五世紀前半を通じて整備される方向にあったとみなし、山内氏についても守護の被官として一元的に結びつけられていた側面を強調する。ところが守護大名知行制が進行する中で、国人層への懐柔策としてなされた守護段銭の給与・免除は、守護自らの不介入地域を創出させていくことになり、自己の政治的・経済的・社会的基盤を喪失する結果を招いた。こうして領域内から上級権力を排除した国人領主が、守護大名に替わる地域公権として自らを確立していくのである。

このような岸田氏の権力移行論には、十五世紀前半段階で守護による国人領の掌握が貫徹していたかのような理解が前提になっている。しかし前節でも述べたように、この段階で国人層の守護権力への一元的結集を強調するのは検討を要するのではないか。以下、守護・国人関係の実態について、知行の安堵・宛行に即して検討を加える。

山内氏は従来、本領地毘庄地頭職を代々将軍家から安堵されてきた。ところが十五世紀初頭に、守護山名氏による安堵があらわれる。

ワ(48)　備後国地毗庄地頭職事、任亡父《通忠》譲与之旨、知行不可有相違之状如件、

応永八年八月三日　沙弥《山名時熙》（花押）

山内馬子《熙通》殿

この安堵状は、応永五年（一三九八）の山内通忠譲状[49]に対応するものと考えられる。守護による知行安堵開始は、南北朝期とは異なる守護・国人関係の成立を意味するものと考えてよい。しかしその歴史的意義は、守護と国人のみに視野を限定していては理解できないであろう。もともと備後国は康暦元年（一三七九）に山名氏の分国となったものであるが、明徳の乱に際して山名時熙が守護職を剝奪され、以後は細川氏の守護分国になっていた。それが再び山名氏の分国となるのは、この安堵状が出される半年ほど前のことである。

カ(50)　当国事、去二日令拝領候、仍差下佐々木筑前入道、太田垣式部入道《通泰》両人候、毎事無御等閑候者、悦入候、恐々謹言、

三月《応永八年》十一日　常熙（花押）

山内下野守《通忠》殿

新守護山名時熙（常熙）は、早速佐々木・太田垣両人を派遣するとともに、国人山内氏に対して守護支配への協力を要請していることが読みとれる。このような事情から考えて、前掲の安堵状はあくまで山名氏の守護復帰を踏まえて発給されたものと思われる。

岸田氏が明らかにしたように、このころ山名氏が備後・石見・安芸の守護職を相ついで手に入れる（応永八・九・十年）のは、すぐれて幕府の政治的意図によるものであった[51]。応永の乱で大内義弘が敗死した後、弟盛見は反幕府的姿勢を崩しておらず、ついに幕府軍を破って防長両国の平定を達成する。幕府はやむなく応永十年（一四〇三）に盛

見を両国守護職に補任するのであるが、一方で山名氏を備芸石三国の守護にすえることによって対大内氏包囲網を形成していったのである。

ヨ(52) 安芸国地頭御家人以下当知行新本所領等事、来八月五日以前、以代官可出帯支証之旨、可被相触之由、所被仰下也、仍執達如件、

応永十一年六月廿六日　沙弥(畠山基国)御判

山名民(満氏)了少輔殿

タ(53) 当知行之地事、不可有相違之状如件、

応永十一年八月三日　満氏（花押）

吉川駿河守殿

これは安芸国の事例であるが、幕府は早速新守護山名満氏に命じて国人層の知行地を調査させており、満氏はこれに基づいて国人層に知行安堵をおこなっている。しかしこの時、多くの安芸国人が「一、無故至被召放本領者、一同可歎申事」以下の条々を掲げて国人一揆契約を結んで守護に対抗していることはよく知られている。(54)また石見国においても、新守護山名氏利が出羽氏・周布氏などの国人層に知行を安堵していることを確認しうる。(55)備後国守護職を手に入れた山名時熙が山内氏に宛てた史料ワの安堵状も、このような背景を踏まえて理解すべきである。三ヶ国の国人層に対し矢継ぎ早に知行安堵をおこなうことによって、反大内戦線をかためるねらいがあったと考えられよう。そのために、幕府権力をバックに守護の権限強化がはかられたのである。したがって、このときの知行安堵は極めて政治的性格の強いものであったと評価できよう。

守護山名氏から山内氏に対する知行安堵は、これ以後しばらく確認することができない。応永三十三年（一四二六）の山内熙通譲状[56]に対しても、山名氏が安堵状を出した形跡は見出せない。山名氏からの安堵状発給が復活するのは十五世紀半ばのことである。

レ[57]　亡父（時通）跡備後播磨両国内所ゝ請地等在之、事、早任当知行旨、領掌不可有相違之状如件、

康正二年六月十九日　（山名持豊）（花押）

山内次郎四郎（泰通）殿

ソ[58]　親（時通）ニて候者他界候て、京都にていミを明候て、少弼（山名教豊）殿出仕申、其後大殿（持豊）但馬ニ御在国ニて候間、罷下候て、以大塚左京亮、垣屋越州殿申候御取次ニて、大殿様此安堵之御判ハ、但馬お九日被下候者也、

康正弐年六月十九日　（山内泰通）（花押）

半世紀を隔てた史料ワと史料レの二つの安堵状を比べてみると、前者では本領「地毘庄地頭職」が安堵の対象になっていたのに対して、後者では「備後播磨両国内所ゝ請地等在之」となっていることに気がつく。十五世紀前半には本領・給分・請地という三つの地種が存在していたことを前述したが、康正二年（一四五六）にはこれらすべての知行が山名氏から安堵されるに至っているのである（播磨国内の所領は、すべて山名氏からの給分と考えてさしつかえなかろう）。これ以後、文明・明応年間にも山名氏から安堵状が出されており、「備後・播磨両国内所々并請地等」が安堵の対象とされる状況がつづいている[59]。

史料ソによって、康正二年の安堵状は、山内氏当主の没後、嫡子次郎四郎が但馬在国中の山名持豊のもとに罷り下って申請した結果得られたものであることが分かる。十五世紀半ばにおいては、山内氏は守護の一元的な知行安堵の

体制に強く結びつけられていたのであり、十五世紀初頭の本領安堵の段階とは、かなり質的な差異があるように思われる。従来山内氏とならんで守護への被官化の側面が強調されてきた長井（田総）氏の場合も、十五世紀中頃までは守護による一元的な知行の保証体制が確認できないことは前述したとおりである。

村田修三氏は山内氏の譲状以下を分析して、応仁・文明の乱以降職記載が厳密でなくなり、本領・給地ともに知行と呼ばれて請地と対比されるようになることを指摘している(60)。十五世紀中頃まで国人領の基本的あり方を規定していた地頭職という形式が、その中世社会においてもっていた独特な意味あい（とりわけ将軍権力との結びつきにおいて）を失うに伴い、守護による給分と同質化していく傾向を辿るのは必然であろう。但し、戦国期に本領と給分が完全に同質化してしまうかどうかは問題が残るところである。室町幕府御家人制を論じた福田豊彦氏によれば、守護支配の展開により一般御家人は将軍との直勤関係を次第に断ちきり、専ら守護の統制下に服すようになる(61)。しかし氏は、地頭御家人の完全なる守護被官化の困難性をも指摘しており、戦国期においても守護被官との身分的格差が保持されたと言う。地頭御家人の系譜をひく国人層にとって、本領こそ守護権力からの相対的自立性を確保する基礎だったのではなかろうか。

次に、山名氏による給分宛行の意義についてふれておこう。備後山名氏の給分宛行の初見史料は、至徳三年（一三八六）の小早川又四郎宛判物である(62)。山内氏に宛てたものとしては、康応二年（一三九〇）の信敷庄東方の宛行が最も古い。

ツ(63)
備後国信敷庄東方事、
右、任先例一族中仁可被支配者也、仍為給分、所宛行之状如件、
康応弐年潤三月三日　（山名時熙）（花押）

山内（通忠）下野守殿

信敷庄は地毘庄に隣接する地域であるが、前掲した史料ホの将軍家下文によって既に建武五年（一三三八）には「勲功之賞」として宛行われていたはずである。それでは何故、ここであらためて守護からの「給分」として宛行われねばならなかったのであろうか。これは、明徳の乱前後のすぐれて政治的な流れの中で把握されなければならない。というのは、当時山名時熙が将軍の命に従わなかったとして、義満は四国の細川頼之に命じて備後へ押し入らせており、備後国守護職も康応二年三月に頼之に与えられていた[64]。これは義満による山名氏弾圧の第一弾であり、これによって山名時熙は本国但馬から逃亡を余儀なくされている。したがって時熙から山内氏への給分宛行は、時熙が守護職を剝奪された直後におこなわれたことになる。このような事情を踏まえるならば、山内氏に対する給分宛行が幕府に対抗する意図をもつものであったことはほぼ明らかであろう。ここに、「勲功之賞」としてなされる幕府知行制と「給分」という形をとる守護知行制との対抗関係を見出すことができる。

しかしこのとき、山内氏が幕府の知行体系から離れて守護知行制との結びつきを選択したことは、山名氏が義満に屈服した後では知行の危機となってはねかえらざるをえない。

ネ[65]（端裏書）「斎上禅　　　山内四郎次郎申状」

目安

　山内四郎次郎熙通申

備後国信敷庄東方河北郷伊与東等之地頭職之事、

副進　一通御下文案建武五年二月三日

右、彼所〻自拝領以来、知行于今無相違者也、然信敷東方、去明徳元年八月日、完戸駿河守非分押領、今者等持

寺等持院御知行子細お不知、近年不知行、不便無極之処仁、幸奉逢善政御代所開眉也、御哀愍蒙御成敗、成安堵思、弥

為致忠節、粗言上如件、

応永十六年八月　日

信敷庄東方地頭職は、建武五年に尊氏から拝領して以来山内氏が知行してきたものであったが、明徳元年（康応二）八月に宍戸氏による押領をうけ、ついで足利氏歴代の廟所たる等持寺等持院領となるに至った。山名氏から給分宛行をうけてからわずか五ヶ月後に当所の不知行化が始まっているのは、山内氏が幕府知行制から離脱したことの当然の帰結であったろう。前述の如くこのあと応永八年には山名氏が備後国守護職に復帰し、その直後山内氏に対し地毘庄地頭職の安堵をおこなった。しかし信敷庄東方については不知行の状態がつづいていたため、山内氏は義満没後の応永十六年になってこの申状を提出して幕府に回復を求めたのである。けれども当所の回復は容易ではなかったものらしく、十五世紀半ばにおいても申請が繰り返されている。

ナ(66)　山内上野介（時通）申備後国信敷庄内地頭職東方事、帯　御下文歎申候、殊勲功賞之事候間、可然様申御沙汰候者、可為

悦喜候、恐々謹言、

七月五日　　宗峰（山名持豊）（花押）

斎藤上野介（基熙）殿

ここでは守護山名氏を介して申請がなされている点が史料ネとは異なる。しかし「勲功賞」として宛行われた地頭職の回復は、あくまで下文を根拠に幕府にむかって訴えられなければならなかったのである。ところが応仁・文明期に至ると、「等持院領備後国信敷東方半分事、為給分可被知行候也」(67)「備後国信敷東方之事、一円所充行之也」(68)の如く、山名氏から山内氏へ給分として宛行うという形で最終的な結着がつけられている。もはや十五世紀前半のような幕府

知行制と守護知行制の併存状況は解体し、すべて守護系列に包摂されるに至ったのである。

以上のように、十四世紀末以降あらわれる山名氏による知行宛行は「給分」という形をとるのが特徴的であり、将軍家が「勲功之賞」として地頭職を宛行うのとは原理的に異なる。十五世紀前半は二つの原理の併存の時期であり、給分宛行は幕府―守護体制下で守護が独自の知行制を志向していく動きと捉えることができよう。それは半済や闕所地処分権などの守護権限に基礎づけられたものであったろう。山名氏の守護分国が拡大するに伴って、備後国人層が得る給分も備後から播磨へとひろがっていくことになる。

2　守護段銭の給与と国人領

岸田裕之氏は、室町期守護大名領国下には所領高（年貢高）賦課と図田を基準とする段銭の二つの賦課体系があることを指摘している[69]。このうち前者は軍役の基準として貫高に結ばれており、ここに戦国大名の貫高制につながる守護大名知行制の達成がみられると高く評価するのである。

[70]ラ　注進

　山内次郎四郎知行分事、

合

本領百六十九貫文　廿分一八貫四百五十文

津口半済河北半済 給分　二ケ所四十貫七百文　十分一四貫七十文

以上十弐貫伍百廿文　進上分

本領の目六ハ、先年親にて候上野(熙通)と、下野兄弟相論の時、佐々木の檀方代官佐藤入部仕候て、検地仕候上ハ、其

隠候ハす候、猶以六十余州仏神の御罰を罷かふり候ハんするに、偽申上す候、可有御披露候、恐惶謹言、

永享四年十二月　藤原《山内》時通

岸田氏の言うようにこの知行分注進状案の正文は守護山名氏に提出されたと考えられるが、それは本領・給分それぞれの所領高（年貢高）に応じて「廿分一」「十分一」の役銭賦課を実現するためのものであった。これは、守護権力が備後国内において現実に大きな役割を果たしていたことを示すものであろう。山内氏は本領・給分ともに、その年貢高を守護山名氏によって掌握されていたのである。しかし年貢高を基準とする役銭の賦課率において、本領と給分の間に厳然とした差が存在していることも事実である。これはやはり、本領と給分の質的な差異、とりわけ守護権力のかかわり方の違いによるものと考えるべきであろう。給分においては、本領の二倍の役銭負担率に示されるように、守護の介入度が高い。一方本領については、ここでの年貢高が先年の相論の際になされた守護方の検地によって確定されたものであったことがわかる。逆に言えばこのような相論が起こらないかぎり、守護による本領把握は極めて不確かな水準にとどまらざるをえないことになるだろう。年貢高を比べても明らかなように、この段階で山内氏の領主制の中核をなしていたのは、守護権力の介入度が低い本領部分だったのである。

ところで岸田氏は、以上述べた所領高（年貢高）賦課の面において守護大名領国と戦国大名領国の連続性を指摘し、中世後期を「大名領国」として一括して捉えることを主張しながら、他方で守護段銭の給与・免除を軸にして守護権力の衰退、国人層の自立化を説く。この二つの側面がどう統一されるのかは十分明らかになっておらず、少なからず自己矛盾がみうけられるようにも思われる。とりわけ後者の論理では、十五世紀後半以降の権力体制を「大名領国」として捉えるのは困難となり、結局国人領主連合論に帰結することになってしまうのではないだろうか。

そこで、室町→戦国の権力的転回に関わる後者の論理を検討しておく必要がある。氏によれば、十五世紀後半以降

国人層の懐柔策としてなされた守護段銭の給与・免除や段銭賦課権の移譲は、結果的に国人領への守護権力の不介入を招来し、守護自身の政治的・経済的・社会的基盤を喪失させることになる。こうして領域内から上級権力を排除した国人領主が、地域公権として成立していくことになるのである。(71)

このようなシェーマには、いくつかの疑問を抱かざるをえない。第一に、十五世紀前半の守護・国人関係の理解である。氏のシェーマでは、十五世紀前半段階で守護による国人領への介入・掌握の体制が貫徹していたかのような理解が前提になっている。ここから、十五世紀後半以降の守護段銭の給与・免除が、守護の領国支配変質の契機になったと把握されることになる。しかしこれまで述べてきたように、この段階で国人層が守護との間に強固な主従関係をとり結んでいたと考えることは困難であり、まして国人領の掌握が貫徹していたとすることはできない。しかも守護による国人領介入のテコとして氏が重視する守護段銭自体、十五世紀前半の備後国では確認することができない。国人領主の領域権力化は、むしろ十五世紀前半の国人領（とりわけ本領部分）がもっていた相対的自立性を前提にすえた上で考えていくべきではないだろうか。岸田氏の立論の前提をなす守護領国制的把握自体が問い直されなければならないと考える。

第二に、守護知行制の捉え方である。氏は守護段銭の給与・免除を過大評価するあまり、守護の知行制的編成の一つの柱として、殊更に「段銭知行制」なる名辞をつくり出している。しかしそれは守護知行制の中でどのように位置づけられることになるのであろうか。幕府段銭の納入方式をめぐって、京済を求める荘園領主の側が守護使の入部を排除しようとする動きをみせるのは、当時しばしば認められるところである。けれども図田を対象とするにすぎない段銭の賦課が、個別領主の所領支配を掌握する上でどれだけの意味をもつものであったかは、それ自体検討されなければならないであろう。守護が段銭賦課権を手ばなすことに、政治的・経済的・社会的基盤を喪失する契機となるほどの決定的な意味を見出すことは困難ではなかろうか。むしろ賦課体系のもう一方の形態たる所領高（年貢高）賦課の方が、国人領掌握の度合いは高いと考えることも可能であろう。しかし氏はこれにはほとんど触れずに、専ら段銭の知行対象化を軸に権力の移行を論じるのである。(72)

守護段銭の国人層への給与・免除といった現象は、嘉吉二年（一四四二）の出雲京極氏の事例(73)をはじめ、十五世紀半ば以降にあらわれてくる。備後山名氏の場合、次のような形をとる。

ム(74)　備後国信敷東方半分事、成置判形於同名駿河守之間、為替地、同国信敷東西、地毗庄、津口領家、岩成下村、伊予半済公用反銭等事、為給分所充行之也、早守先例可致沙汰之状如件、

　　文明弐年六月十七日　　　　　　　　（山名持豊）（花押）

　　　山内（豊成）新左衛門尉殿

ウ(75)　播磨国佐用郡宇野庄内拾分弐、并賀古郡野口内切米捌石、当国所〻知行分段銭等事、為給分所宛行之也、早任先例可致沙汰之状如件、

　　文明十六年十二月十一日　　　　　　（山名政豊）（花押）

　　　山内（豊成）新左衛門尉殿

段銭の給与・免除は、給分の一形態として知行地と同列なものとして扱われていることが読みとれよう。とすれば、他の給分同様、とくに軍役等の面では国人層を守護権力に一層強く結びつける契機になったのではないだろうか。実際十五世紀半ば以降、山内氏は守護山名氏と緊密な関係をとり結び、備後や播磨で軍事行動に励むことになるのである。また給分という形をとる以上、史料ムのように守護の意向で知行替をおこなうことも可能だったはずであるから、

知行分の段銭免除ということも絶対視されるべきではない。

いずれにしても、守護段銭のみとり出して知行制の展開や変質を論じるのは不十分である。これはむしろ、十四世紀末以降給分宛行という形で進行していた守護知行制構築過程の中に位置づけられなければならない。そのように捉えたとき、段銭給与をはじめとする給分宛行が、守護・国人関係を一層緊密化させていく側面にも目をむけていくべきであろう。

岸田説の第三の難点は、知行制の展開から内在的に権力の移行を論ずるという方法である。そこには政治的な契機が欠落していると言えよう。詳細は次節に譲るが、十五世紀半ばは守護の分国支配の確立期と考えるべきである。幕府―守護体制の変質に伴って、守護権力を中心とする分国内権力秩序ができあがるのがこの段階である。国人層に対する守護段銭の給与・免除といった現象も、そうした山名氏の分国内秩序確立過程の中に位置づけて考えるべきではなかろうか。とりわけ山名氏の場合、備後において進行する知行制の展開を、本国但馬を中核とする全分国の構造の中で捉える視点が必要である。もはや備後一国の中だけでは論じられないのが、この段階の権力状況であったと考える。知行制の展開から権力の移行を論じるのではなく、知行制の展開自体を権力秩序の転換の中に位置づけていかなければならない。

十五世紀後半の守護知行制の展開は、国人領主の所領支配の側からみるとどういうことになるであろうか。この時期の国人領の具体的構造を明らかにすることは史料的に困難が多いが、山内氏の場合、『山内豊通譲与本領給分日記』(76)及び『山内豊通譲与請地日記』(77)によって、文明十五年（一四八三）段階の所領の構造をうかがうことができる。

『山内豊通譲与本領給分日記』（以下『本領給分日記』と略す）に列挙されているのは、①地毘庄本郷、②下原地頭領家、③信敷東一円、④同所増分、⑤信敷東西段銭、⑥伊与本家東西、⑦同所半済、⑧津口半済、⑨岩成下村領家、⑩

小条分、⑪河北村の計十一ヶ所である。本領と給分が一括して書き出されているのは、両者が共に守護山名氏の一元的な知行保証体制下に組みこまれて同質化しつつあったことによるのであろうが、その区別が完全に消滅したとすることはできない。例えば⑦は文正二年（一四六七）に山名持豊から「乗馬供」として山内氏に宛行われた給分であったが[78]、当時山内氏はこれを湯河氏などの近隣領主層に預け置いていた[79]。それは応仁・文明期の備後内乱に際して、彼らが在城を遂げて山内氏に加勢したことに対する反対給付であった。しかし守護山名氏は給分地の再給付を容認しなかったものらしく、山内氏自身による知行回復を命じている[80]。給分は給人の自由な処分が許されるものではなく、守護と国人を結びつける機能をもちつづけていたものと思われる。これに対し、本領の伝統的なあり方を考えると、役銭の賦課比率にもうかがわれた本領のもつ相対的独自性は容易に失われ難いと予想されよう。

同じ日付の『山内豊通譲与請地日記』（以下『請地日記』と略す）には、①矢野かち田・本郷・西村（守護領）、②下村（栖真院領）、③三ケ村（同院領）、④伊与地頭方（山名政豊領）、⑤河北半済（村上殿領）、⑥元藤・片山・かきや（越中殿領）の六ヶ所の請地が書き上げられている。このうち①④など、守護山名氏所領の山内氏による代官請がこのころ進行していたことが注意される。そしてここでは山名氏への年貢上納分は増加傾向にある[81]。これに対し一般の寺社本所領においては、応仁・文明の乱を境に年貢未進が著しい。石泉院領伊与本家・三十三間堂領伊与東は、ともに「一乱後無沙汰」[82]という状態であってこの『請地日記』にはあらわれてこない。『本領給分日記』に「伊与本家東西」とあることからして、年貢取得権は山内氏の手に移ったのであろう。またここにあらわれている請地のうちでも、⑤は「一乱後ハ廿貫沙汰候」[83]とあるように、年貢上納分が減少していた。

一般に十五世紀前半段階では、国人層が荘園領主と代官請契約を結ぶことによって、比較的順調に年貢上納が実現していたように思われる。備後国人長井（田総）氏の請地である小童保領家方でも、十五世紀中頃までは七十―八十貫文の年貢上納が確認できる。ところがその後、「播州御弓箭ニより候て、数年在陣侯、御年貢等之事、兵粮以下ニ成候間、不及其了簡候」というように、年貢確保の危機が表面化している。[84]山名氏の播州攻めに参陣した長井（田総）氏によって、年貢上納分が兵粮米になっていたのである。またこれは代官請の事例ではないが、十五世紀初頭に山名氏の守護請になった高野山領大田庄の場合、年貢送付が確認しうるのは寛正四年（一四六三）までで、応仁・文明の乱を経過する中で守護領化していく事実が知られている。

このような状況下で、『請地日記』の②③にみえる山門栖真院領四ヶ村は、寺社本所領が例外的に存続している事例である。ここでは、文安元年（一四四四）に代官職契約を保証する旨の山名持豊判物が発給され、[85]享徳三年（一四五四）の代官職補任状では「自然此内雖少事御無沙汰之時者、任御請文之旨、屋形へ致披露、可令改易者也」と記されていた。[86]十五世紀中頃に荘園領主が守護山名氏に接近をはかり、守護権力による請地契約の保証をかちとっていたのである。もはや国人層との個別的な契約だけでは年貢確保は困難であり、このころ公権力の主体として確立しつつあった守護権力に依拠しようとしたものであろう。以上の『本領給分日記』及び『請地日記』から、十五世紀後半の国人領主制はどのように捉えられるだろうか。ここでその全面的な把握は到底不可能であるが、限られた史料をみるかぎり、山内氏が本領地毘庄を中核にして、近隣の信敷庄や栖真院領泉田三ケ村、さらには津口庄や矢野庄など備後北西部一帯に給分・請地をひろげていた様子をうかがうことができるのではないだろうか。本領に給分・請地を組み合わせることによって、領域的な支配が実現されつつあったと推測しておきたい。

ところでこの文明十五年の山内氏所領には、播磨国内の知行はあらわれてこない。これは、当時山名氏の播磨支配が崩壊していた時期にあたることから説明がつくだろう。北爪真佐夫氏のように、播磨国内の所領が消えることをもって、国人領主の所領集中化傾向とするのは誤解である。[87]給分地の維持は、守護支配に支えられてこそ可能だったのである。山名氏の播磨支配回復に伴って、山内氏は文明十六年以後再び播磨国内に給分を獲得していくことになる。

国人領の変遷をふりかえってみると、全国的に散在所領を保持していた鎌倉期的な構成は南北朝期をもって崩壊し、以後は備後一国に所領を集中させていった。この段階であらわれてくる給分や請地は、おおむね本領の周辺地域にみうけられる。ところが十五世紀半ばに至ると、備後国人層は播磨国内に給分を獲得するようになる。ここでは給分地が諸郡に散在しており、領域的なまとまりはみられない。これは山名氏の播磨支配開始に伴うものであり、山名氏の播磨支配の拠点としての機能をもつものであったことは前述した。国人領主の側からみた場合、山名氏の分国内に限られたとはいえ、再び備後一国の枠を越えて所領を確保する可能性が生まれたことは重要であろう。その背景には、山名氏分国内で完結する一元的な知行保証システムの確立が予想される。

こうして、十五世紀後半の国人領は二つの方向性をもつものとして捉えることができる。一つは備後国における本領を中核とする領域的支配であり、もう一つは播磨国内における給分の獲得である。山内氏の場合、岸田氏の言うようにいずれも段銭免除を伴っていくようになる。そしてこの二つの方向はいずれも、守護山名氏と緊密な関係をとり結び、とりわけ軍事的な要請に応えることによってこそ果たしえていたことに注意する必要がある。この点からすれば、国人層が地域公権として確立するというプロセスは、直接的に守護権力の否定を伴うものでは必ずしもなかった。次節では、幕府―守護体制変質後の権力秩序の再編成がどのように進行したのかを考えながら、国人層自立化の可能性を探っていくことにしたい。

三　守護・国人関係の変質

1　幕府―守護体制下の国人統制

太田順三氏は十五世紀前半と後半を比較する形で山名氏の領国支配の進展を論じ、山名氏は備後で独自に段銭賦課権を行使しはじめるなど、十五世紀後半になって幕府から自立して領域支配を強めていくとしている(88)。守護山名氏が幕府から自立するのをこの段階に求めるのはよいとしても、それがそのまま分国支配の強化につながるかどうかは問題となるところであろう。以下備後国に即して、守護・国人関係の変遷と備後国支配のあり方を辿ってみることにしよう。

前掲の史料カでみたように、応永八年（一四〇一）に備後国守護職を得た山名時熙は、国人山内氏に対し「毎事無御等閑候者、悦入候」と書き送って守護支配への協力を要請した。十五世紀前半段階では、国人層は守護権力に一元的に結びついておらず、守護山名氏はあくまで幕府をバックにすることで国人層の統制を実現していたと考えられる。例えば軍事動員である。

キ(89)　滝河内合戦之時、致忠節之旨、犬橋近江守(満泰)註進到来、尤神妙、弥可抽戦功之由、所被仰下也、仍執達如件、

　永享八年二月廿一日　右京大夫(細川持之)（花押）

山内上野介(時通)殿

これは、備後守護代犬橋満泰からの注進をうけて、将軍家が山内氏に宛てて発給した感状である。滝河内合戦とは

豊後国大分郡においてなされた戦闘を指すと考えられる[90]が、この感状はいかなる経緯で発給されたものであろうか。
当時、永享年間を通じて、北九州では大内氏と大友・少弐氏との間で激しい戦闘が繰り返されていた。『満済准后日記』永享四年（一四三二）正月十八日条によれば、山名時熙は大内合力を主張し、山名氏の守護分国であった安芸・石見両国軍勢の派遣を提起した（「所詮安芸国事如申分国也、石見国事一家分国之間、以内々先可致用意之由可申遣歟云々」）。これに対して慎重に事を運ぶべきことを主張する畠山満家は、「公方御下知分ニテハ候ハテ、守護方ヨリ芸石両国合力事、可申付条宜存」と述べている（同正月二十三日条）。将軍家からの軍勢催促ではなく、守護方より動員をかけるというのであれば可とするというのである。但し、安芸国の武田・小早川両氏は守護方からの催促だけでは容易に応じ難かったため、将軍の側近から守護催促に従うよう申しつかわすべきことがつけ加えられている。

同三月十六日条では、山名時熙は「大内刑部少輔、以芸石両国勢、内々御合力候ヘハトテ、天下御大事ニナルマテハ候ハシ」と述べて芸石両国勢の派遣を主張し、「其猶々不叶儀万一候者、備後勢ナト可致合力条、可依上意事也」と、万一の場合は将軍家の「上意」による備後勢動員を提起している。これに対して将軍家は、「安芸、石見両国勢、以山名私儀先大内刑部少輔合力事、早々可申下由可被仰付山名之条、可為何様哉」と述べて畠山満家に意見を求めたところ、満家は再び「一向山名内々儀ニテ堅固非上意分候者」という条件つきで両国勢合力を認めるのである。

以上のやりとりから、当時将軍家からの軍事動員が「上意」として捉えられていたのに対し、守護独自の動員は「私儀」「内々儀」としてこれに対比されていることが分かる。幕府は九州の戦闘が「天下御大事」に発展することをすこぶる警戒しており、大内氏への合力も山名氏の「私儀」として処理しようとする態度をみせている。しかしその後の経過の中で、結局幕府がのり出して大内氏を合力することになっていったらしく備後勢の参陣をみるに至る。

[91]ノ　就九州事自山名方申賜、注進備後国人江田云々、秋月城八月十九日犬橋備後守護也（代イ）最前ニ城中へ切入、一城切落、

仍方々同時責入、即時落居云々、此事ハ二嶽城事也、秋月城八月十九日事ハ、先度粉骨トテ犬橋勢ヲハ安間見物了云々、

ここでは、備後国人層が守護代犬橋満泰に従って九州に攻めこんでいることが分かる。前掲の山内氏に宛てた将軍家の感状も、守護代犬橋満泰の注進をうけて発給されており、同様な状況がつづいていたものと予想される。同じころ、安芸の国人平賀・吉川・毛利・両小早川氏に対しても、将軍家から感状が出されていることを確認することができる(92)。

このように、このころの一国軍事動員には、「上意」という形で将軍家を主体とする方式と守護の「私儀」としてなされる方式との二つの形がありえた。守護の「私儀」がそれなりの強制力をもって一国を動かしうる状況が生まれていた点はみのがすわけにはいかないが、その上位には将軍家による国家的規模の軍事動員権が現実の重みをもって存在していたのである。前述したように、十五世紀にはいると守護による本領の安堵が出現するなど、守護・国人関係が明らかに緊密化してくるのは事実である。しかしそれは決して守護への一元化には至らない。国人統制は幕府―守護体制という重層的な権力構造によって実現されているのであり、守護単独では完結させることができなかったのである。

ところが十五世紀後半にはいると、幕府―守護体制という武家権力の構造は大きく変質する。国人層に宛てた感状も守護による判物という形が一般化し、国人統制は専ら守護によって一元的になされるようになっていく。山名氏の場合、とりわけ嘉吉の乱を境にその独自性を強めていくように思われる。

2　守護山名氏の分国構造

山名持豊（宗全）が先例よりも現在の時勢こそ重視すべきことを説いて、「例といふ文字をば向後は時といふ文字にかへて御心えあるべし」と述べたという逸話(93)は、当時の社会風潮を示すものとしてよく知られている。実際、「上意」と守護の関係は大きな転換期をむかえていた。

(94)オ　美濃《土岐》・尾張《志波》士貢、守護違乱、殊播磨《山名惣領》・美作《山名入道》・備前《山名少輔》等事、新守護任雅意押領之処、更不及制止沙汰、如無上位(意)、可然人々嗟歎在之、

(95)ク　備後国事、山名八郎可有入国之由、其聞候、事実候者、無是非次第候、若以計略之儀、耀　上意候歟、所詮、山名方之知行三ヶ国事者、悉　上意無為候之上者、於八郎方者、不可有許容候也、恐々謹言、

（享徳三年）十二月十一日　　勝元（花押）

毛利備中守殿

(96)ヤ　一備後知行之事、応仁御乱之時、元就祖父豊元、抛　上意、防州(大内)但州(山名)致一味、遂忠節、（中略）以其忠、但州ヨリ被充行儀候、又従防州ハ、於西条千貫被下置候、

(97)マ　一備後三千貫之儀、応仁御一乱ニ致西方、忠節仕、為本領、従山名殿被下事、付、此時西条千貫、従　御屋形様(大内)被下事、

史料オによれば、嘉吉の乱ののち旧赤松氏分国に入部してきた新守護山名氏は、雅意に任せて所々の押領を重ねて、

「如無上位（意）」き有様であったという。史料クにおいても、山名氏の分国三ヶ国は悉く「上意無為」であったとされている。このような状況は応仁・文明期には一層顕著にあらわれてくる。史料ヤ・マによると、応仁の乱に際し、安芸国人毛利豊元は「拋　上意」て西軍に転向し、その忠節により山名・大内両氏から備後三千貫・安芸西条千貫の所領をそれぞれ宛行われている。もはや十五世紀前半のような「上意」と守護の関係は変質しつつあったのである。

幕府―守護体制が変質するに伴い、それまで在京を原則としていた守護山名氏も、本国但馬に在国することが多くなる。前掲の史料ソでは、康正二年（一四五六）の山内時通の死に際し、嫡子次郎四郎が但馬在国中の持豊のもとに下向して知行安堵をうけたことをみた。当時持豊は、義政の「上意」に違背したとして、享徳三年（一四五四）以来但馬に隠居・在国を命じられていたのであった。[98] 備後国人層にとって、山名氏の本国但馬との結びつきが次第に深まりつつあった。「上意」の優位性が崩れ、守護が「上意」から自立していくにつれて、国人層は守護公権に一元的に結びつけられていくのである。こうなると、山名氏分国全体が本国但馬を中心に一つの有機的まとまりをもって動いていくことになる。備後の政治動向もこのような動きの中に位置づけていかなければならないであろう。但しここで注意すべきなのは、守護公権への一元化ということ自体は、国人層にとって上級権力の一元化を意味するにすぎないという点である。したがって山名氏分国内における権力秩序の再編といっても、それは必ずしも守護権力による分国支配強化を意味するとは限らない。以下、十五世紀後半の政治史を辿りながら、守護公権への一元化と国人層自立化がどう関連しあって進行していくのかを考えてみよう。

[99]ケ　就国之儀、面々暇事雖申候、京都無人事候間、堅相留候処、領掌令悦喜候、仍国之事是又涯分可致奔走忠節由、
親類被官人等能々可被申付候、然者依粉骨、必々可相計恩賞候、猶々頼入候也、謹言、
三月廿日　　　宗全（山名持豊）判

表3　給分関係史料（山名政豊・俊豊期）

	年	文書名	宛先	内容	出典
⑳	文明7(1475)	政豊判物		信敷東西之内増分を給分として宛行う	山内首藤家文書 128
㉑	文明16(1484)	〃	山内新左衛門尉	（播磨）宇野庄内拾分弐・野口内切米8石・当国所々知行分段銭等を給分として宛行う	〃 135
㉒	文明17(1485)	〃	〃	（播磨）国衙内印達南条を給分として宛行う	〃 137
㉓	〃	〃	〃	（播磨）細川庄内冷泉家領を給分として宛行う	〃 138
㉔	長享元(1487)	政豊書状	〃	伊与地頭分を給分として宛行う	〃 140
㉕	明応2(1493)	俊豊書状	山内大和守	信敷西分之内・永江庄を給分として宛行う	〃 163
㉖	明応3(1494)	俊豊判物	〃	太田庄之内桑原を給分として宛行う	〃 165
㉗	明応4(1495)	俊豊書状	〃	苻中真富国衙郷泉田村を給分として宛行う	〃 166
㉘	年不詳	〃	〃	田総地頭分・小童・和智郷・有福を給分として宛行う	〃 171

田総蔵人（豊里）殿

応仁・文明の乱が勃発したとき、西軍の総帥山名持豊（宗全）は、分国の国人層を但馬に集結させ、丹波路を経て京都に上洛させた。史料ケによれば、備後の田総氏は、国人層の多くが「国之儀」につき下向しようとする中にあっても、持豊に慰留されて京都に踏みとどまっていた。備後国人層にとって、京都の戦闘に参加することはそれなりの意義をもっていたであろうが、一方備後国内でも大変緊迫した情勢をむかえていた。というのは、当時持豊の次子是豊は父に離叛して東軍方にたっており、備後国内で持豊方と是豊方の激戦が繰り返されていくことになる。このとき、持豊から給分を与えられてきた山内・田総氏など備後北部の国人層は多くが持豊方にたち、宮・杉原氏など南部の奉公衆系の国人は是豊方であったことが知られる。このような不安定な状況下で、徳政を要求する土一揆が蜂起する。持豊は大内氏家臣仁保弘有の合力を得てその鎮圧に努めた[100]。文明二年（一四七〇）には、持豊は守護代宮田教言を派遣して備後の安定化をはかり、山内氏ら国人層に協力を求めている[101]。こうして文明七年の是豊の敗北・備後退去まで、備後国内で是豊と国人層との激戦が繰り返されていくのである。

備後の安定化は、文明五年に持豊が死去した後、孫の政豊によって成し遂げられる。文明七年以降政豊から山内氏に対する給分宛行が展開している（表3）ように、備後国人層は政豊の統制下に服していった。文明十一年に将軍家の慰留をふりきって但馬に帰国した政豊は、因幡・伯耆に進軍して両国を平定する。さらに政豊は赤松政則から播磨を奪回することに執念を燃やしており、備後をはじめ山名氏分国の軍事力が播磨に結集されていく。山内氏が文明十六年以降播磨国内に給分を獲得していくのは、彼ら備後国人層の播磨参陣に対応するものであったろう。長享二年（一四八八）の政豊の播磨撤退にあたって、備後国人層が最後まで徹底抗戦を主張したといわれる(102)のも、播磨国内の給分を維持するためであったと考えられる。

政豊が本国但馬に撤退した後、政豊と嫡子俊豊との間に対立が生まれ、明応二年（一四九三）には俊豊が備後国人層を率いて但馬に入国し、政豊と合戦を交えている。備後国人層にしてみれば、播磨国内の給分が政豊の播磨撤退と同時に失われたため、これに代わる給分宛行の主体として俊豊を擁立したものであろう。こうして明応年間には、俊豊による給分宛行が展開している（表3）。

このように、応仁・文明の乱以後になると、山名氏の軍事行動が専ら国人層による下からのはたらきかけによって引き起こされていく傾向が強まる。彼らは、何よりも給分の獲得をめざして、山名氏分国内外の戦闘に積極的に参陣していった。彼らは決して守護山名氏を否定しようとしているわけではない。むしろ山名氏に積極的に結びつき、下から突き上げているのである。

一方で備後国支配権が国人層に委ねられていく傾向も、政豊・俊豊のころに顕著にみられるようになってくる。

(103)「備州事、山内大和守（豊成）被申談、被抽戦功候者可喜入候、委細山内可申候、謹言、

（明応二年）閏四月十九日　　俊豊（山名）（花押）
栗屋備前守（元秀）殿

コ⑽
備州諸公事所領等事、従脇〻雖申方候、不可有承引候、
一国中事者、相尋可加下知候、
一今度大和守（豊成）、次郎四郎（直通）、無弐致忠節之条、於無不儀之子細者、国之儀永可申付候也、恐〻謹言、
九月十一日　　俊豊（花押）
山内大和守殿

エ⑽
就国之儀条〻住（注）進趣、得其心候、不始事候へとも、種〻計略尤可然候、被申上候儀、何も相調下候、可然様ニ調法肝要候、仍年内註文以承間之事、其内人給相計候在所とも候、近日下国之事候間、於国任望可相談候、就中舟之儀、被上候由候、喜入候、委細猶二郎四郎（直通）可申候、恐〻謹言、
正月廿一日　　俊豊（花押）
山内大和守（豊成）殿

このころ山名氏の備後国支配は、軍事的にも政治的にもとくに山内氏に依拠する形をとるようになる。史料コにおいて、山内豊成は永く「国之儀」を申し付けられていた。当時豊成が、国人層の山名氏への結集をはかって、備後や安芸の国人たちの間で種々画策していたことが知られる。史料エのように、「国之儀」に関する条々が豊成から山名氏に注進されている。山内氏は知行安堵を求める国人層からの申請を山名氏にとりついだり、逆に山名氏の意思を国

人層に伝達するなどの機能を果たす。さらに延徳四年には備州要脚段銭の「一方奉行」を申し付けられている(106)。着座次第においても備後国衆の中で「座上」の席次を与えられており(107)、山名氏の備後国支配は山内氏を中核として国人層を秩序づけようとするものであったことが分かる。

以上、十五世紀後半の政治過程を概観してきたわけであるが、幕府―守護体制という全国的な武家権力の秩序は大きな変質をとげていたと言えよう。相対的に守護公権の比重が高まり、山名氏分国全体が一定のまとまりを強めていくことになる。しかし、分国内部の支配構造は地域的に均質であったわけではない。本国但馬が全分国の中心となるのは勿論であるが、外縁部である備後国においてはその支配権を国人層にある程度委ねることによって、彼らの軍事力をとくに播磨支配へと結集していった。幕府―守護体制が変質した後の山名氏分国では、このような形で権力秩序の構造化が進行していったと考えられる。

岸田氏が論じた守護段銭の免除・給与や段銭賦課権の移譲も、このような権力秩序の推移の中で捉えるならば、単なる国人層への懐柔策という捉え方では不十分であろう。むしろ守護権力が、給分を媒介として彼らを軍事的にひきつけようとする方策として位置づけていく必要がある。全国的な権力秩序が解体しつつある内乱期においては、軍事的な契機が大きな意味をもつことになるのである。しかしこのような守護権力の方策が、自らの備後国支配を形骸化させていくことにつながるのも事実であろう。岸田氏の言う守護知行制の変質は、十五世紀半ばにおける権力秩序の転回過程の中に位置づけてこそ意味をもちうる。守護段銭の給与・免除を含め、備後国の公的支配権が国人層に委ねられていく中で、彼らの領域的支配が確立していくのである。

十五世紀半ばにおける幕府―守護体制の変質は、地域ごとに多様な権力秩序を生み出すことになった。例えば大内氏分国では、大内氏を頂点とする御家人制度が創出され、守護権力への領主階級の結集がみられた(108)。備後国においても、国人層は守護山名氏に一元的に結びつくようになる。しかしそれは幕府―守護体制が変質していく中で、守護の公権力としての比重が相対的に高まってくるということであって、それが守護山名氏による備後国支配の強化につながるとは限らない。むしろ備後国人層は守護と結びつくことによって、自ら領域的支配を確立する方向を辿っていった。大内氏御家人制にみられるような守護主導の権力編成や、分国支配を実現するための強固な官僚制機構などは、ついに構築されることなく終わったのである。

おわりに

本章では、岸田裕之氏の研究を検討しながら、備後国における守護・国人関係の変遷を辿ってきた。十五世紀前半の国人領では、本領・給分・請地という三つの地種が形成されてきており、国人層はそれを媒介として幕府・守護・荘園領主との間にそれぞれ結びつきを有していたと考える。十五世紀半ば、幕府―守護体制が変質するに伴い、すべての知行が守護による一元的な保証下におかれるに至る。このような中で、とくに給分宛行を軸に守護・国人関係は緊密化する方向にあったと考えられ、国人層は守護分国内外での軍事行動に積極的に参陣していくことになる。一方、備後国支配に関して言えば、守護は国人層に依存する側面を強めていったと思われる。

岸田氏は、十五世紀前半における守護の領国支配の達成を高く評価した上で、十五世紀後半にあらわれる守護段銭の給与や免除を国人層が守護から自立する起点として位置づけている。しかし、国人層はそれ以前から本領部分を基礎に守護支配からの相対的な自立性を保持していたと考えるべきではないか。十五世紀前半段階においては、在京して幕府―守護体制に依拠することこそ、守護が国人統制を実現するカギであったと考えられる。十五世紀半ば以降守護が知行制を一元化し、段銭の給与を含む給分宛行を本格化させていくのは、何よりもこのような全国的な権力秩序が崩れ、自力で国人統制にのり出さなければならなかったからであろう。一方、国人層の側からみた場合、幕府―守護体制の変質と守護による公権一元化という権力秩序の転換こそ、以前から保持していた相対的自立性を基礎に領域権力へと脱皮していく契機になったのではないだろうか。但し十五世紀の末頃までは、守護山名氏の備後国支配はなお実質的な意味をもちつづけていた。守護の権限行使の範囲は限定され、守護支配のあり方が変質しつつも、一国軍事統率権は有効性を失っておらず、国人間の対立等にあたっては山名氏が調停者としてのり出してくる。

しかし、守護が国人層をつなぎとめておく手段を失ったとき、彼ら国人層の地域公権力としての自立が顕在化する。その意味で、山名氏が十五世紀末に赤松氏との播磨争奪戦に敗れたことは一つの契機になったのではないか。備後国人層は山名俊豊を擁立することによって、本国但馬の山名氏と決別するに至るのである。このころ、山内・宮・三吉等の有力国人層は独自に判物発給を開始し、自立した地域公権力として自らを確立させていく[109]。一方で近隣の守護権力たる大内・尼子両氏の勢力が備後にまで及びはじめ、両勢力の衝突の舞台として政治的にも軍事的にも複雑な様相をみせていくのである。

（1）伊藤邦彦「播磨守護赤松氏の〈領国〉支配」（『歴史学研究』三九五、一九七三年）。
（2）今谷明「守護領国制下に於る国郡支配について」（『千葉史学』創刊号、一九八二年、のち今谷『室町幕府解体過程の研究』岩波書店、一九八五年に所収）。
（3）永原慶二「大名領国制の構造」（『岩波講座日本歴史』八、一九七六年、のち永原『戦国期の政治経済構造』岩波書店、一九九七年に所収）。
（4）岸田裕之『大名領国の構成的展開』（吉川弘文館、一九八三年）。

(5) 岸田裕之「守護山名氏の備後国支配の展開と知行制」(福尾教授退官記念『日本中世史論集』、一九七二年。のち岸田前掲『大名領国の構成的展開』に所収)。同「守護支配の展開と知行制の変質」(『史学雑誌』八二―一一、一九七三年、のち岸田前掲『大名領国の構成的展開』に所収)。

(6) 南北朝期の山内氏一族の動向については、岸田裕之「備後国山内氏一族と南北朝の動乱」(『歴史公論』五―九、一九七九年、のち岸田前掲『大名領国の構成的展開』に所収)参照。

(7) 『大日本古文書』「山内首藤家文書」五二。

(8) 「山内首藤家文書」八〇。

(9) 「山内首藤家文書」一三。

(10) 「山内首藤家文書」一五。

(11) 「山内首藤家文書」六三。

(12) 松浦義則「鎌倉末南北朝期における備後山内氏の在地領主制と村落」(『芸備地方史研究』八六、一九七一年)。藤井昭「中世後期備北地方における御頭の『名』について」(広島史学研究会編『史学研究五十周年記念論叢』日本編、福武書店、一九八〇年)。

(13) 「山内首藤家文書」五〇九。

(14) 服部英雄「中世荘園と館」(『日本城郭大系』別巻I、一九八一年)。

(15) 「山内首藤家文書」五一八では、観応元年に惣領通資が公文名半分地頭職を舎弟通顕に譲渡している。

(16) 「山内首藤家文書」一七。

(17) 「山内首藤家文書」六二。

(18) 「山内首藤家文書」二五。

(19) 松浦前掲「鎌倉末南北朝期における備後山内氏の在地領主制と村落」二一頁。

(20) 地毘庄内の八幡宮頭廻体制については、三木靖「備後国地毘庄・藤原姓山内氏一族一揆」(『鹿児島短大研究紀要』一、一九六八年)、武田祐三「室町動乱期における山内首藤氏の領主権拡大――延暦寺領備後国泉田荘をめぐって――」(『芸備地

方史研究』二二七、一九八〇年)、高牧実『宮座と祭』(教育社、一九八二年)参照。

(21) 黒田俊雄「村落共同体の中世的特質」(清水盛光・会田雄次編『封建社会と共同体』、一九六一年、のち黒田『日本中世封建制論』東京大学出版会、一九七四年に所収)。

(22) 「山内首藤家文書」八一。

(23) 「山内首藤家文書」九五。

(24) 村田修三「国人領主の所領形態について」(『月刊歴史』一四、一九六九年)。

(25) 北爪真佐夫「国人領主制の成立と展開」(『講座日本史』三、一九七〇年、のち北爪『中世政治経済史の研究』高科書店、一九九六年に所収)。

(26) 山口県文書館編『萩藩閥閲録』第二巻九四一頁(以下『閥』二―九四一と略す)。

(27) 『広島県史』古代中世資料編Ⅴ一五二頁(以下『県史』Ⅴ―一五二と略す)。

(28) 『県史』Ⅴ―一五三。

(29) 鎌倉期以来の「本領」と足利将軍家により宛行われた「勲功之賞」は当初は厳密に区別される場合もあるが(『県史』Ⅴ―一五三)、ともに室町幕府による保証下におかれて同質化していき、全て「本領」としてくられるようになる(『県史』Ⅴ―六一八)。

(30) 嘉元三年六月十日備後国田総庄雑掌成観地頭代重宗連署和与状・年月日不詳備後国長和庄領家地頭所務和与状(『県史』Ⅴ―一五一・一五二)。

(31) 『県史』Ⅴ―一五四。

(32) 『県史』Ⅴ―一五四。

(33) 『県史』Ⅴ―九三七。

(34) 『県史』Ⅴ―七九八。

(35) 岸田裕之氏は『広島県史』通史編Ⅱ中世の担当執筆部分(三五〇頁)で、これを山名氏の守護請と解し、実際の所務を田総氏にあたらせたものとしているが、史料解釈上無理ではないか。

(36) 『県史』V―六七七。小童保御百姓等の年貢減免要求は前年以来提起されていたものであるが、実効措置がとられなかったため重ねての申請となったのである（『県史』V―七九八）。
(37) 『県史』V―一五六。
(38) 佐藤進一『古文書学入門』（法政大学出版局、一九七一年）。
(39) 石母田正「解説」（『中世政治社会思想』上〔『日本思想大系』二二〕、一九七二年、のち『石母田正著作集』八、岩波書店、一九八九年に所収）。
(40) 『県史』V―一五六。
(41) 『閥』二―九四一。
(42) 『県史』V―一五七。
(43) 『県史』V―一五七・一五八。
(44) これは、田総地頭分について安堵を求めた年月日不詳長井時里目安状案（『県史』V―一五五）に応えたものであろう。
(45) 水野恭一郎「応仁文明期における守護領国」（『岡山史学』一〇、一九六一年。のち水野『武家時代の政治と文化』創元社、一九七五年に所収）参照。
(46) 『県史』V―一一四五。
(47) 岸田前掲「守護山名氏の備後国支配の展開と知行制」、岸田前掲「守護支配の展開と知行制の変質」。
(48) 「山内首藤家文書」八一。
(49) 「山内首藤家文書」八〇。
(50) 「山内首藤家文書」七八。
(51) 岸田裕之「安芸国人一揆の形成とその崩壊」（「史学研究」一四〇、一九七八年。のち岸田前掲『大名領国の構成的展開』に所収）。
(52) 『県史』V―一九五。
(53) 『大日本古文書』「吉川家文書」二四一。

(54)『大日本古文書』「毛利家文書」二二四。
(55)『閥』二―一四三、同三―五五八。
(56)「山内首藤家文書」九一。
(57)「山内首藤家文書」一〇四。
(58)「山内首藤家文書」一〇五。
(59)「山内首藤家文書」一三二・一八六・一九二。
(60)村田前掲「国人領主の所領形態について」。
(61)福田豊彦「室町幕府の御家人と御家人制」（御家人制研究会編『御家人制の研究』一九八一年、のち福田『室町幕府と国人一揆』吉川弘文館、一九九五年に所収）。
(62)『大日本古文書』「小早川家文書」七一。但し『大日本古文書』でこれを山名時氏宛行状としているのは誤りである。時氏は応安四年（一三七一）に死去していたはずであり、発給者は康暦元年（一三七九）以来備後守護であった時義に充てるべきであろう。
(63)「山内首藤家文書」六五。
(64)『県史』Ｖ―六〇四。
(65)「山内首藤家文書」八四。
(66)「山内首藤家文書」九九。
(67)「山内首藤家文書」一一四。
(68)「山内首藤家文書」一二〇。
(69)岸田裕之「室町幕府体制の構造――主として当該時代の賦課―負担関係を通してみた――」（永原慶二編『日本史を学ぶ』二　中世、一九七五年、のち岸田前掲『大名領国の構成的展開』に所収）。
(70)「山内首藤家文書」九二。
(71)岸田前掲『大名領国の構成的展開』。

(72) 岸田氏は『広島県史』通史編Ⅱ中世の担当執筆部分（三四六頁）において、役銭の賦課は在地支配とは無関係であるのに対し、段銭賦課はこれを媒介として国人領への具体的介入を想定しうるとしている。このような対比が可能であるかどうか、岸田氏の主張は十分その根拠を提示しえていない。
(73) 「佐方文書」二三一（『熊本県史料』中世篇第四）。
(74) 「山内首藤家文書」一一九。
(75) 「山内首藤家文書」一三五。
(76) 「山内首藤家文書」一八二。
(77) 「山内首藤家文書」一八三。
(78) 「山内首藤家文書」一一一。
(79) 「山内首藤家文書」一二六。
(80) 「山内首藤家文書」一三六。
(81) 守護領である矢野庄内梶田・本郷・西村の三ヶ村は、文明二年には公用五十貫文であった（「山内首藤家文書」一八〇）のが、文明十五年の『請地日記』では公用九十貫文に増加している。
(82) 「山内首藤家文書」一八四。
(83) 「山内首藤家文書」一八四。
(84) 『県史』Ｖ―八〇〇。
(85) 「山内首藤家文書」九六。
(86) 「山内首藤家文書」一〇二。
(87) 北爪真佐夫「守護領国と荘園制」（『歴史公論』八―八、一九八二年、のち北爪前掲『中世政治経済史の研究』に所収）。
(88) 太田順三「守護山名氏の領国支配の進展」（『歴史公論』八―八、一九八二年）。
(89) 「山内首藤家文書」九三。
(90) 『角川日本地名大辞典』四四　大分県（角川書店、一九八〇年）では、「滝河内」という地名の初見を明応年間の大友政親書状としているが、史料ヰによって永享八年までさかのぼらせることができよう。

(91)『満済准后日記』（『続群書類従』）永享五年九月五日条。

(92)『大日本古文書』「平賀家文書」一四・三二、「吉川家文書」二六四、「毛利家文書」一三五三・一三五四、「小早川家文書」一四・二二・二三・二四・二八、「小早川家証文」三四一・三四三。

(93)『塵塚物語』（『改訂史籍集覧』一〇）。

(94)『建内記』（『大日本古記録』）嘉吉三年五月二十三日条。

(95)「毛利家文書」八〇。

(96)「毛利家文書」二五一。

(97)「毛利家文書」二五二。

(98)『康富記』（『史料大成』）享徳三年十二月三日条。

(99)『閥』二―九四一。

(100)『大日本古文書』「三浦家文書」六二・七六。

(101)「山内首藤家文書」一二四。

(102)『兵庫県史』三、一三八頁。

(103)『閥』二―七〇八。

(104)「山内首藤家文書」一七二。

(105)「山内首藤家文書」一六九。

(106)「山内首藤家文書」一六一。

(107)「山内首藤家文書」一六七。

(108)川岡勉「大内氏の軍事編成と御家人制」（『ヒストリア』九七、一九八二年、本書第三部第四章）。

(109)『県史』Ⅳ―六二二・九九二・九九三、同Ⅳ―九三五・九三八、同Ⅴ―一四三五。

第四章　室町幕府―守護体制と山城国一揆

はじめに

山城国一揆は、三浦周行「戦国時代の国民議会」が議会政治や自治体の起源を探る観点から取り上げて以来、これまで多くの研究が積み重ねられてきた。[1]とくに、国一揆を在地領主制の発展過程の中に位置づけた鈴木良一氏の仕事は、その後の研究に大きな影響を与えた。[2]国一揆と農民闘争や領主制支配との関わりが論じられ、国人と土民の動きをどのように関連づけて捉えるかが中心的な論点となったのである。

その後、鈴木氏の仕事を踏まえて分析を進めた黒川直則・柳千鶴氏らは、とりわけ室町幕府の崩壊過程と結びつけて議論を展開した。[3]国一揆による国持体制は守護権を継承したものと性格づけられ、国一揆が内部矛盾により解体したあとは、守護よりも守護代・郡代の手に権力が下降していって室町幕府の支配は崩壊に向かうと説明されたのである。しかし、これら農民闘争史研究の流れを引いた一連の研究には、国一揆の果たした歴史的役割に対する過大評価が認められる。また、近年の研究では戦国期の幕府や守護がなお地域支配秩序の中心的な役割を担っていたことが明らかにされており、そのことを踏まえて国一揆を位置づけ直していく必要がある。

戦国期の幕府権力を追究した今谷明氏により京兆専制論が提起されると、国一揆研究は新たな段階に進んだ。[4]それまでの研究が幕府・守護を一体的に把握し、それが国一揆を経て守護代や郡代層によって克服されていくとみたのに対し、今谷氏や石田晴男氏、最近では末柄豊氏が、国一揆結成における細川政元の役割を重視し、国一揆を政元による山城領国化という政治的な動きと結びつけて捉えようとしている。(5)このようにして、国一揆研究は農民闘争史研究と切り離され、戦国期の畿内政治史の中に位置づける観点が重視されるようになっていったのである。

こうした研究動向の中で、政治的契機の重視と国一揆の内部構成論との接点をどこに見出すかが問題になるであろう。かつて鈴木良一氏は、国一揆は本来細川氏と無関係に国人自ら組織したものだとした上で、細川政元がこれを政治的に利用しようとしたことを指摘した。そこでは、国人の主体性を基本にすえた上で、政治的な契機が問題にされていたのである。ところが、近年の国一揆研究では国人の主体性や百姓の動向などの議論は後景に退いてしまっている。一方で国一揆を惣国一揆として概念化する有力な見解があるもの(6)の、こちらの議論では逆に政治的な契機とどう結びつくのか明瞭でない。国一揆研究が、上からの編成を強調する見方と下からの規定性を重視する見方に引き裂かれてしまうならば、国一揆を正しく捉えることはできまい。幕府・守護による政治の論理と、国人・百姓たちの地域の論理をどう統一するかが、あらためて問われなければならないと考える。

近年、地域社会の自立的秩序を重視して中世国家を相対化しようとする研究が進展をみせており(7)、山城国一揆は地域社会と国家の関わりを考える上で、依然として重要な研究対象のはずである。それにもかかわらず、山城国一揆五百年を記念する講演・シンポジウムを記録した『山城国一揆』(8)の刊行以後、これを正面から再検討した研究がみられないのはどうしたことであろうか。同書に収められた討論の中で提示された、国一揆の性格づけに関する対立する論点は、その後の研究の中で深められているとは言いがたい。本章では、以上の点を念頭に置きながら、あらためて山城国一揆の歴史的位置づけを探るため、周知の事実も含めて経過をたどり直していくことにしたい。

一　畠山氏の守護支配と細川被官人

京兆専制を説く今谷明氏は両畠山氏の山城退去により細川氏が山城を実質的に領国として掌握する条件が整ったと論じ、石田晴男氏は政元を推戴する国人層を中核とする国一揆の結成は政元による山城領国化過程の過渡的な状況の下で初めて可能であったと述べている。(9) 一方、末柄豊氏は国一揆を京兆専制の背景とみなす今谷説を批判しながらも、国一揆成立により山城から両畠山氏勢力排除という政元の志向が実現したと説いた。(10) 以上の見解には、国一揆と政元との具体的関わりの認識に差異が認められるものの、国一揆を政元による山城領国化と結びつけて把握する点では一致している。

「大乗院諸領納帳」にみえる「今度無為之計略ハ、国中三十六人衆申合之如此成下了、大略細川九郎殿奉公之躰云々」という記述から確認されるとおり、(11) 政元は山城国人層との間に被官関係をもっており、国一揆の中核部分が彼ら政元被官層であったことは事実である。しかし、果たして国一揆の段階で本当に山城領国化の可能性が存在したのであろうか。そのことを検証するためには、議論を細川氏との関係に限定するのではなく、幕府や両畠山氏をはじめ、室町幕府―守護体制を基軸とする中世後期の権力秩序総体と関連づけながら、国一揆を歴史的に位置づけていく必要がある。

その際にとくに考慮すべきだと思われるのが、嘉吉の乱以後の社会状況の変動である。興福寺大乗院の尋尊によれば、将軍義教の代まで維持されてきた興福寺による大和国成敗権が近年退転に及び、また文安・寛正以来、筒井・古市氏らが各種の用銭・人夫などを課して新儀狼藉をおこなったため年貢確保が困難になったという。(12) 室町幕府―守護体制と結びつくことで維持されてきた興福寺の支配が、嘉吉の乱を境に不安定となり、興福寺の統制下にあった衆徒・国民の自立化が顕著になるのである。

南山城地域についても、これと同様な事態を想定することができる。もともと、南山城三郡は興福寺と関わりが強い地域であり、森田恭二氏は宇治川以南が興福寺領としての性格をもつことを指摘している(13)。興福寺の衆徒であった木津執行・椿井氏をはじめ、南山城の国人たちは大和の勢力と深く結びついており、文安四年（一四四七）に興福寺と東大寺が合戦に及んだときには三十人以上の山城衆が戦闘に加わって討死を遂げている(14)。当地域は大和における諸勢力の動静がストレートに影響を与える関係に置かれていたのである。

興福寺の支配権の動揺、国人層の自立化という情勢の中で、南山城地域にとって新たな状況を生み出したのが、畠山氏の山城国守護就任である。それまで山城国守護職は侍所頭人が兼務することが多く、近隣諸国に比べてその変動が激しい。ところが、宝徳二年（一四五〇）に管領畠山持国が守護職を得ると、畠山氏は積極的な分国経営をおこない山城支配を強化して寺社本所領を脅かしてくる。例えば、それまで守護使不入地であった菅井荘では、この年から人夫・伝馬以下の所役が賦課されるようになり、代官職も宝徳年中から畠山方によって押領されている(15)。綴喜郡の大住荘も畠山氏の違乱を蒙っていたようで、同三年には両荘以下の寺社領をめぐって興福寺大衆が大訴をおこなっている(16)。菅井荘の北隣の祝園荘の場合は、畠山持国が守護に就任する以前から畠山氏被官人が代官として違乱をおこなっており、持国の守護就任以後は下狛大西氏による田畠押領が始まったとされている(17)。

守護畠山氏の介入は、山城国衆との間に在地支配権をめぐる競合関係を生むことにもなった。菅井荘代官職は享徳三年（一四五四）に国人椿井氏に申し付けられたけれども、その後再び畠山方の者が代官と称して年貢違乱をおこなっていた(18)。長禄二年（一四五八）五月、興福寺側は当荘を元どおり直務とすることを幕府に訴える申状を提出し、同四年二月にも守護代誉田遠江の押領を退けて直務の復活を求めている。[19] 一方、宝徳三年には、普賢寺の殿原七十余人が畠山持国に抵抗して天王畑に楯籠るという事件が起きている。[20] 守護代遊佐氏は守護に背いた普賢寺侍衆を退治することを命じており、持国による強引な守護支配の開始が、山城国人層を圧迫し、彼らの反発を強めていたことがうかがえるのである。

畠山氏のこのような動きもまた、室町幕府―守護体制の変動を背景にしていた。嘉吉の乱後の幕府政治では、「上意」が実質的に不在という状況の下で、交互に管領を務めた畠山持国と細川勝元の二人が幕政の主導権を争っていた。そのような中で、「畠山権勢無双也」[21]と表現されるほどに持国の権勢が高まりをみせていくのであり、畠山氏に対抗しうる勢力は細川氏しか見当たらないというのが当時の情勢であった。まもなく（享徳三・一四五四年）、畠山氏の内部では持国の後継者をめぐる争いが生じる。この抗争の背後には畠山氏の強盛を喜ばない細川勝元がおり、勝元は持国の子義就を牽制するために、従兄弟の弥三郎、さらに政長を扶持したとされる。その結果、義就と勝元は険悪な関係に陥り、義就被官と細川氏被官人の衝突も起きるのである。[22]

畠山義就と細川勝元の対立は、畿内の国人層にも大きな影響を与えた。康正三年（一四五七）九月、義就の家臣誉田金宝の軍勢が、木津氏退治の幕命をうけたとして南山城に出兵するという事件が起きる。『経覚私要鈔』には、このとき木津・田辺別所氏らを被官化していた細川勝元が自ら暇を申し入れて下向しようとしたが、将軍義政がこれを制止したため誉田の下向になったものかと記されている。[23] このとき畠山軍やこれに呼応する越智家栄の軍勢が木津に進出しようとしたのに対して、「山城衆十六人」は連署一揆して木津氏に加勢し、細川氏も木津氏を扶持する構えをみせた。[24] 細川方の西岡衆も田辺に駆けつけて畠山勢と合戦に及んでいる。ところが、木津氏退治が実は幕命によるものではなく、義就が「上意」と偽って軍勢を催したものであったことが露見して、山城国衆は事なきをえるのである。[25]

この事件の二カ月余り前にも、畠山氏は「上意」と号し勝手に軍事行動を起こして将軍義政の立腹を招いている。(26)畠山氏の守護支配の強化は、それ自体が幕政の掌握を背景としており、幕府—守護体制の枠組を最大限利用しながら進められていたのである。一方、これに対抗する国衆たちは連署一揆に基づいて地域的な結集をはかっており、その動きの中心が細川氏の被官人であったことから細川氏もこれを扶持する構えをみせた。これは基本的に後年の山城国一揆の構図と一致しており、ここにみえる十六人衆がのちの国一揆の中核部分を構成していくものとみてよいであろう。木津氏などは嘉吉年間には古市方に立って筒井方と交戦していたが、古市・筒井氏がそれぞれ畠山・細川と結んで対立するようになる中で、義就—古市方から離れて逆に細川—筒井方に転じていったのである。

山城国衆と細川氏との結びつきは以後も継続して認められる。長禄元年（一四五七）十月、南山城の土一揆が北上の動きをみせたとき、管領細川勝元は山城面々、中でも木津・田辺以下八頭に対して警固を命じた。当国守護である義就が土一揆の鎮圧をはからないのに対して、細川氏の振舞いは守護のようであると『経覚私要鈔』に記されている。(27)

長禄四年（一四六〇）九月、畠山義就が将軍義政の勘気を蒙って没落したことで、十年余りつづいた持国・義就による圧力は一旦途絶える。後任の守護には細川勝元に庇護された畠山政長が就任したが、政長の守護支配は長つづきせず、寛正五年（一四六四）には山名是豊が守護に就任している。こうした守護職の交替にもかかわらず、木津・田辺・狛氏らは、細川氏との被官関係を維持しつづけた。やがて義就・政長の抗争が激化して応仁の乱が勃発すると、彼らは守護権によってではなく、細川氏との被官関係に基づいて東軍に属した。狛氏について確認されるように、彼らは細川勝元に軍忠状を提出して、勝元から感状を給付される関係を保持している。細川氏との被官関係は、幕政の展開に伴って何時でも交替しうる守護支配とは別に、より安定的な関係として維持されていくのである。

応仁二年（一四六八）、「東方奉公山城国十六人衆」が狛野荘を押領し、下狛の大北・大南氏が菅井荘を違乱するなど、国人たちの押妨によって南山城の興福寺領は不知行という事態に立ち至った[28]。同じ頃、山科七郷などでは郷民の一揆が東軍の一部に組み込まれていたことが知られるが、南山城では十六人衆という細川氏被官人の地域的結集体が東軍の主力をなしていた。そして、彼らは戦乱状況を背景に寺社領の押領を進めていったのである。

ところが、文明二年(一四七〇)七月、西軍の大内勢の進攻によって南山城の東軍は悉く敗退させられ、十六人の細川方被官も十二人が西軍に降参し、残りの四人(木津・田辺・井手別所・狛)も没落を余儀なくされたという[29]。翌年六月にも、大内勢は山城国衆が椿井上山に築いていた新城に攻め寄せて、楯籠っていた狛下司・普賢寺中・下狛大北・田辺別所の四人を討ち取っている[30]。西軍から守護に補任された畠山義就が、山城国内で頻りに半済を徴収しはじめるのも、この頃からである[31]。細川氏に被官化することで権益を維持する方式は、ここに大きな躓きをみせたのである。

以上に述べてきたとおり、山城国人の細川氏への被官化の動きは、政元の時期になって初めて現れるものではなく、国一揆結成より三十年ほど前までさかのぼる。十五世紀半ば以降、畠山氏が守護公権を根拠に軍事的支配を強める中で、その圧迫をうけていた山城国衆はこれに対抗するために、連署一揆と細川氏への被官化の動きをみせたのである。それは、守護の支配下に組織されることに抵抗する国人たちが、自立性を維持するために選び取ろうとした道であり、彼らの主体的な選択の延長線上に後年の国一揆を位置づけることができるのではないだろうか。したがって、国一揆の成立を専ら政元の山城領国化の進展という尺度から評価する見方には賛同しがたい。

これ以降、被官人の統制を通じて影響を及ぼす方式が細川氏の当地域に対する基本的な関与の仕方となっており、それは守護職を根拠とする畠山氏の分国支配方式とは区別されなければならない。被官人統制の論理と守護支配の論理の原理的な差異に注意しながら、双方がどのような関連をもちながら事態が推移するかをみていく必要がある。一方、当地域に根強い権益を有する興福寺などは、守護勢力を排斥して直務支配の回復を求めており、それが後年の国一揆に際して寺社本所の直務回復を求める国掟法に結実することになる。さらに、興福寺に連なる大和国人層は、両畠山方に分かれて権益の確保をはかり、幕府もまた後述するような山城料国化政策を展開していった。このように南山城地域では、守護支配の強化と被官関係の維持を軸に、諸勢力が多元的な関係をもちながら競合を深めていくのである。

二　山城料国化政策の展開

山城国は前述したとおり侍所頭人が守護職を兼任することが多く、しばしば半済実施の対象となり、また幕府料所が所々に分布するなど、幕府支配にとっても重要な拠点であった。南山城の国人の中には、槙島氏や宇治大路氏など幕府奉公衆であったことが確認される者もおり、政所執事を務める伊勢氏に被官化した者もみられた。応仁の乱の最中、応仁元年（一四六七）八月に山城西岡の寺社本所領に半済が課されて半済分は細川勝元に与えられたのをはじめ[32]、翌年五月には山城・近江・伊勢の寺社本所領の半済分が武家（足利義視）の「御料所」に定められ[33]、これに対抗して西軍の山城守護畠山義就も寺社本所領の半済分の借用を申し入れている[34]。また、文明六年（一四七四）に山名政豊が守護に就任した際には、西岡などの寺社本所領が「一乱中」彼に与えられるのである[35]。

応仁の乱が終結すると、それまで南山城を制圧していた西軍（とくに大内勢）が撤退したことで、細川氏被官人の山城帰国、畠山政長の守護復帰が実現して、山城において幕府―守護体制を再建する条件が整った。このような中で、室町殿・土御門内裏をはじめとする所々の殿舎復興、さらに文明十四年（一四八二）以降の東山山荘の造営開始により、山城国内には段銭や人夫役など大きな負担が課せられることになる。[36] 政長が守護に復帰してまもない文明十年（一四七八）七月、幕府は「諸国御料所大名守護代以下押領」という事態を理由に、山城の寺社本所領に対して五分一済を命じた。[37] これをうけた守護政長は、当国は「御料国」であり五分一を公用として納付すべきよう譴責をおこなっている。[38] これ以前、応永六年（一三九九）に山城守護結城満藤が没落したとき「山城国事、為料所」新守護京極高詮に預け置かれたことがあるが、[39] 大乱後に幕府の全国支配が後退する中で、それまで以上に山城の荘園領主に犠牲を強いる形で幕府経済の維持がはかられていくのである。

　このようにして企図された山城料国化であったが、これを支えるべき畠山政長による守護支配は、畠山義就方の前に圧倒されつつあった。応仁の乱後、幕府―守護体制から離脱したまま河内に帰国した義就は、そのまま幕府に敵対する姿勢をつづける一方、内々足利義政に申し入れて山城国内寺社本所領の五分一済を中止させるなど、寺社本所側の不満を背景に山城国内にも影響力を伸ばしていた。面目をつぶされた政長はこのとき郡代を引き揚げさせており、[40] 幕府に対し不信感を強めていくことになる。その後、義就はたびたび山城に軍勢を進攻させており、とくに文明十四年以降は、南山城一帯を広く制圧した。「山城国右衛門佐（畠山義就）殿知行之処、寺社本所領悉以雖被抑留、於春日社興福寺領并八幡領者、不可被成其綺之由」[41] とあるように、義就による国知行の下で寺社本所領の押領が進行した。義就は興福寺・春日社・石清水八幡宮領については保護を約束したが、これらの荘園でも義就方被官人による押妨や新儀課役の賦課がつづいたようである。一方、政長は幕府軍の出動要請をはかったり、河内や大和の軍勢を投入したりして、守護支配権確保に腐心した。しかし、義就方が優勢で、「山城国悉以畠山右衛門佐方ニ成了、左衛門督（政長）方ハ大略如無」[42]「山城悉以畠山右衛門佐方ニ打取之了、自宇治南分ハ知行」[43] というように、義就方の攻勢の前に宇治川以南の三郡は幕府支配が及ばない状況が展開していった。幕府は宇治川以南の寺社本所領に半済を適用して政長方を支えようとし

ている。(44)

幕府にとって山城の重要性が高まる一方で、山城支配を担うべき政長の守護支配が機能不全に陥ると、畠山氏勢力に依存せずに山城支配をおこなうことが検討されていくことになる。同十三年、義政は政長に代えて侍所頭人赤松政則を「御料国御代官」(「御料所御代官」)として山城国守護に任用しようと策した。(45)赤松はこれを辞退し、「御料国」支配の仰せは面目至極としながらも、上洛の命令には応じなかった。(46)同十五年にも、政長の守護支配が実効性に乏しいとして武田国信の守護補任がはかられるが、武田氏に辞退されて今度は侍所所司代浦上則宗の登用をはかっている。(47)いずれも伊勢氏の画策によるものであったという。翌年、幕府は山城を「御料国」とし、伊勢氏に国奉行を委ねるのである。(48)幕府は寺社本所領の半済分を幕府料所とし、山城守護ないし国奉行をその代官に任用しようとしたのであり、これが山城料国化の内容であったと考えられる。

文明十七年(一四八五)七月、義就方の山城国大将であった斎藤彦次郎が政長方に寝返ったことは、政長方を勢いづかせた。十月、筒井・十市氏ら大和の牢人衆が山城に出張し、斎藤も宇治より発向した。これに対抗して、義就方では誉田勢が山城に進攻し、大和の古市も出陣した。南山城地域は両畠山方の戦闘の最前線に位置づけられ、政長方の斎藤・筒井・十市氏ら千五百の兵と、義就方の誉田以下河内勢七百・古市勢三百が、それぞれ兵粮米を徴発しながら睨み合いをつづけたのである。

畠山両軍が進攻して戦闘が長期化の様相をみせると、京都と南都の交通が遮断され、人夫・夫銭・兵粮などが所々に賦課され、諸荘園の押領も激化した。これは、興福寺などの荘園領主はもとより、山城料国化をはかる幕府にとっても好ましからざる事態といえる。また、地元の国人たちにとってもこれは迷惑な事態であった。彼らは否応無くどちらかにつくことを迫られたとはいえ、決して両畠山氏に強力に組織化されていたわけではない。前述したとおり、義就は山城国衆に圧力を加えて反発を生み、彼らの多くを細川氏の配下に追いやる結果を招いていた。義就軍の主力は、河内の誉田勢や大和の古市・越智勢なのである。一方の政長方にあっても、義就方以上に国内の勢力基盤は弱体であった。政長軍の主力は義就方から転じた斎藤氏や大和の筒井・十市勢であり、政長方に立つ山城国人も多くは細川氏の被官人たちであった。細川被官人の一人木津氏などの場合、義就方・政長方の双方に軍勢を派遣しており、山城国衆と政長方の結びつきは強いものではなかったことがうかがえる。「山城両陣ハ自他令迷惑云々、如今者各可退散歟云々[49]」とあるように、参陣する者たちも、これを支える側もともに迷惑と感じられるようになっていったのである。

両畠山方の睨み合いがつづく中で、事態を収拾するために、細川氏の役割が注目を集めていくことになる。『大乗院寺社雑事記』にみえる「城州事為上意被仰出細川歟之由風聞[50]」とする記述は、従来から国人層と被官関係を築いてきた細川氏の守護起用を意味すると解するのが自然であろう。山城料国化をはかる幕府が、両畠山氏をともに排除するため、政元の守護補任を検討していたことはありえない話ではない。そして、尋尊が「此条御成敗尤可然歟」と述べているように、これは興福寺など寺社本所勢力にとっても歓迎すべき動きであった。政元による山城支配を求める動きは将軍家周辺から出てくるのであり、両畠山氏の排除を政元による山城領国化という視角からのみ評価する見方は一面的であることが分かる。

国一揆が結成される以前、応仁の乱中の大内勢の進攻、乱後の義就勢の進攻、そして他国衆を主力とする両畠山軍の睨み合いという情勢変化の中で、地元の国人たちは次第に排除される傾向にあった。このことは、彼らを被官化することで培われてきた細川氏の影響力の衰退につながる。国一揆結成前夜の南山城地域において、政元が山城領国化を視野に入れる条件はなかったと言わなければならない。しかも、長期対陣の終結、両畠山軍の排除という課題は、政元の守護就任によってではなく、細川氏被官人を中核とする国一揆によって実現することになる。

三　国持体制と幕府―守護体制

文明十七年（一四八五）十二月、山城国衆は一味同心して両畠山軍の撤退を強く申し入れ、要求を受け入れない場合は国衆として攻撃する構えを示したため、両軍はやむなく撤退に応じた。このとき、国人たちは畠山軍の撤退を勝ち取るために、一方で自らの軍事力の行使をちらつかせながら、他方で越智氏配下の岸田数遠に礼銭を送って仲介を求めるなど、硬軟取り混ぜた交渉力を発揮している。その結果、国一揆は双方から去状を獲得して、守護不入権を合法的に手に入れることに成功した。これに激怒した畠山義就は、椿井氏に切腹を命じ、軍勢撤退を取り持った越智氏とも関係を悪化させていくことになるが、もはや山城国内の権益は放棄せざるをえなかった。宝徳二年（一四五〇）の畠山持国の守護就任より山城国一揆に至るまで、応仁の乱の一時期に山名是豊・政豊が補任されたのを除いて三十五年間にわたり断続的に展開してきた畠山氏の守護支配は、こうして終わりをつげるのである。

このように、両畠山氏の排除という課題が、細川氏の手によってではなく、国一揆自身によって実現されたことは、事態の本質をよく示している。国一揆の中核となった「三十六人衆」（「三十八人衆」とも）が大略細川政元に奉公する被官人であったとしても、政元の役割を過度に強調することは、国人たちが地域的結集をおこなって一揆を起こした事実を軽視しているように思う。この運動の主体はあくまでも国人たちであり、彼らは何よりも一揆の力で国持体制を実現したのであって、その自立的な性格は明らかであろう。寺社本所側が「凡神妙、但令興成者、為天下不可然事哉」(51)と述べたように、基本的にこれを歓迎する姿勢をみせながらも、国一揆の力が過度に拡大することに対しては警戒の目を向けざるをえなかったのもそこに起因している。

さて、国人たちは集会を開いて「国中掟法」を定め、「月行事」など惣国の組織を整えて国持体制を確立した。これ以後、惣国が行使したことが知られる検断・半済・交通路管理などの権限については、守護権の継承とする理解が有力である。国持体制が畠山氏に交渉して去状を獲得した上で成立したものである以上、守護畠山氏の手に握られていた権限を肩代わりする面をもったことは間違いあるまい。もちろん国一揆と守護権力との構成原理は異質であるが、そのことは両者の間で権限委譲がなされたことと矛盾するものではない。国一揆は幕府から守護職に補任されたわけではなく、したがって国一揆を分郡守護の一つに位置づけるような理解は誤りであるが、補任がなければ守護権とは言えないとするような意見も形式的にすぎよう。[52]

中世後期の守護権については一国知行権（国成敗権）と捉えることが可能で、守護職はこれを幕府側から表現したものと言える。そして、室町段階では守護職補任がなければ一国知行権を確保できなかったのに対して、補任手続きなしに一国知行権を確保しうるのが戦国期の状況であった。現に、応仁の乱後、幕府に敵対したまま河内に下向した畠山義就が、「守護」と呼称されていることを確認することができる。[53] 国一揆の場合は、宇治川以南の三郡についての守護権（三郡知行権）を継承していたと捉えられる。

しかし同時に、国一揆が行使した諸権限は、単に守護権からの継承に尽きるものではなかったろう。近年の研究では、畿内近国において在地的な保障体制を下から作り出そうとする動きが広くみられたことが指摘されている。[54] 南山城三郡にあっては、畠山氏の守護権を排除することによって、在地の側が守護権を包摂した地域的な社会保障システムを作り出したとみてよいのではなかろうか。現実には、何が守護権であり何が在地の中から生み出されたものかを弁別することは困難であるが、「下からの公」形成の動きが守護公権を含み込んだものとして、国持体制を捉えることができるように思われる。

在地的な社会保障システム形成の動きが国持体制を実現したとなると、幕府—守護体制を基軸とする中世国家の支配とどのような関係を取り結ぶかが直ちに問われてくることになる。史料をたどる限り、当初、幕府や細川氏、荘園領主などは国持体制を弾圧する姿勢をみせていない。それどころか、文明十八年（一四八六）十一月、狛野荘刀禰延命寺が河内畠山義就の許可をうけたと称して加地子以下の持分を無沙汰し、狛下司が義就から下知状をもらってこれに対抗しようとしたとき、尋尊は両畠山の去状が出されている以上あくまで国人らの手で成敗すべきだと主張している。

このように、中世国家と国一揆が直ちに敵対的な関係に陥ったと考えることはできない。これは国衆の主力が政元の被官ということもあろうが、何よりもそれまで南山城地域をおさえていた義就流畠山氏が排除されて寺社本所領支配が回復されたことが大きいのではないか。南山城地域の安定を確保することは中世国家にとっても至上命題であったはずであり、両畠山軍が排除されたことは、寺社本所をはじめ幕府や細川氏にとってもとりあえず歓迎すべき事態であったろう。国一揆が中世国家からひとまず容認された理由は、幕府—守護体制による山城支配が困難な状況を巧みに衝いた点にあったと考えられる。

しかし、このことは幕府—守護支配と国持体制の共存を意味するわけではない。国持体制が守護権の継承を基軸に生み出されたものであった以上、幕府—守護支配は南山城三郡には直接及ばない事態が生じる。惣国が幕府料所分の年貢拠出を検討していたことも指摘されているが、これは惣国の側で主体的に判断がなされているのであって、幕府—守護体制による支配が存続していたことを示すものではあるまい。また、国一揆の中心メンバーが細川氏被官人であったという事実も、幕府—守護体制と国持体制の異質性を曖昧にしてよい理由にはなりえない。

国持体制の成立により幕府―守護支配が機能しえない状況にあったとすれば、中世国家にとって重要になるのは細川氏による被官人統制を通じて惣国へ影響力を及ぼすことであった。明応元年（一四九二）十月、山城国人百人が同心・申し合わせて新関を設置したとき、狛野荘・木津荘から訴えをうけた興福寺は、細川氏のパイプを通じて新関の撤廃を実現している。(55) 畠山氏の支配権を排除したのち、国衆が国掟法に示された基本原則を次第にはみ出る動きが顕著になる中で、細川氏は国人らに自重を求めたのである。但し、細川政元は被官人統制の原理を超えて、それ以上に積極的な影響力の行使をはかったわけではない。幕府―守護支配の後退に伴い、細川氏の役割は以前にまして重要性を高めたと言えるが、それは守護職を根拠とする分国支配とは区別されなければならないであろう。国持体制は細川氏の被官関係に還元されるものではないし、被官人統制の論理が守護権を引き継いだ国持体制より優位に立ったわけでもない。政元の役割を過大に評価すべきではないことが知られるのである。

四　三十六人衆と惣国一揆

以上の考察を踏まえた上で、山城国一揆の性格規定をおこなうとすればどうなるであろうか。とりわけ国一揆の中核となった三十六人衆をどうみるか、彼らの性格に関して上からの契機（細川氏との被官関係）と下からの契機（村落との関係）をどう統一的に把握すべきかがポイントになる。

前述したように、南山城の国人たちが細川氏と結ぶ動きは一四五〇年代から認められた。彼らは細川氏に被官化することにより、畠山氏による守護支配の強化に対抗して、権益確保をはかったのである。そして、彼らは文明二年（一四七〇）までは「十六人衆」という名称で呼ばれていた。恐らくこれが、同十七年の国一揆結成のとき認められる

「三十六人衆」に発展していくのであろう。ところで『大乗院寺社雑事記』には、国持体制解体後の明応八年（一四九九）九月、前年来山城に進攻していた畠山尚順勢を細川方が撃退したとき、「三十六人山城衆」が帰国を果したとする記事が認められる(56)。この段階においてもなお、「三十六人衆」というまとまりが存在していたのである。したがって、守護支配から自立的な国人たちのまとまりは、五〇年代から七〇年代には「十六人衆」として把握され、それが八〇年代から九〇年代になると「三十六人衆」へと発展していったと捉えることができる。

このように理解するならば、「三十六人衆」はそれ自体必ずしも国持体制と結びつけて性格づけられるべきではないと考えられてくる。国一揆が「三十六人衆」を中核に結成されたものであったにせよ、「三十六人衆」を国一揆と一旦切り離して把握する必要が生じるのである。これを考える上で興味深いのは、『経覚私要鈔』にみえる「摂州国人卅六人、背守護属大内(57)」という記事である。応仁の乱中の摂津で、三十六人の国人たちが守護細川氏に背いて西軍の大内方に寝返ったことを示している。山城のみならず摂津においても、三十六人というまとまりをもつ国人の結集体が存在しており、守護支配に対抗して自立的な活動をみせていたのである。

最近、近畿地方特有の村落組織としての「衆」について論じた福田アジオ氏は、衆にはその人数（定員数）を名称の中に含んでいる場合が多いことに注目している(58)。この議論は、「十六人衆」や「三十六人衆」を考える上でも示唆的である。南山城で地域社会秩序の中心をなした国人たちが、たまたま十六人あるいは三十六人いたということではなく、国人組織には十六人・三十六人という定員があったと思われるのである。ここからは国人組織と村落組織の質的な共通性が認められ、国人と村落組織は密接な関係をもっていたことがうかがわれる。彼ら国人たちは、「衆」という自立的なまとまりを構成しながら上部権力に結びついていたと考えられるのである。

そして、「三十六人衆」の背後には、さらに多くの侍衆が存在していた。例えば、宝徳三年（一四五一）に守護畠山氏に抵抗する動きを示した「普賢寺殿原七十余人」（普賢寺「侍共」）などがそれである。[59] 文明十九年（一四八七）に菅井荘夏麦を違乱した「石垣之郷侍共」なども同様な存在であろう。[60] 国一揆結成にあたって集会を開いた「上ハ六十歳、下ハ十五六歳」[61]の山城国人というのも、定員の限られた「三十六人衆」ではなく、当地域のすべての侍衆を指しているとみられる。こうした国人全体の寄合が開かれて「国掟法」を制定することにより国持体制が確立したのであろう。国持体制の終盤にみられた「山城国人百人」が同心・申し合わせて新関を設置し、[62]「国衆共数百人」が古市勢と合戦に及ぶという事態からも、国一揆に参加した侍衆の広がりがうかがえる。[63] 一方、室町幕府は、国持体制を解体させるために各「郡諸侍中」に宛てて奉書を発給し、伊勢貞陸の守護支配に服するよう命じている。[64]

従来、彼らの性格をめぐっては、いわゆる国人領主として捉える意見と土豪として捉える意見がある。しかし、領主的側面を本質とみるか村落指導者的側面を重視するか、という二者択一的な視点ではその性格を正しく把握することはできない。当時の京都周辺では、郷村勢力が幕府・守護の軍事力に組み込まれる場合さえあり、複雑な政治状況の中で山城国人たちの行動様式は決して固定的なものではなかった。畿内地域においては、国人と土豪を厳密に区別する議論は、あまり有効だと思われないのである。

むしろ、このような国人＝侍衆を「地下の侍」として把握しようとする近年の研究が考察の手がかりになる。[65] 十五世紀の畿内先進地域においては、経済発展の高まりや農民層の成長を背景に、惣村の運動の中から地下の侍が多数生み出されていた。村落内における侍分の比率は一〇～二〇パーセントにも及び、彼らは荘園所職に拠り所を求めるよりも、「侍」という新しい身分呼称を自ら使用しながら村の軍事力発動の中心に立った。そして、彼らは被官化によって領主階級の一翼に連なりつつも、惣村の中になお存立基盤をもちつづけていたことが説かれている。

国一揆の起きた南山城地域が京都と南都を結ぶ交通・流通の要地であったことからみて、ここでも当然こうした殿原・侍衆が広範に簇生したとみて間違いあるまい。彼らの地域的結集が進む中で、その指導的立場に立ったのが「三十六人衆」であったと考えられる。実際、「三十六人衆」の背後には数百人にものぼる地下の侍衆がおり、彼らは郷村を足場に個別荘園の枠を越えた地域的結集を成し遂げていたのである。

「衆」のあり方に示されているように、国人たちは村落とも密接な関係を有していた。狛氏が下司・公文職を兼任し、狛一族の延命寺氏が刀禰職を務める狛野荘の場合、この三職の下で活動する南北の両沙汰人は狛氏と椿井氏の被官人に組織されていた。文明十五年、義就方の斎藤勢が狛城を落として南山城を制圧したとき、狛氏の逐電とともに狛野荘は不作になっており、斎藤方は逃散した下百姓に対して還住を命じている(66)。国一揆の中心メンバーであり細川氏被官人の一人でもあった狛氏と、荘民との深い結びつきがうかがえよう。国人たちは幕府・守護権力と結びつきを保つ一方、下級荘官職を保持して村落結合とも密接な関係を保持していたのである。国一揆結成に際しては、こうした関係を踏まえて国人集会が土民の群集に対して主導的な役割を果しえたと考えられる。「国掟法」に掲げられた、両畠山軍の撤退、本所の直務回復、新関停止などの要求は、土一揆とも共通する面をもっている(67)。

一方、両畠山方排除・直務支配回復という方向は、国人たち自身の直接的な利害とも合致するものであった。寺社本所領の直務実現に際して、「殊更大和以下之他国輩、為代官不可入立之云々、於成物者、荘民等不可致無沙汰」と定められた内容からは、在地支配の回復をはかる地元の国人層の主導性が目につく(68)。実際、国一揆成立により、それまで国外にいた国人たちも山城に還住しており、国掟法の制定を踏まえて個別に荘園支配の再建方式について交渉が開始されていく。狛野荘加地子方の場合、興福寺はまず沙汰人と十二番頭に奉書を発給して直務への協力を求めた(69)。ところが、沙汰人や十二番頭ばかりでは荘園支配は実現できなかったらしく、十二番頭は還住してきた狛氏ら三職中にも奉書を発すよう求め、このことを沙汰人から伝え聞いた興福寺は早速奉書を給付している(70)。狛下司は代官請を望み、これを許さない興福寺に抵抗して一旦は名主等指出の提出を拒否する姿勢を示したが、まもなく加地子帳を指し出して直務体制がスタートするのである。

狛氏の例からも分かるように、国人たちにとって、直務回復は他国衆の代官支配を排除するための建前という面が強く、本音は自身の代官就任にあったとみられる。これは、椿井氏が同じ狛野荘加地子方の代官職を望み[71]、大西氏が祝園荘、大南氏が菅井荘の代官職をそれぞれ所望していることからうかがわれよう[72]。しかし、国掟法が寺社本所の直務を原則に掲げた以上、国人層の動向はこれに縛られざるをえず、彼らがこれに乗じて権益を拡大することを制約する面をもった。それでも、長らく大西氏によって押領がつづいてきた祝薗荘の場合は、以後十年間に限って代官職を認めること、それ以後は押領分も含め寺社に返付することで話がついており、菅井荘でも同様の方式を所望する大南氏との間で交渉がおこなわれている。

「地下の侍」論が説くように、武家への被官化は彼らの一面にすぎない。南山城の国人たちの多くは畠山氏の守護支配に抵抗して細川氏と結びついたが、それとても彼らが主体的に選び取ったという側面が強いように思われる。後年、国一揆が武力弾圧により解体するとき、山城国衆はもはや細川氏は頼りにならずとして赤松氏と結ぶ動きをみせており、国一揆の中核をなす政元被官人にとってさえ、細川氏との絆は絶対的なものではなかったとみられる[73]。当地域には義就方に立つ椿井氏や、伊勢氏の被官であった進藤氏などもおり、細川氏に一元的に結びつけられていたわけではなかったのである。

以上のことからみて、国一揆の歴史的性格は、何よりも国人層の主体性を根本にすえて論じられなければならない。しかも、それは南北朝期からみられた国人領主の一揆などと異なり、十五世紀畿内の地域状況に強く規定されて生み出された動きなのである。こうした点を踏まえて山城国一揆を性格づけるならば、これを国人一揆とか細川氏の被官人一揆と把握するのではなく、やはり惣国一揆として理解するのが最も適切であろう。[74]百姓らの支持を背景とし、本所の権威を利用しながら、侍衆自身の力を原動力にして両畠山軍の撤退を勝ち取ったと考えられるのである。

五　幕府―守護支配の再建と国持体制

国一揆結成からまもない文明十八年（一四八六）三月、幕府は山城国守護職を伊勢氏に与えようとしたようで、これに伴って伊勢氏の被官が寺社本所領の請所化をはかる動きがみられた。[75]同年五月には幕府は山城国を「料国」として伊勢貞陸を守護に任じ、[76]翌年十一月になると貞陸の父貞宗を守護とすべきことが決定された。[77]しかし、この段階では伊勢氏の守護支配は実効性をもたず、南山城三郡は引きつづき惣国の成敗によって知行されていた。幕府は国一揆成立以前と同様、山城料国化を基本政策としており、伊勢氏を通じて管理する方向を追求しつづけていたとみられるが、この試みは国持体制の前に再三にわたって阻まれたのである。

しかし、やがて幕府―守護体制による支配を南山城地域で再建しようとする動きが本格化していく。明応二年（一四九三）正月、伊勢氏は将軍義材の河内出陣に備えて菅井荘に対し「守護役人夫」を出すことを命じた。[78]同年八月、幕府はあらためて山城国を「御料国」として伊勢貞陸に仰せ付けたことを示した上で、伊勢氏による寺社本所領の守護請支配に従わない者の処罰を通告している。[79]国人の間ではこの方針に抵抗する動きが絶えなかったため、幕府は各「郡諸侍中」に宛てて奉書を発給し、抵抗する者の処罰を宣言したのである。幕府―守護体制による圧力がこうして強まる中で、八月十八日、国人たちは伊勢氏の守護職を容認することを申し合わせた。[80]国一揆が伊勢氏の守護職を承認したことは国持体制の後退と言えるが、それ自体が国人らの申し合わせにより決定されており、国人たちの地域的結集はなお存続している。彼らは伊勢氏の守護支配を承認する姿勢を示すことで、国持体制を実質的に存続させようとはかったのではなかろうか。

九月五日、伊勢氏勢力が西園寺氏領三个荘に入部をはかるが、地下の抵抗により入部できず、面目を失った伊勢氏は守護職を辞退することもささやかれた(81)。このような中で、幕府は古市澄胤に相楽・綴喜の二郡を知行することを命じた。古市氏はまもなくこれを根拠に南山城進攻を開始し、これに抵抗する国衆数百人と稲八妻城で合戦に及んだ。古市方に転じた国衆も生まれたが、細川被官人たちの多くは古市氏の郡代井上近江守と戦って討ち取られ、ここに国持体制は解体するのである。国一揆の解体に関しては、これを専ら内部分裂から説明する見解がみられるが、国持体制を解体して幕府―守護体制の再建をはかろうとする圧力が強まる中で内部分裂が生じたとみるべきであろう(82)。

なお、古市勢に加勢して畠山基家の家臣誉田氏の軍勢も来援している。古市と誉田といえば、かつて国一揆が排除した畠山義就軍の主力である。彼らが南山城地域を制圧したということは、国一揆結成以前の状態へ復帰したとみることもできる。実際、古市氏の成敗が認められたのは十六宮から天神森の古場までで(83)、これはかつての義就の支配地域と重なる。しかし、国一揆結成前と異なるのは、畠山・古市氏を幕府―守護支配の中に組み込んでいたことである。

そもそも、明応二年（一四九三）九月の古市勢進攻は、半年前の明応の政変がなければありえなかった。この政変で、細川政元は河内の畠山攻めに出向いていた将軍足利義材を廃位し、これを機に義就流畠山方や古市氏は室町幕府―守護体制の秩序内部に組み込まれた。そして、まもなく古市氏は南山城の郡知行権を公的に獲得し、これに基づいて南山城進攻を敢行したのである。このように、義就流畠山氏の山城支配に抵抗する国人たちが中心になって起こした国一揆は、義就流畠山氏と古市氏の幕府―守護体制への復帰に伴って解体したのである。

古市氏の両郡知行については、細川政元もこれを支持したとされる(84)。石田晴男氏などは古市進攻は政元家臣の上原父子の計略によるもので政元自身の意志ではなかったとするが、[85]上原氏が政元から離反していたように捉えるのは問題がある。末柄豊氏や家永遵嗣氏が指摘するように、政元も伊勢氏の山城国守護職や古市氏の郡知行権を肯定していたことは間違いないであろう。[86]こうした政元の態度は、国人たちの目からみればもはや頼りにならない存在としてしか映らない。「山城衆共相憑赤松可安堵用意云々、細川数年相憑之、無其甲斐故云々」[87]とする風聞に示されるように、細川氏に代わって赤松氏を頼ろうとする意見が出てくることになる。しかし、このあと政元は古市氏に対して自身の被官人の保護を申し入れており、山城国衆との被官関係はどうにか維持されていくのである。

これまで述べてきたように、細川氏の南山城への関与のあり方は基本的に被官人の確保であり、その主従制的な支配関係は守護職という公権に基づく支配とは区別されなければならない。[88]国一揆より三十年近く前に形成された細川氏と山城国衆の被官関係は、国衆サイドが主体性を保持しながら、国持体制の解体以後も根強く存続していることが確認できる。

これに対して守護支配権の側は、畠山氏が排除されたのち国持体制に受け継がれ、国持体制解体ののちは守護伊勢氏や郡知行権を得た古市氏に伝えられた。山城における幕府―守護支配の再建は、被官主である細川氏によって成し遂げられたわけではないことに注意する必要がある。この点を軽視して政元による山城領国化を強調することは正しくあるまい。「下からの公」は上位の公権によって押し潰されてしまったと捉えることができるのである。

おわりに

本章では、畠山氏の守護支配強化と山城国衆の細川被官化の対抗関係を基軸に地域社会状況をたどり、国一揆については細川氏の側からではなく国衆自身の主体性を基本にすえなければならないことを述べてきた。国一揆は彼らが主導して地域的結集を実現した惣国一揆と把握されるのであり、細川氏との被官関係や土民側からの規定性が認められるとはいえ、上下の動きに引きつけて捉えすぎると国一揆の性格を見誤ることになろう。被官関係については、被官側の主体性が保持されていたことを重視すべきである。

これまでの国一揆をめぐる議論は、京兆専制論の枠組に引きずられて、政元との関係に視野を限定しすぎた解釈が少なくない。そのため、政元の役割に対する過大評価に陥ったのである。本章では、国一揆を政元の時点からのみ考えるのではなく、嘉吉の乱以後の社会状況を起点に考察すべきことを述べてきた。その時期以来、細川氏の関わり方は基本的に被官人の確保を旨とするものであり、これは守護による分国支配の論理とは区別されなければならない。そして国持体制もまた、細川氏による被官人統制の論理から生まれるのではなく、被官化を背景としながらも、守護権の継承・包摂こそを基軸として生み出されたのである。従来の研究では被官人統制の論理と守護支配の論理が混同されており、そのため被官関係の存在をストレートに山城領国化に結びつけるような誤りが生じたのだと考えられる。

明応の政変後、中世国家は幕府―守護体制に復帰した古市氏や畠山氏の軍勢を投入して国一揆を解体することで、ようやく南山城地域で幕府―守護による支配を再建できた。国持体制の解体以後、守護職は細川政元の手に握られたのではなく、山城料国化を基本政策とする幕府の下で守護伊勢氏や古市氏が守護公権を行使するのである。国持体制は上からの地域編成と下からの地域形成の狭間で生み出されてきたものであったが、「下からの公」形成の動きが永続的に維持されることはやはり容易でなかったと言わなければならない。

明応八年（一四九九）、政元の命をうけた赤沢宗益が畠山尚順方を破って南山城を平定し、このとき三十六人の山城衆が帰国を果したとされる(89)。十四年前、彼らが国一揆の力で畠山軍を追い出したときとはちがい、もはや細川氏の力に依存することでしか帰国を実現できない立場に置かれていたのである。以後は政元の勢力が直接に南山城地域に及んでおり、細川氏の山城支配は新たな段階を迎えていくことになる。

（1）三浦周行「戦国時代の国民議会」（『日本史の研究』岩波書店、一九一二年）。
（2）鈴木良一「山城国一揆と応仁の乱」（『史学雑誌』五〇―八、一九三九年、のち『日本中世の農民問題』校倉書房、一九七一年に所収）。鈴木「純粋封建制成立における農民闘争」（『社会構成史体系』第一回、日本評論社、一九四九年）。鈴木「山城国一揆ノート」（『日本歴史』二九六、一九七三年）。鈴木『応仁の乱』（岩波書店、一九七三年）。
（3）黒川直則「山城国御料国」（『古事類苑月報』十、一九六八年）。黒川「幕府の衰退」（『京都の歴史』三、一九六八年）。柳千鶴「室町幕府崩壊過程における山城国一揆」（日本史研究会史料研究部会編『中世の権力と民衆』創元社、一九七〇年）。
（4）今谷明『室町幕府解体過程の研究』（岩波書店、一九八五年）。
（5）石田晴男「山城国一揆の解体」（『信大史学』六、一九八二年）。末柄豊「細川氏の同族連合体制の解体と畿内領国化」（石井進編『中世の法と政治』吉川弘文館、一九九二年）。
（6）永原慶二「国一揆の史的性格」（『歴史公論』二―三、一九七六年）は、「惣」を基盤とする土豪＝小領主と農民の連合体として、「惣国一揆」概念を提示した。最近では、歴史学研究会日本中世史部会運営委員会ワーキンググループ「『地域社会論』の視座と方法」（『歴史学研究』六七四、一九九五年）が、合力関係にあった村々＝「地下」と在地領主が地域社会の共通の政治的課題に直面して起こした惣国一揆として、山城国一揆や乙訓郡一揆を把握している。
（7）歴史学研究会日本中世史部会運営委員会ワーキンググループ前掲「『地域社会論』の視座と方法」など。
（8）日本史研究会・歴史学研究会編『山城国一揆』（東京大学出版会、一九八六年）。
（9）今谷前掲『室町幕府解体過程の研究』。石田前掲「山城国一揆の解体」。
（10）末柄前掲「細川氏の同族連合体制の解体と畿内領国化」。
（11）「大乗院諸領納帳」文明十七年十二月二十六日（『木津町史』史料篇Ⅰ）。

(12)『大乗院寺社雑事記』(『続史料大成』) 延徳二年十二月条。
(13) 森田恭二「『山城国一揆』再考」(有光友学編『戦国期権力と地域社会』吉川弘文館、一九八六年)。
(14)『経覚私要鈔』(『史料纂集』) 文安四年九月十四日条。
(15)『大乗院寺社雑事記』長禄二年五月十六日・長禄四年正月十八日・長禄四年二月九日条。
(16)『大乗院寺社雑事記』明応七年二月二十四日。
(17)『建内記』(『大日本古記録』) 文安四年正月二十四日条。『大乗院寺社雑事記』文明十八年五月九日条。
(18)『大乗院寺社雑事記』長禄二年閏正月十三日条。
(19)『大乗院寺社雑事記』長禄二年五月十六日・長禄四年二月九日条。
(20)『経覚私要鈔』宝徳三年二月八日・三月二日条。
(21)『大乗院日記目録』(『続史料大成』) 宝徳三年九月一日条。
(22)『大乗院寺社雑事記』長禄二年十月四日条。
(23)『経覚私要鈔』康正三年九月二十三日条。
(24)『経覚私要鈔』康正三年九月二十七日条。
(25)『経覚私要鈔』長禄元年十月四日条。
(26)『経覚私要鈔』康正三年七月一日・七月六日条。
(27)『経覚私要鈔』長禄元年十月十五日条。
(28)『大乗院寺社雑事記』応仁二年閏十月十五日・十一月八日条。
(29)『大乗院寺社雑事記』文明二年七月二十三日条。
(30)『経覚私要鈔』文明三年六月十二日条。
(31) 柳千鶴「室町幕府の崩壊過程――応仁の乱後における山城国の半済を中心に――」(『日本史研究』一〇八、一九六九年)。
(32) 応仁元年八月二十七日室町幕府奉行人奉書(「東寺百合文書」イ)。
(33)『後法興院記』(『続史料大成』) 応仁二年五月十一日・五月二十日条。

(34)『山科家礼記』(『史料纂集』) 応仁二年六月十三日条。
(35)『大乗院寺社雑事記』文明六年閏五月十五日条。
(36) 黒川直則「東山山荘の造営とその背景」(日本史研究会史料研究部会編『中世の権力と民衆』創元社、一九七〇年)。
(37)『大乗院寺社雑事記』文明十年七月十一日条。
(38)『兼顕卿記別記』文明十年七月二十日条 (『精華町史』史料篇Ⅰ)。
(39) 応永六年八月十六日足利義満御判御教書案 (「佐々木文書」三、『木津町史』史料篇Ⅰ)。
(40)『大乗院寺社雑事記』文明十年八月二十四日条。
(41)『多聞院日記』(『続史料大成』) 文明十六年五月二十七日条。
(42)『大乗院寺社雑事記』文明十四年十二月二十九日条。
(43)『大乗院寺社雑事記』文明十五年正月二十四日条。
(44)『後法興院記』文明十五年六月二十一日・八月十八日条。
(45)『親元日記』(『続史料大成』) 文明十三年七月十日・八月十日条。山城国は「諸国御料所方御支証目録」に挙げられており、幕府の直轄領の一つに数えられている (黒川前掲「山城国御料国」)。「御料国御代官」が「御料所御代官」とも称されているのはそのためである。
(46)『親元日記』文明十三年十月八日条。
(47)『大乗院寺社雑事記』文明十五年正月二十四日条。
(48)『大乗院寺社雑事記』文明十六年九月十七日条。
(49)『大乗院寺社雑事記』文明十七年十二月八日条。とくに迷惑を被っていたのが南山城の地域住民であったことは、「在々所々、云堂舎仏閣云民屋、悉以或放火或発向之間、所残不幾、依之一国中面々同心合力、自今以後可有之事可停止上者、両陣可被引退之由申送……一国中面々掟法置之」(『大乗院諸領納帳』文明十七年十二月二十六日条) などの史料から明らかであろう。
(50)『大乗院寺社雑事記』文明十七年十一月二十三日条。

(51)『大乗院寺社雑事記』文明十八年二月十三日条。
(52)石田前掲「山城国一揆の解体」。
(53)『大乗院寺社雑事記』文明十一年十月二十一日・十一月二十二日条。
(54)歴史学研究会日本中世史部会運営委員会ワーキンググループ前掲「『地域社会論』の視座と方法」など。また、永原慶二「日本史における地域の自律と連帯」(『山城国一揆』一九八六年、のち永原『中世動乱期に生きる』新日本出版社、一九九六年に所収)は、一揆・惣の自律的諸権能は支配権力側から奪取したものにとどまらず、本来的に共同体内部に保有されていた権利との関係から見直すべきことを提唱している。
(55)『大乗院寺社雑事記』明応元年十一月八日条。このとき細川氏が国衆に対してとくに強い態度で臨んだ背景には、細川勢を含む幕府軍による近江の六角攻めが緊迫していたという政治的事情があった。
(56)『大乗院寺社雑事記』明応八年九月三十日条。
(57)『経覚私要鈔』文明元年六月十六日条。
(58)福田アジオ『番と衆』(吉川弘文館、一九九七年)。
(59)『経覚私要鈔』宝徳三年二月八日・三月二日条。
(60)『大乗院寺社雑事記』文明十九年四月二十二日・四月三十日条。
(61)『大乗院寺社雑事記』文明十七年十二月十一日条。
(62)『大乗院寺社雑事記』明応元年十月二十日条。
(63)『大乗院寺社雑事記』明応二年九月十一日条。
(64)明応二年八月三日室町幕府奉行人奉書(「蜷川家文書」二八二)。
(65)稲葉継陽「中世後期村落の侍身分と兵農分離」(『歴史評論』五二三、一九九三年、のち稲葉『戦国時代の荘園制と村落』校倉書房、一九九八年に所収)。池上裕子「戦国の村落」(『岩波講座日本通史』一〇、一九九四年、のち池上『戦国時代社会構造の研究』校倉書房、一九九九年に所収)など。
(66)『大乗院寺社雑事記』文明十五年十月六日条。

(67) 寛正二年（一四六一）、備中国新見荘領家方の百姓らが守護細川氏の有力被官人であり当荘の代官を務めていた安富智安の排斥を求めて立ち上がり東寺からの直務代官派遣を要求した「土一揆」や、応仁二年（一四六八）、山科七郷の郷民が野寄合をもって「長陣迷惑」を武家（東軍方）に申し入れた動きなどには、山城国一揆と土一揆の共通する側面がよく示されていよう。

(68) 「大乗院諸領納帳」文明十七年十二月二十六日。寺社本所領の直務を求める動きは、これ以前から存在した。例えば菅井荘の場合、長禄四年（一四六〇）二月、大乗院家は武家代官を退けて直務支配に服すことを求めているし（『大乗院寺社雑事記』長禄四年二月九日条）、文明十年（一四七八）の大内勢帰国の後、下司・公文側が南都の直務を要求している（『大乗院寺社雑事記』文明十年正月二十五日条）。

(69) 『大乗院寺社雑事記』文明十七年十二月二十六日条。

(70) 『大乗院寺社雑事記』文明十八年正月二十日・正月二十五日条。

(71) 『大乗院寺社雑事記』文明十七年十二月九日。

(72) 『大乗院寺社雑事記』文明十八年五月九日条。

(73) 細川氏と南山城国人層の被官関係が長期間継続したのは、それが畠山氏の勢力に対抗するうえで有効性が高いと考えられていたからであろう。これに対して、例えば備中国新見荘の場合は、細川氏の被官で当荘代官を務めていた安富氏が三職など荘官層を被官化していたにもかかわらず、彼らは百姓たちと結んで安富氏に反逆し武家代官排斥に加わるのである。また、南山城地域においても、五ケ荘下司を務めてきた岡屋七郎は畠山義就の被官となったため幕府から闕所とされ、その後七郎の弟六郎は細川氏の被官となった上で下司職回復をはかり当荘に乱入している。荘官層の武家被官化は必ずしも固定的ではなかったことが分かる。

(74) 筆者は、惣国一揆を国人領主のみの一揆である国人一揆と区別さるべきものと考えているが、国人の主導性を否定しているわけではない。これに関して、近年の「地域社会論」が、村々＝「地下」と在地領主の合力関係を想定し、これを基礎に地域社会の公共性を根拠として結成したのが惣国一揆だと捉えている（歴史学研究会日本中世史部会運営委員会ワーキンググループ前掲「『地域社会論』の視座と方法」）点には違和感をもつ。合力関係という理解では、惣村の運動の中から侍・国人が析出されていく動きを適確に捉えられないのではなかろうか。
(75)『大乗院寺社雑事記』文明十八年三月十二日条。
(76)文明十八年五月二十六日足利義政宛行状案（『大日本古文書』「蜷川家文書」二二七）。
(77)『大乗院寺社雑事記』長享元年十一月八日条。
(78)『大乗院寺社雑事記』明応二年二月五日・二月三十日条。
(79)明応二年八月三日室町幕府奉行人奉書（「蜷川家文書」二八二）。このとき伊勢氏は古来の守護請地のみならず寺社本所領の一円知行化をはかり、国内の荘園を公領に組み込んでいこうとする動きをみせている（『後法興院記』明応二年閏四月二十七日条、『廿一口評定引付』明応二年六月三日条）。
(80)『大乗院寺社雑事記』明応二年八月十八日条。
(81)『大乗院寺社雑事記』明応二年九月五日条。
(82)国一揆解体の原因を専ら国人と土民の間の対立に求める鈴木良一説も、上原・伊勢・古市らの陰謀に求める石田晴男説も、ともに一揆をめぐる情勢の変化が十分踏まえられていない。
(83)『大乗院寺社雑事記』明応二年十月二日条。
(84)『大乗院寺社雑事記』明応二年九月七日条。
(85)石田前掲「山城国一揆の解体」。横尾国和「明応の政変と細川氏内衆上原元秀」（『日本歴史』四二七、一九八三年）。
(86)末柄前掲「細川氏の同族連合体制の解体と畿内領国化」。家永遵嗣「明応二年の政変と伊勢宗瑞（北条早雲）の人脈」（『成城大学短期大学部紀要』二七、一九九六年）。
(87)『大乗院寺社雑事記』明応二年九月二十四日条。
(88)家永遵嗣氏も、細川京兆家が南山城の守護支配権を掌握しようとする動きを強くみせていないことに注目しており、その理由を京兆家が同盟関係の維持を優先する政治的判断から伊勢・古市氏ら他勢力に守護職権を認めたことに求めている（家永前掲「明応二年の政変と伊勢宗瑞（北条早雲）の人脈」）。
(89)『大乗院寺社雑事記』明応八年九月三十日条。

第三部　戦国期の諸国守護権力

第一章　守護権力の変質と戦国期社会

はじめに

戦国期の権力を論じる場合、質の異なる諸権力を安易につなぎあわせて論じる傾向がみられる(1)。このような状況が生まれる要因は、それぞれの権力の社会的・歴史的な位置づけを軽視して、戦国大名という曖昧な概念に依拠して論じようとする点にある。大小の差はあっても戦国大名という概念で一括りして論じられるとする認識が、安易な議論の前提になっていると思われるのである。

これに対して、近年になって戦国期守護と戦国領主を区別して論じるべきだとする議論が生まれた(2)。そして、この提起をうけとめながら、畿内近国の戦国期守護の実態を個別具体的に解き明かそうとする研究が進展をみせている。また一方では、個別守護権力を越える横断的な関係に注目した研究が、東国と西国をつなぐ新しい視点を提示してきている(3)。

こうした近年の研究の前進によって、畿内近国を視野に入れながら戦国期守護権力研究を全体的に論じていく条件が整いつつあると考える。かつて『六角式目』の分析を通じて描き出された六角氏の特徴的な権力構造のあり方なども、戦国期守護権力論の中にきちんと位置づけ直していく必要があろう。

本章は以上の研究動向を踏まえて、個々の守護権力をバラバラに捉えるのではなく、できるだけ全体的に把握しながら、守護権力の変遷に関する一定の見取り図を提示しようとするものである。その際、前提となる室町期の守護権力を、南北朝期をくぐり抜けることで創出された権力集団として捉え直すところから始める。そして、室町期から戦国期にかけて頻発する守護家の紛争を、単に家督紛争として片付けるのではなく、そこに示される運動を構造的に読み解くことを課題としたい。

一　室町期守護の権力編成

文明三年（一四七一）五月、出雲・隠岐両国の守護京極氏に宛てて、次に掲げる室町幕府奉行人奉書及び細川勝元書状が発給された。(4)

イ　出雲隠岐両国一族中国人被官并寺庵等事、不帯守護吹挙状猥雖及直訴訟、不可有御許容、早任先例可被成敗之由所被仰下也、仍執達如件、

文明三年五月十六日

下野守　判

肥前守　判

佐々木孫童子丸殿

ロ　出雲隠岐両国一族中国人被官并寺庵等事、以自由之義直訴訟之儀不可然候之旨被成奉書候、目出候、堅可被仰付候、恐々謹言、

（文明三年）
五月十六日　　　　　　　　　　　（細川）
勝　元　御判

佐々木孫童子丸殿

この史料の中に、一族・国人・被官・寺庵という区別が見出せる点に注意したい。これら四者は守護の吹挙状をもたずに幕府に直訴することを禁じられており、この段階でいずれも守護京極の統制下に置かれたことが確認できる。しかし四者のうちで、一族・被官と国人・寺庵とでは守護権力との関わり方が大きく異なる。前者は守護権力の構成分子であり、彼ら一族・被官人が守護家を単位に結集することで守護権力が構成されていたと考えられる。これに対して、後者は守護権力に対して一定の自立性を保持していた。この差異に注意しながら、守護権力と国人・一族・被官の関わりを検討しておこう。

1　国　人

まず、室町期の守護と国人の基本的関係を探る。応永十年（一四〇四）、安芸国守護に就任した山名満氏が毛利福原氏に送った書状には、「当国之事被仰付候、仍近日可差下代官候、其時委細可申候、毎事無御等閑候者恐悦候」と書かれている(5)。新任守護がこうした書状を国人に送付する事例は数多く確認することができ、同八年の備後守護山名時熙書状（山内下野守宛）にも「当国事、去二日令拝領候、仍差下佐々木筑前入道、太田垣式部入道両人候、毎事無御等閑候者、悦入候」とある(6)。永徳二年（一三八二）の河内守護畠山基国書状（土屋次郎宛）には、「河内国守護職事、被仰付候之間、近日可進発候、就其面々自元御方忠節異他候歟、早々令参給候者悦入候」と記されている(7)。

ここに示されているように、新任の守護はまず当国拝領を国人層に伝える（①）。守護職を獲得することは、室町幕府という権力集団の一員となることでもあった。つづいて代官（守護代）を分国に差下す（②）。守護代は、都と鄙（京と国）を結ぶ存在として重要な役割を果すことになる。そして、守護代が京から国に下向するに際して、国人たちにはこれに等閑なく協力することが求められる（③）。前述の安芸守護山名満氏などは、応永十一年九月にも毛利福原に書状を遣わし、「国之事ハ一向面々合力憑入候」と述べている。[8]「国之事」と表現された中世後期の守護権（国成敗権）は、国人の合力を得ることにより実効性をもちえたのである。以上に述べた①→②→③という手続きは、新任守護が国人との間で最初に取り結ぶ関係であったと考えてよかろう。

このことは、国人の合力が得られない場合は守護支配が実現しないことを意味する。実際、安芸国人たちの多くは満氏の守護支配に不満をもち同心して抵抗することを申し合わせた。これが応永十一年に起きる安芸国人一揆である。なお、このときの一揆契状の第三箇条には、「京都様御事者、此人数相共可仰　上意申事」とあり、彼らは上意には服従する姿勢を示している。[9]こうした動きの中で、「面々御本意」の如く満氏は更迭されて、「当国事」は山名右京亮に仰せ付けられるという結末を迎えるのである。[10]国人たちは上意に服す姿勢を示していたため、「面々進退御免」の御教書が出されてお咎めなしとされた。[11]国人たちの離反が守護の交替に結果したところに、国人の合力が守護支配の成否を握る状況が示されていよう。

また、守護が幕府と対立した場合には、当然ながら国人は守護から離反した。明徳の乱や応永の乱で国人たちの多くが守護軍から離脱したこと、応永二十五年四月に紀伊で守護畠山軍と熊野神人が衝突したとき国人の寝返りにより守護軍が敗退した事例などから分かるように、国人は守護に強力に結びつけられていたわけではない。国人が守護の統制を受け入れるのは、その守護が室町幕府─守護体制の枠内に安定的に位置づけられていることを前提にしていたのである。

したがって、守護が国人統制を実現しようとする場合、幕府に依存せざるをえない面をもつ。それは、山名満氏が毛利福原に安芸の「面々合力」を憑みこんだ際、幕府からも同人に宛てて御教書が発せられ、守護代の手に属して活動していることを賞し、以後も等閑なきよう求めたことからも分かる。(12)一方で、国人もまた守護に依存せざるをえない側面を有していた。室町期の国人は、国に基盤を置くだけでなく京都にも基盤を保持している。彼らは「国御用」と「在京伺候」を繰り返しながら活動していたのである。(13)このような中にあって、守護は「国之時宜」について国人の協力を求める一方、京都において自らが等閑なき旨を誓っている。(14)また、国人の所領に関する請願を、守護が幕府に取り次ぐ事例もみられる。京と国元が密接に関連しあう構造の中で、守護と国人は相互に依存しあう関係に置かれていたのである。

以上のことから、守護による国人統制は、室町幕府―守護体制を背景として、公権を手がかりに展開する形が基本だと判断される。国人や有力寺社など、国内諸勢力の自立性を前提とし、彼らに依拠した分国支配が展開するのである。したがって、室町期の守護支配は必ずしも整然とした領国支配機構を備えたものではなく、むしろ国人をはじめとする国内の伝統的勢力の自立性を前提とし、彼らに権限の行使を委ねておこなわれていたのである。地域社会秩序を尊重しながら、それを調整・統合するところに室町期守護権力の特質があるのであり、主従制的な関係を過大評価すべきではあるまい。但し、このことから守護権力の介入度の低さを強調すべきではなく、むしろ軍事動員権をはじめ公的権限を通じて地域社会秩序が編成された面、或いは幕府と守護がセットになって国人統制が実現されていたことに目を向けるべきであろう。

2　守護一族

次に、守護一族の存在形態について考察を加える。河内守護畠山の場合、永享五年（一四三三）に満家が死去したのち、長子持国が相続して惣領となり、持国の腹違いの兄弟であった持永・持富は別家に居住しながら持国から扶持を与えられる存在であった。(15) 文安四（一四四七）年、山城国祝園荘の違乱をおこなった代官は「畠山被官人」であるとして荘園領主が持国に文句をつけたとき、持国は代官は持富の被官人であるから、持富方に使者を遣わすべきだと返答をおこなっている。(16) 一族はそれぞれ独自に被官人を保持していたのである。なお、このとき「一族会合」が開かれており、一族間の意見調整をおこなう態勢がとられていたことが知られる。(17)

守護一族は、当主の代官や随行者として幕政に関与するケースが散見される。正長二年（一四二九）三月の将軍義教の元服に際して、管領畠山満家が法体であったため、長子持国が代官として管領の職務を代行したほか、畠山一家から出された三人の役人（畠山治部大輔・同阿波守・同左馬助持永）が御前陪膳の役などを勤めている。(18) 当主が分国に下向する際に、幕府から子息の参洛が求められるケースも認められる。(19) ここには、一族が当主の権限を代行する資格を保持していたことが示されている。そして、それは守護家当主の身分的優位性から派生したものと捉えることができる。守護一族のこうした立場から、一族が当主の後見人となって支えるケースや、一族が当主に代わって一家結集の核となる事態が生まれることになる。室町期から戦国期にかけて守護家の家督抗争が頻発することになるが、そうした動きの要因となった一族の動静には十分な注意を向けていく必要があろう。

3　守護被官

室町期の守護権力を支えていたのは、「御内」「内衆」と呼ばれた守護被官であった。明徳三年（一三九二）の『相国寺供養記』には、相国寺供養のため室町殿を発した行列に加わった畠山と細川の郎等の名が記されている。当時侍所の職にあった畠山基国は、子息満家と郎等三十騎を召し具して先陣を勤めた。その中には、斎藤が五騎、遊佐が四騎、神保三騎、三宅二騎、槇島二騎、そのほか十四氏が一騎ずつ名前をみせている。室町期の管領畠山の活動を支えていくのも遊佐・斎藤・神保・誉田ら五・六名の有力内衆であり、ここに名前のみえる者たちがその中心的メンバーと言ってよい。また、管領細川頼元は郎等二十三騎を付き従えて室町殿を発した行列の最後尾を勤めた。その中には、安富・物部（上原）・内藤・長塩・香河ら主立った内衆の名前が検出され、やはり彼らが基本的に室町期を通じて守護家臣団の中核部隊を構成していくことになる。

細川の家臣団を分析した小川信氏は、近臣は国人や幕府奉行人層から登用され、その構成は畠山近臣団などに比して多彩で諸氏の勢力が均衡を保ち、特に傑出した豪族が存在しないとしている。[20] また、今谷明氏は細川の郎等二十三騎中で畿内出身者はごく僅かで、殆どが讃岐など四国出身の国人で占められていることを述べている。[21] そして、池田・伊丹・吹田・芥川・三宅ら摂津の有力国人を守護代・郡代等に用いないところに、細川家臣団の最大の特質を見出す。今谷氏は河内の畠山についても同様な指摘をおこない、ここから国人不採用原則が室町的守護支配の典型だとする議論を導き出している。すなわち、在地性を脱却した官僚組織の形成が室町期の守護支配を特質づけるものであり、これに対して積極的な国人登用が認められる近江・播磨などは、在地性の強い鎌倉・南北朝期的領国組織だとするのである。

「在京者共悉四国者也」とされるように、室町期の細川権力の中核が四国衆であったのは事実である。[22] しかし、これは細川が南北朝期に一貫して守護職を握り、勢力を植え付けてきたのが四国（阿波・讃岐・土佐及び淡路）であったことの当然の帰結とみることができる。畠山においても、河内を継続的に分国化していくのは永徳二年（一三八二）以降のことである。足利義詮の南朝攻めを機に幕府に投降した河内の誉田なども畠山内衆に加わっていたことが『相国寺供養記』から判明するけれども、河内守護代となって分国支配の中心を担ったのは出羽出身の遊佐であった。

逆に南北朝期から室町期まで継続して守護職を握り続けた場合は、当然ながら地元国人が内衆の中にかなり加わってくる。応永十一年（一四〇四）の『氷上山興隆寺本堂供養日記』からは、周防守護大内の主立った内衆の名が確認できる。(23) この史料には、御屋形（大内盛見）、馬場殿（盛見の甥満世）につづけて、御幣役を勤めた問田式部丞、そして「御内宗人々」として十九名の内衆の名前が検出される。それは、陶が三名、杉が七名、弘中四名、仁保三名、及び安富・沓屋である。問田・陶などの多々良一族、杉など譜代被官が中心であるが、仁保などは地頭御家人から被官化したケースである。仁保は応永四年には守護被官の秋庭に対抗して将軍義満から当知行安堵の下文をうけているから、恐らく応永の乱とその後の戦乱を経る中で守護被官に転じたものであろう。また、この段階ではまだみえていないが、周防国御家人であった内藤が大内に被官化するのも盛見期である。とくに永享三年（一四三一）に盛見が戦死して以後、内藤は大内権力を支える中心的存在となり、文安四年（一四四七）以降は長門守護代を世襲していくことになる。このように、大内の場合は国人層を守護権力に包摂していく動きが顕著である。

以上の点からみて、細川の摂津支配や畠山の河内支配をもって室町期守護支配の典型視するのには賛成できない。「内衆」と呼ばれた室町期の守護被官の多くは南北朝期までに被官化した者たちである。そして、一族から分出したり譜代家臣として軍功を積んだ者たちが、室町期を通じて守護家臣団の中核を構成するのである。したがって、室町期の守護家臣団は南北朝期をくぐり抜ける中から形成され、内乱期の軍事的貢献度により家臣団の秩序・序列の骨格が固まったとみることができる。同時に、南北朝期に被官化した者たちは中小規模の領主が中心であったとみられる。地頭御家人層の場合は、その身分的あり方からして、守護に被官化するよりも将軍に直属することを指向したと考えられるからである。南北朝期には悪党・海賊層が守護の権威をバックに濫妨狼藉を働く事例が散見されるが、こうした者たちを包摂しながら室町期の守護家臣団が形成されていくのである。

二　幕府支配の後退と守護権力の変容

十五世紀半ば以降、室町幕府―守護体制は次第に変質を遂げていく。その画期となったと思われるのが、嘉吉の乱と応仁の乱である。

1　嘉吉の乱以前の上意と宿老

前節で、安芸国人一揆が上意に服従する姿勢を保持しながら守護の排斥を実現したことを述べたが、室町期には守護権力に対して上意（「室町殿ノ御意」）(24)が優越する場面が目につく。守護家の家督相続に際して上意の介入により後継者が決定される事例が散見するし、上意の勘気を蒙って当主が交替する事例も少なくない。

嘉吉元年（一四四一）、畠山持国は将軍義教の勘気を蒙って分国河内に下向し、家督は弟持永に譲られた。この家督交替は「一流安全之謀」であったとされ、持国と義教の関係が悪化する中で、被官人の遊佐勘解由左衛門尉と斎藤因幡入道が畠山一流の安全をはかるために画策したものであった(25)。ところが、まもなく嘉吉の乱が起こって義教が暗殺されると持国が復権を果し、遊佐と斎藤は持永とともに没落することになる。上意と対立した守護が有力内衆の意向で排斥されているところに、この時期の上意の優越性が示されていよう。将軍の御扶持こそが守護職確保の最大の要件なのである。

但し、上意による守護家への介入はときに不穏な事態を招きかねないものであり、事前に一族・内衆や国人の意向が聴取される事例もみられる。永享五年（一四三三）、今川範政の後継者を定めるにあたって駿河国人と範政内者の所存が尋ねられ、斯波義淳の後継者についても満済が「甲斐以下者ニ可被談合歟」と進言している。[26]従来こうした事例から衆議治定の原則を室町期の特徴だとする見解があるが、これは上意の裁定により混乱が生じることを未然に防止する狙いが大きい。今川の場合は管領細川持之ら幕府首脳部が指命した弥五郎が退けられて義教膝下で歎願を重ねた彦五郎（範忠）に切り替えられたケースであり、斯波の場合も後継者と目された持有に代えて、出家していたその兄（義郷）を家督にすえた事例である。義教によるこうした強引なやり方にもかかわらず、国人・内者らは大略上意に従うと返答するのである。したがって、上意の優越性を保障するために衆議が聴されたとみた方がよかろう。

斯波義淳の後継者について意見を聴取された「甲斐以下者」とは、斯波における重臣層、いわゆる宿老を指したとみられる。正長元年（一四二八）、義淳が計会の余り越前下向の動きをみせたとき、「在国事、内若者共申勧事候キ、仍甲斐以下宿老申破了」と記されており、在国を勧めた「若者」とこれを押し止めた甲斐以下の「宿老」が対比的に捉えられている。[27]宿老とは本来年齢階梯に基づく区分とみられるが、内衆のうち守護代クラスの特定の家柄を指すようになり、家格として固定化していくのである。

翌二年、義淳が義教から管領就任を求められて辞退したとき、義教は「武衛内者三人、甲斐・織田・朝倉」を御所に召し出して義淳説得を命じた。[28]甲斐は「上意ハ雖忝候、武衛管領職事、非器無申限」と発言し、義淳は「非器」であって公方のためにならないと述べているが、こうした再三の辞退にかかわらず、義教の強請により義淳は管領就任を受け入れることになる。後年、義淳の後継者の官途と実名が問題になったとき、甲斐は義教に対して斯波家当主の実名格下げを申し入れている。[29]斯波当主が弱体化していく中で、斯波家の政治活動は実質的に甲斐以下の宿老層が担っていった。宿老甲斐は上意と結びついて勢力を拡大し、当主を凌駕する権力を獲得していくのである。

河内畠山の場合、誉田・隅田の「両人者、管領中当時評定衆内宿老也」という記事に示されるように、宿老を中心として評定衆という組織が制度化していたことが確認できる。(30)一方、もう一つの管領家である細川の場合は、斯波や畠山にみられるような抜きん出た有力内衆は認められない。むしろ、嘉吉三年に若年の細川勝元の後見人である細川典厩家の持賢が中心となって評議し一門の意見を提出しているように、内衆より一族が果す役割の大きさが窺われる。(31)

上意が優越する構造は、三管領家などの足利一門守護の事例にとどまるものではない。永享三年、大内盛見の跡目をめぐり持盛・持世という二人の候補者が並び立ったとき、有力内衆である内藤智得は持盛が家督に定まれば「毎事一家事、不可有正体條勿論候」と述べて、早々に公方の裁定を求めている。(32)守護家によって体現される権力集団である室町期の守護権力は、これに結集する一族や有力内衆の活動に支えられて存続していたが、守護家の当主は何よりも上意により確定する構造をもっていたのが嘉吉以前の状況であった。畠山の事例から知られるように、宿老層が当主から離反する場合も上意と結んで当主の排斥・交替を策すのである。

2　嘉吉の乱以後の政治状況

嘉吉の乱は、それまでの上意優越の構造を変質させる大きな画期となった。第一に挙げられるのは、義教暗殺以後の上意の不在・相対化である。まず、義教の上意による支えを失った守護の没落と、逆に上意に敵対していた守護の復権が認められる（畠山・京極・富樫など）。そして、幕府下知状（管領署判の下知状）→管領奉書というルートで幕命が発令されるという、管領による上意の肩代わりを端的に示す事態が現れる。管領などの有力大名が幕政を動かし、或いは彼らが上意と偽り公権を発動する事例も頻発する。

上意の私物化や、上意の実質が有力大名に担われそれが管領職の任免に伴い変動するような状況は、在地の混乱を生み出さざるにはおかない。加賀の富樫や伊予の河野などでは、管領の交替により守護職保持者が変動している。「坂東・筑紫所領、不及運送、美濃・尾張土貢、守護違乱、殊播磨・美作・備前等事、新守護任雅意押領之処、更不及制止沙汰、如無上位(意)」[33]と記されるように、荘園領主にとっても上意の不在は深刻な影響を及ぼした。中でも山名一党の狼藉は目を引いたらしく、「山名方知行三ケ国事者、悉上意無為」と記した史料もみられる[34]。

第二に、こうした上意不在の状況は、大名間における系列化、扶持・合力関係の形成に道を開いた。十五世紀半ばに起きる両斯波・両畠山の内紛は、当該期の幕府—守護体制の変質を端的に示すものである。斯波の場合は、上意の再建をはかる義政と宿老甲斐・朝倉が結びついて一族斯波持種と対立したところから内紛が始まる。家督継承をめぐり宿老側と持種側がそれぞれ候補者を擁して合戦に及んだ。やがて、一方を細川が扶持し、他方を山名が扶持して応仁の乱になだれ込むのである。畠山の場合は、「畠山被官人等一揆背伊予守(義就)」と記されるように、遊佐・神保・土肥・椎名ら義就の家督相続に反発する内衆が、義就排斥・弥三郎擁立を画策したところから内紛が始まる[35]。この陰謀は事前に発覚して弥三郎派は一旦没落するのであるが、弥三郎らを匿ったのが細川・山名であった。将軍義政が義就支持の姿勢に傾くのに対して、弥三郎—政長方は細川・山名の扶持をうけて活動を展開し、やがて両畠山の戦闘が応仁の乱の導火線となっていくのである。

いずれも家督後継者をめぐる争いが焦点であるが、もはや守護の家督は上意の認定により固定しておらず、したがって一族や有力内衆が上意を踏まえて当主を擁立する形が崩れている。むしろ、有力大名による幕政運営が互いの権力抗争を生み、その影響が各守護家の内部にも及んでいく中で、一族や内衆は大名間の力関係（扶持・合力関係）を頼みに、自派に有利な当主の擁立をはかって動き始めており、それが守護家の分裂に至るのである。

第三に挙げられるのは、幕府が地方支配の権限を放棄し、これを契機に守護が権力拡大をはかることである。相対的自立性を高めた守護権力が、多くの地域で在地支配の主導権を握った。守護による被官化の動きが進展し、国人領主の多くも守護権力の内部に包摂されていくようになる。

康正三年（一四五七）六月、屋形被官となることを望んだ吉川信経は、惣領である兄之経の反対にあい、屋形を通じて上意の許しを申請している[36]。守護被官化の動きが「公方奉公」をおこなう国人の庶流にまで及んでいることが知られよう。こうした守護被官化の動きは、寺社本所配下の人々にも及んでいる。また、大内政弘は「当郡内衆の内、縦未雖不被官仁候、今時分罷出、令奉公、致軍忠候者、可加扶持候」と述べて、竹原小早川の忠節を求めるのである[37]。以上のごとく、守護が分国を一元的に掌握する方向が強まる中で、応仁の乱が起きるのである。

3　応仁の乱のもたらしたもの

本章の冒頭に掲げた文明三年（一四七一）の史料イ・ロは、出雲・隠岐両国の一族・国人・被官・寺庵らが、守護京極（佐々木孫童子丸）の吹挙状を帯せずに直訴することを禁じたものであった。勝俣鎮夫氏は、これは幕府が守護に管国内裁判権を公認していたことを示すものであり、これが戦国法の国法的要素に系譜的につながるとみて、戦国大名成立の前提に位置づけている[38]。しかし、当時の京極は前年の京極持清の死を機に分裂状態に陥っており、分国支配の実態は不安定な状況にあった。したがって、この史料を安易に一般化して捉えるべきではなく、むしろ大乱期の不安定な状況を克服するため国人・寺庵に至るまで守護のもとに一元的に把握させようとする動きが出てくることに注目したい。東幕府は孫童子丸のもとに国内諸勢力を結集させようとしており、東軍か西軍か、守護方か反守護方かの二者択一を迫った点に、応仁の乱のもたらした新たな状況を見てとることができる。

但し、戦国期になって国内領主層の多くが守護権力のもとに包摂されたと言っても、家臣団の内部は容易に一元化しない。出雲では出雲州衆と富田衆の区分がみられるし[39]、伝統的祭祀組織の存続も認められる。備後山内などは守護山名から「於備後国衆中者可為座上」とされ、あくまでも国衆と位置づけられている[40]。国人の自立性は総て否定されたわけではないし、守護支配から相対的に独立した領域支配を展開する動きもみられるのである。

大乱勃発により、守護被官人にとっても東西両軍への二者択一を迫られ、その過程で淘汰が進んだ。西軍の主力であった大内の場合、東軍は大内政弘に対抗して伯父教幸の挙兵を誘った。文明二年（一四七〇）、内藤武盛・豊田元秀・杉重隆・杉弘重・仁保武安・問田弘縄・陶弘護の七名は、東幕府の命に従うことを承認しながら、教幸は高齢であるとして大内嘉々丸の擁立を一味同心して申定め、幕府の了解を求めている[41]。陶弘護をはじめとする有力内衆は、当家（大内家）に結集する権力集団を維持するために、当主政弘から離れて東軍と結ぶことを決定しつつ、自ら主体的に当主を選択する動きを示したのである。このような動きを経ることで、守護権力は有力家臣の政治的結集体としての性格を強めていくことになる。

こうして一旦は政弘から離反する動きを示した大内内衆であったが、まもなく陶弘護は西軍に復帰して東軍勢力を排斥することに成功する。大内の分国経営の安定化に際して、弘護が果した役割は大変重要である。大乱後、分国に帰国した政弘は、下文を発給して多数の領主を御家人に組織し、軍事力増強とそれを支える知行制を整備するなど、分国支配の強化を進めていく。一族・内衆により構成されてきた室町期の守護家臣団はここに大きく拡大・変容を遂げていくことになるのである。

地域によっては、大乱勃発の際に国成敗権が守護代に一元的に委ねられ、それをテコに守護代の権限が拡大するケースも認められる。応仁の乱を機に飛躍的に強大化した出雲の尼子などは、その代表的な事例である。近江では守護代伊庭の地位が向上し、領国支配文書の根幹を伊庭直状と六角奉行人奉書が担うようになる。守護が上意に応じる姿勢をみせても守護代はこれに従わず、中小領主層を直接組織しながら在地支配を強めていくのである。

以上のように、外様国衆の包摂、守護家臣団の拡大、被官人統制の強化や守護代の地位向上など、戦国期に展開する新たな状況はこれに対応した権力の再編成を促すことになる。

三　戦国期守護の権力編成

前節で述べたように、室町幕府―守護体制は嘉吉の乱・応仁の乱を経て大きく変容し、守護たちの分国下向・在国支配が一般化していった。このような中で、守護は権力編成のあり方を戦国期社会の現実にあわせて再編する必要に迫られていくのであり、各守護分国ごとに展開する地域的権力秩序の実態を、地域的な差異に十分注意しながら読み解いていく必要がある。とりわけ、当該地域が守護の本国であるか非本国であるか、即ち守護の在国・非在国の違いは権力秩序のあり方に決定的な分岐をもたらしたと考えられる。

まず非本国においては、守護代や国人、在地諸勢力の自立化が顕著である。河内畠山が守護職を兼帯していた越中においては、公権が三分割される形で郡守護代層の遊佐・神保・椎名が鼎立していたことが明らかにされている。近江京極が守護職を兼帯する出雲の場合は、守護代尼子に守護権を委譲する動きが展開する。応仁の乱中、京極持清が尼子清定に送った書状には、「於国色々雑説之由其聞候、如何様之子細候哉、京都仁無存知之儀候、殊宍道九郎国可致成敗之旨風聞由候、事実候哉、入道《（持清）》一向無存知候上者、無覚悟次第候」と記されており、宍道らが勝手に国成敗に乗り出すのを許容しない姿勢を示した上で、「毎事国時儀可然様各被仰合敵退治候様ニ計略」すべきことを求めている[42]。やはり尼子清定に対して申し送った書状にみえる「国之時宜自方々注進相違候、不可然候」「国事一向可然様可有御計略候」といった文言からは、[43]大乱勃発に際して京極が国成敗権を尼子に一元的に委ねる方向に傾いていったことが窺えよう。尼子は美保関代官や能義郡奉行なども獲得して自立的国人層への圧力を強めていき、これに反発する国一揆や土一揆を鎮圧しながら分国支配を進展させていくのである。

但馬を本国とする山名の場合も、備後の守護職を兼帯しつづけた。文明十五年(一四八三)の村上吉充譲状には「御屋形様江無余儀可致奉公候」と記されており、海賊衆として知られる因島村上でさえも守護への奉公は不可欠と認識していたことが知られる。[44]そのような中で、守護山名は国衆の一人である山内に守護権を委譲する動きをみせていった。山内から山名に対して「就国之儀、条々注進」がなされ、山名はこれを了解した上で「可然様ニ調法肝要候」と述べている。[45]山内は備後守護代であったわけではなく、山名から「着座次第之事、於備後国衆中者、可為座上候也」と位置づけられているように、国衆の中で最高位の序列を与えられ、「国中事者、相尋可加下知候」「国之儀永可申付候也」といった表現で備後支配を委託されている。[46]とくに備後は国人層の自立性が強い地域であり、「国衆へ数通被成御書、御付候て御身方被申候之様可有御調法候」とあるように、山内は国衆たちを山名の味方につけるため尽力するよう要請されている。[47]山名は山内をつかむことで、国衆の間で形成されたネットワークを守護の側に組織する役割を期待していたと判断される。以上のように、守護の非本国においては守護代や有力国人に国成敗権を依存する動きが認められ、そうした中で国人領主の台頭・割拠が進展し、在地勢力が地域支配の主導権を掌握するようになる事例も現れるのである。

これに対し守護本国においては、多くの場合、地域支配秩序の編成主体は守護権力そのものであった。この時期の守護権力の内部では、評定衆・奉行人などの官僚機構の整備・充実が認められる。従来の研究では、守護権力と戦国大名権力を分離して捉えようとする視角に災いされ、守護の官僚機構については未熟で端緒的なものとする消極的な評価にとどまる傾向が強い。むしろ守護代や国人層による権力掌握が一面的に強調されるのである。しかし、守護代など宿老層の強大化と守護官僚機構の整備が同時進行するところに、当該期の特徴を見出すべきではなかろうか。

十五世紀後半、守護代クラスの有力内衆が当主に背いて自立的な動きをみせる事例が散見する。室町期には上意の勘気を蒙った守護家当主の代替わりをはかる事例が認められたが、戦国期に入ると宿老層が彼らの主体的な判断に基づいて守護家当主の排斥をはかるようになるのである。『朝倉孝景条々』には「於朝倉之家不可定宿老、其身之器用忠言ニ可寄候事」と記されており、戦国期に入って自立性を強めた宿老層をいかに統制するかが戦国期権力の抱えた共通の課題であったと言えよう。

戦国期には、宿老層を中心に評定衆という組織が形成される事例が諸国で認められる。これは、守護が幕府から自立性を高め、家臣団を拡大して一元的な分国支配を展開していく過程で、守護権力の安定をはかるため権力中枢を担う組織として制度化されたものであろう。文安元年（一四四四）の「(誉田・隅田)両人者、管領中当時評定衆内宿老也」という記事にみえる畠山の評定衆は、その早い事例である。[48]細川の評定衆については、文明五年（一四七三）の政元の継続直後に発足したとする横尾国和氏の見解が示されているが、末柄豊氏は文安四年の「管領内意見人」という記事から政元以前に溯るのではないかとしている。[49]

評定衆のあり方をよく示しているのが、大内の事例である。佐伯弘次氏は、大内の「評定衆」の初見は文明十年（一四七八）であるが、「評定」という語句は寛正二年（一四六一）に出現していることから、教弘期以前に成立したものとみている。[50]大内の官僚機構や裁判機構がとくに整備されたのは応仁の乱後、政弘が分国に下向して以後のことであり、文明十三年（一四八一）に制定された『大内氏掟書』四十六—五十条には評定や奉行人に関する詳細な規定が定められている。ここには、毎月六ケ度の評定式日には、評定衆のみならず奉行人も終日祗候することが義務づけられている。大内の評定衆は「老者」「年寄」と同義でないにしても構成員はかなり重なっており、大内権力の最高議決機関と捉えられる。但し、宿老や守護代ばかりでなく、奉行人の有力者を評定衆に一定度加えて構成されるところに特徴がある。

宿老が室町期以来の有力内衆であったのに対して、大内の奉行人には戦国期になって姿を現す者が少なくない[51]。彼らのうちの有力者は評定衆の一員にもなっているが、これに加えて、評定式日の前日には奉行人が内々に大内当主の上意を仰ぐシステムが確立しており、評定の裁定に先立って奉行人を通じて当主の発言力が確保される仕組みが作られていたことが分かる。同じく応仁の乱後に分国（河内）に帰国した畠山義就が、小柳・豊岡・花田の「河内三奉行」を組織して国内制圧を進め、義就が死ぬと豊岡・花田の両名が宿老遊佐・誉田によって排除されてしまうという事実は、当主と奉行人の個人的な結合を窺わせる[52]。戦国期守護権力において、当主の発言力の大きさを過小評価すべきではなく、それは特に奉行人という実務官僚層によって支えられていたと考えられよう。

以上のように、宿老層を中心に組織される評定衆と、守護家当主を直接支える奉行人という構図が、諸国守護家にかなり共通して認められるように思われる。そして、このようなあり方を示す戦国期守護権力において、しばしば守護家当主と個人的に結合することにより台頭する人物が出現してくる。第一のケースは、客分的な家臣の介入である。例えば伊予の守護河野においては、天文年間に海賊衆村上（来島）通康が強大な海上軍事力を基礎に軍功を積み、当主通直と緊密な結びつきを形成していく。やがて通直は女婿の通康への家督継承をはかるが、大多数の家臣の反発にあって放逐され、家臣団の擁立した晴通が家督を握るのである[53]。このように、ここでは守護家当主が来島村上と個人的結合を強めて家臣団に対抗しようとしており、両者の結合においてとりわけ婚姻関係が大切な要素になっていたことが分かる。なお、村上通康は家督継承には失敗するものの、まもなく河野姓を獲得する形で家臣団と講和し、以後も河野権力を支えて重要な役割を果すのである。

第二のケースは、新興勢力・新参家臣が当主の個人的な寵愛関係を得て台頭する事例である。その一つの契機は、軍事的才能の重視であろう。戦国期になって軍事的貢献度の占める比重が高まると、宿老を中心として成り立っていた室町期以来の家臣団秩序の原理を突き崩し、身分秩序の改編をめざす動きが展開する。例えば細川京兆家においては、政元による赤沢の登用、晴元による三好の登用などがこの事例に相当する。赤沢宗益については、延徳三年（一四九二）に信濃から上洛すると、たちまち畿内一帯で大きな軍事活動を展開して勢力を伸ばしていったことが指摘されている(54)。また、播磨の別所則治も、文明十五年（一四八三）の山名の播磨侵攻に際して赤松政則から信頼を得、以後軍事指揮権を背景に赤松権力の内部で地位を向上させていくのである(55)。さらに、軍功による抜擢と並んで、当主側近の実務官僚である奉行人層が台頭する場合もある。大内における相良の台頭、義就流畠山における河内三奉行や木沢、政長流畠山における丹下の台頭などに代表されよう。

しかし、こうした動きは戦国期守護権力における内部矛盾を激化させずにはおかない。諸国守護家において、十五世紀後半から十六世紀前半にかけて、当主との個人的結合により台頭した勢力が譜代家臣や宿老と対立を深めて合戦に及ぶケースが散見されるのである。

細川京兆家の場合、今谷明氏は国人不登用策がもたらした分国内におけ有力内衆間の対立、とりわけ外様国衆の不満から京兆専制→政元暗殺の要因を導き出している(56)。しかし、末柄豊氏が説くように、厳密には政元近習の国人と守護代級有力内衆の対立と捉えるべきで、そこには京兆家家督による国人の直接掌握指向と守護代層による国人掌握の動きの対抗的関係が認められる(57)。京兆家権力は評定衆を構成する守護代層の合議制によって運営されており、そこから突出する動きをみせた内藤・上原・薬師寺らが更迭・排除されていく事情は横尾国和氏の研究に詳しい(58)。例えば、明応の政変を主導した上原の場合は、明応二年（一四九三）に細川名字に加わろうとして一族・内者の反発にあい、政元は以後上原一人として申す事を聞き入れないと言明して事態収拾をはかっている。上原は政元との個人的結合を背景に勢力を伸ばし、評定衆の他のメンバーと対立して失脚するのである。

大内の場合は、宿老・守護代層のみならず新参の奉行人などを適宜評定衆に組み込んで権力中枢部の安定をはかっていたことは既に触れた。やがて、大内当主は特定の奉行人と個人的結合を強め、評定衆（宿老）の掣肘から脱しようとする動きを示す。大内義隆による相良武任の登用がそれであり、義隆―武任と宿老層の対立が深まって天文二十一年（一五五二）の義隆襲撃に至るのである。従来、この事件は陶隆房のクーデターと捉えられることが多いが、内藤・杉ら他の宿老層も反乱に加わっており、義隆自害後は大内晴英（のち義長）を擁立したことからみても、単なるクーデターでなく評定衆によって当主が放逐された事件と捉えるべきである。

細川京兆家においても、永正元年（一五〇四）に政元が分国守護代更迭により彼らと対立した事件、同年に反乱を起こした薬師寺与一を討滅した事件、そして同四年の香西一族による政元暗殺事件など、いずれも背景には政元と守護代層の対立が想定できる。阿波細川の場合も早くから有力内衆による屋形排斥の動きが表面化したが、政之排斥の中核は「被官宿老衆東条・一宮・飯尾等」であった[59]。天文二十二年（一五五三）には細川持隆の殺害という事件も起きる。

守護家当主が宿老・守護代層によって放逐されるのとは逆に、守護代の側が滅ぼされたのが近江六角の事例である。六角高頼・定頼の時期（応仁～天文期）、当国では支配文書の根幹は守護代伊庭の直状と奉行人奉書であり、六角―伊庭と六角―奉行人という二つの指揮系統が並存していたとされる[60]。しかし、守護代として地位を向上させた伊庭は、文亀二年（一五〇二）・永正十一年（一五一四）の二度にわたる伊庭の乱によって守護家当主と対立して没落し、以後は守護が奉行人を駆使して権力行使する方式に一元化されるのである。守護家当主と守護代・宿老層が対立した場合、前者が放逐されるか後者が滅ぼされるかは、それぞれの地域的状況や折々の戦闘の推移により相違するのである。

守護家よりも守護代が優位に立った場合、重層的な権力構造が現れる。河内畠山では、宿老を中心とする評定衆が形成されていたことは先述したが、両畠山方の激しい合戦を通じて有力家臣の討死・没落があいつぎ、宿老層の淘汰が進んだ。そうした中で、宿老の中から生き残って強大化していくのが河内守護代を世襲した遊佐である。やがて、守護家と守護代家がそれぞれ奉行人制を整備し、守護権力と守護代権力の重層的構造が出現するのである(61)。分国支配の実権は守護代の側にあり、天文三年（一五三四）には畠山稙長を紀伊に放逐して別人を守護に立て、その後紆余曲折を経て同十一年には再び稙長を紀伊から迎立するという推移をたどっている。同様な重層構造は、和泉細川などでも指摘されている(62)。

本章では、畿内近国から中国・四国を中心に論じてきたが、十五世紀後半から十六世紀前半にかけて、東国の武田や上杉・伊達、九州の大友など、他地域でも同様な権力抗争が起きている。これまで家督紛争として片付けられてきた諸氏の抗争を、戦国期守護権力が抱える共通した内部矛盾の噴出として構造的に捉え直す必要があると思われるのである。

おわりに

戦国期権力のあり方を考える場合、守護が握っていた地域公権がどのような形で再編・継承されていくかということが基本にならなければならない。本章では権力編成の側面から、室町期守護から戦国期守護への変質のプロセスについて論じてきた。

中世後期守護の基本的な権力編成は南北朝内乱を乗り越える中で形成されたものと捉えられる。ところが、十五世紀半ば以降の社会変動に直面して、守護家臣団は拡大・分裂・淘汰を繰り返すようになる。室町幕府―守護体制と結びついて維持されてきた権力秩序の不安定化、戦国状況における軍事力の占める比重の高まりなどを背景に、それまでの宿老を中心とする家臣団秩序が突き崩され、新たな身分秩序形成を求める動きが表面化してくる。こうして守護権力における内部矛盾が激化する中、十五世紀後半から十六世紀前半にかけて、守護家当主やその権威を背景に台頭した勢力が譜代家臣・宿老層と対立を深めて合戦に及ぶケースが散見される。その結果、当主排斥の動きが強まって当主追放→新当主擁立に至る場合も少なくない。室町幕府―守護体制が解体期を迎える中で、もはや上意や諸大名との連携は主要なモメントではなく、守護権力を構成する諸勢力が主導権をめぐるむきだしの権力闘争を展開するのである。

しかし同時に、それが何よりも守護家の家督紛争として具現化したことの意味をおさえておくことも大切である。ほとんどの場合、当主を排斥したのち、これに代わる当主（実子や養子・一族など）を迎えて推戴していくのであり、家臣のうちの誰かが君位を簒奪する例は少ない。むしろ、有力家臣たちは当主を排除することで守護家に結集する権力集団の存続をはかるのであり、守護代が実権を掌握する場合でも守護家の家格は根強く維持されたまま守護代との重層的権力構造が展開する。守護職が特定の家によって体現される面をもち、その職を保持する資格は家格と深く結びつくという構造は容易に破棄されないのである。このことは、いわゆる「下剋上」という捉え方を相対化していく必要を示していると言えるであろう。

(1) 例えば、代表的な戦国期研究者である永原慶二氏や勝俣鎮夫氏などの議論をみると、相良・六角・毛利・後北条などを事例に、それぞれの権力の質の違いを軽視したまま、戦国大名権力の発展過程として論が立てられている。こうした理解は、中世の武家を在地領主に還元して捉える領主制論の悪弊を引きずっているように思われる。
(2) 今岡典和・川岡勉・矢田俊文「戦国期研究の課題と展望」(『日本史研究』二七八、一九八六年)。
(3) 家永遵嗣「将軍権力と大名との関係を見る視点」(『歴史評論』五七二、一九九七年)。
(4) 文明三年五月十六日室町幕府奉行人奉書・細川勝元書状(『島根県史』七、「佐々木文書」)。
(5) 応永十年四月十九日山名満氏書状(『広島県史』古代中世資料編V、「福原家文書」)。
(6) (応永八年)三月十一日山名常熙書状(『大日本古文書』「山内首藤家文書」七八)。
(7) 永徳二年二月三日畠山基国書状(『藤井寺市史』四、「土屋家文書」)。
(8) 応永十一年九月六日山名満氏書状(「福原家文書」)。
(9) 応永十一年九月二十三日安芸国人一揆契状(『大日本古文書』「毛利家文書」二四)。
(10) 年欠七月三十日山名常熙書状(「毛利家文書」四一)。
(11) (応永十三年)閏六月二十六日山名常熙書状(「毛利家文書」三九)。
(12) 応永十一年九月十一日室町幕府御教書(「福原家文書」)。
(13) 寛正七年三月日毛利豊元雑掌申状(「毛利家文書」一一九)。
(14) 年欠十月十一日山名満氏書状(『大日本古文書』「吉川家文書」二五六)。
(15) 『建内記』(『大日本古記録』)嘉吉元年七月一日条。
(16) 『建内記』文安四年正月二十四日条。
(17) 『建内記』文安四年二月条。
(18) 『満済准后日記』(『続群書類従』)正長二年二月十三日条。
(19) 『満済准后日記』永享二年十二月十六日条。
(20) 小川信「守護大名細川氏における内衆の成立」(『国史学』七七、一九六八年、のち『足利一門守護発展史の研究』吉川弘文館、一九八〇年に所収)。
(21) 今谷明「摂津に於ける細川氏の守護領国」(『兵庫史学』六八、一九七八年、のち今谷『守護領国支配機構の研究』法政大学出版局、一九八六年に所収)。
(22) 『満済准后日記』永享三年五月二十四日条。
(23) 応永十一年三月日氷上山興隆寺本堂供養日記(山口県文書館蔵「興隆寺文書」)。
(24) 『大乗院寺社雑事記』(『続史料大成』)康正三年二月二十一日条。
(25) 『建内記』嘉吉元年七月一日条。
(26) 『満済准后日記』永享五年十一月三十日条。
(27) 『満済准后日記』正長元年八月六日条。
(28) 『満済准后日記』正長二年八月二十四日条。
(29) 『満済准后日記』永享五年十一月三十日条。
(30) 『建内記』文安元年五月十九日条。
(31) 『建内記』嘉吉三年二月十七日条。
(32) 『満済准后日記』永享三年九月二十四日条。
(33) 『建内記』嘉吉三年五月二十三日条。
(34) (享徳三年)十二月十一日細川勝元書状(『広島県史』古代中世資料編V、「保坂潤治氏旧蔵文書」)。
(35) 『康富記』(『史料大成』)享徳三年八月二十一日条。
(36) 康正三年六月日吉川信経申状案(「吉川家文書」二一八八)。
(37) 年欠十二月二十五日大内政弘書状写(『大日本古文書』「小早川証文」三九九)。
(38) 勝俣鎮夫「戦国法」(『岩波講座日本歴史』八、一九七六年、のち勝俣『戦国法成立史論』東京大学出版会、一九七九年に所収)。
(39) 今岡典和「戦国期の守護権力——出雲尼子氏を素材として——」(『史林』六六—四、一九八三年)。

(40) 年欠八月二十日山名俊豊書状（「山内首藤家文書」一六七）。
(41) 『大乗院寺社雑事記』文明二年五月二十二日条。
(42) 年欠十一月二十二日京極生観書状（「佐々木文書」）。
(43) 応仁二年十二月二十九日京極生観書状、八月二十三日京極生観書状（「佐々木家文書」）。
(44) 文明十五年十一月十五日村上吉充譲状（『広島県史』古代中世資料編Ⅳ、「因島村上文書」）。
(45) 年欠正月二十一日山名俊豊書状（「山内首藤家文書」一六九）。
(46) 年欠八月二十日・九月十一日山名俊豊書状（「山内首藤家文書」一六七・一七二）。
(47) 年欠十二月二十七日山名氏年寄連署副状（「山内首藤家文書」一七五）。
(48) 『建内記』文安元年五月十九日条。
(49) 横尾国和「細川氏内衆安富氏の動向と性格」（『国史学』一一八、一九八二年）。末柄豊「細川氏の同族連合体制の解体と畿内領国化」（石井進編『中世の法と政治』吉川弘文館、一九九二年）。
(50) 佐伯弘次「大内氏の評定衆について」（『古文書研究』一九、一九八二年）。
(51) 松岡久人「西国の戦国大名」（永原慶二他編『戦国時代』吉川弘文館、一九七八年）。
(52) 川岡勉「河内国畠山氏における守護代と奉行人」（『愛媛大学教育学部紀要　第Ⅱ部　人文・社会科学』三〇―一、一九九七年、本書第三部第二章）。
(53) 川岡勉「戦国期における河野氏権力の構造と展開」（『古代中世の社会と国家』清文堂、一九九八年、本書第三部第三章）。
(54) 森田恭二「細川政元政権と内衆赤沢朝経」（『ヒストリア』八四、一九七九年、のち中世公家日記研究会編『戦国期公家社会の諸様相』和泉書院、一九九二年に所収）。
(55) 渡邊大門「東播守護代別所則治の権力形成過程について」（『地方史研究』二七二、一九九八年）。
(56) 今谷明「後期室町幕府の権力構造――とくにその専制化について」（『中世日本の歴史像』創元社、一九七八年、のち今谷『室町幕府解体過程の研究』岩波書店、一九八五年に所収）。
(57) 末柄前掲「細川氏の同族連合体制の解体と畿内領国化」。

(58) 横尾国和「摂津守護代家薬師寺氏の動向と性格」(『国学院大学大学院紀要』一二、一九八〇年)。同「明応の政変と細川氏内衆上原元秀」(『日本歴史』四二七、一九八三年)。同「細川内衆内藤氏の動向」(『国学院雑誌』八九―九、一九八八年)。
(59)『長興宿禰記』(『史料纂集』)文明十四年七月二十六日条。
(60) 細溝典彦「六角氏領国支配機構の変遷について」(『中世史研究』五、一九八〇年)。
(61) 川岡前掲「河内国畠山氏における守護代と奉行人」。
(62) 矢田俊文「守護細川氏と守護代松浦氏の自立」(『高石市史』一、一九八九年、のち矢田『日本中世戦国期権力構造の研究』塙書房、一九九八年に所収)。

第二章　河内国守護畠山氏における守護代と奉行人

はじめに

室町幕府―守護体制を基軸に展開してきた中世後期の権力支配のあり方が、戦国の動乱が激化する中でどのような変質を遂げるか、このことを見定めることは戦国期社会の評価にかかわる重要な課題である。この点に関連して、毛利氏などの国人領主権力においては、戦国期になると家臣の自立性を剝奪して家中支配が強化され、強力な家中軍隊を基盤とする戦国期権力へと脱皮していくことが指摘されている(1)。それに対して、守護権力に関しては、戦国期への権力的転回の実態が十分明らかにされているとは言いがたい。本章はこの点を解明する一環として、室町幕府―守護体制の中枢にいた河内国守護畠山氏を取り上げ、その権力構造の変質を、とくに家臣団の編成から読み取ろうとするものである。

畠山氏は、十四世紀の末に畠山基国が初めて管領職に就任して以来、三管領家の一つとして幕政の中枢を担って活動していく。基国の跡を継いだ満家とその子持国の時代に、畠山氏は最盛期を迎える。しかし、持国の後継者をめぐる抗争から畠山氏は分裂状態に陥り、十五世紀半ば以降、長期にわたる戦乱を繰り広げていくのである。

戦国期の河内畠山氏に関しては、河内支配の実態や権力編成の特質などを中心に、近年飛躍的に研究が深化してきている(2)。本章では最近の研究成果を踏まえながら、両畠山氏を対比しつつ、室町期から戦国期にかけて権力編成がどのように変化していくのかについて検討を加えていくことにしたい。

一　室町期の畠山氏権力

本節では、室町期の畠山氏権力はどのような家臣団に支えられていたかを、残された史料から探ってみよう。

明徳三年（一三九二）、畠山基国が侍所頭人として相国寺供養に参加したとき、遊佐河内守国長を筆頭に郎等三十騎がこれに従った。(3)三十騎の内訳は、斎藤氏が五騎、遊佐氏が四騎、神保氏が三騎とつづき、三宅・槇島氏が各二騎、このほかに誉田・隅田・椎名氏ら十四氏が各一騎を出している。その後、応永〜永享期の京都では、遊佐・斎藤・神保・誉田氏ら、五・六名の有力被官人が畠山氏の手足となって活動していたことが知られる。(4)中でも遊佐河内守国盛と斎藤因幡守の二人は、応永末年から永享初年にかけてその名が頻出し、管領畠山満家の両使として幕閣の間の連絡や意見調整に当たっていた。このうち遊佐国盛は父国長以来河内国守護代を世襲した人物であり、もう一人の斎藤因幡守も遊佐氏と並ぶ最有力家臣である。

永享十三年（一四四一）正月二十九日、畠山持国は俄かに将軍義教の勘気をこうむり、没落を余儀なくされた。これは上意に従わない守護に厳罰をもってあたる義教の政治姿勢によるところが大きかったが、持国と義教の関係悪化を前にして、持国を河内に下向させ弟持永に家督を継承させることを画策したのは、遊佐勘解由左衛門尉国政と斎藤因幡入道の二人であった。国政は国盛の子息で河内国守護代を継いでいた人物とみられ、斎藤氏とともに、畠山氏一流の安全をはかるために代替わりをはかったのである。

ところが、まもなく嘉吉の乱で義教が暗殺されると、持永に与していた被官人たちはぞくぞくと持国のもとに走った。持国は家督交替を策した張本人である遊佐と斎藤を憎み、両名の切腹を求めた。孤立した二人は、持永を擁したまま没落してしまうことになる。幕府に再出仕した持国は、まもなく管領に就任し、五番編成からなる被官人を供奉して管領職出仕始をおこなった[(5)]。このときの顔触れは、一番が遊佐弾正と誉田三河、二番が遊佐蓮門と誉田遠江入道子息、三番が斎藤六郎左衛門尉と土肥、四番が洲田右京亮と斎藤兵庫、五番が神保と椎名次郎左衛門尉である。

以上の事実から、室町期においては、河内守護代の遊佐氏をはじめ、斎藤・神保・誉田氏ら、限られた一族から出た家臣が畠山氏権力の中枢を占めていた様子がうかがえる。そして、畠山氏の家督の存立は、将軍家＝上意の承認如何にかかっているとともに、遊佐氏や斎藤氏をはじめとする有力被官人の総意にも支えられていた。有力被官人たちは、ときに家督を交替させてまで畠山氏権力の安定をはかろうとする動きをみせたのである。

文安元年（一四四四）五月、管領持国の両使を務めた誉田備前入道・隅田佐渡入道について、「両人者、管領中当時評定衆内宿老也」と記されている[(6)]。誉田氏の台頭は前述の管領職出仕始における被官人構成からもうかがえるところである（同時期に紀伊国口郡の守護代を務めた者に誉田久康がいる）。隅田佐渡入道も宝徳二年（一四五〇）に山城国上三郡の守護代に就任した人物で、彼ら守護代クラスの有力被官人が宿老として畠山氏の評定衆を主導していたのである。

室町・戦国期の守護家においては、評定衆と呼ばれる機構が共通して認められ、彼らの衆議が守護家当主の動きを規制していた。義教暗殺後の動揺する幕政を主導して「近日、畠山権勢無双也[(7)]」と表現された持国の権力も、彼ら守護代クラスの有力家臣による衆議に支えられていたのである。

彼らは、評定衆に名を連ねて畠山氏権力を支えると同時に、配下の被官人を小守護代・郡代などに任じて分国経営を担当させた。遊佐河内守家が代々守護代を務めた河内の場合、遊佐氏の被官人である草部・菱木・中村氏らが下級行政機構を担った。なお、草部氏や菱木氏が和泉国出身者であったように、室町期の河内支配において河内出身者の

登用は少なく、今谷明氏はそれこそが室町期的守護支配の特徴だとしている。(8)

ところで、家臣団の衆議は相互の対立関係を内包しており、単純に一元的なまとまりを示していたわけではない。守護家の被官人たちの一揆的構造を指摘した久留島典子氏は、彼らが一面で強い求心性をもっていたことを指摘している。(9)だからこそ、主家が何らかの分裂をみせると、たちまちそれを契機とした被官人の分裂へと結果し、両派の抗争が熾烈化・長期化していくという。畠山氏にあっても、権力の主導権をめぐる抗争が、何よりも畠山氏の家督紛争として表面化した点が重要である。

周知のとおり、畠山氏分裂の起点は、畠山持国の後継者をめぐる対立にある。もともと持国の跡目については、その弟持富が養子となって畠山氏を相続することが治定していた。ところが、文安五年（一四四八）十一月に、持国は石清水八幡宮の社僧になっていた十二歳の実子を召出して元服させ、畠山氏の惣領に立てるのである。これが畠山義就（はじめ義夏）であり、まもなく持国から惣跡を譲与され、将軍家から安堵の御判を賜っている。

享徳三年（一四五四）四月、持国の宿所で家人らの陰謀が発覚した。「遊佐・神保・土肥・椎名、叛畠山伊予守、欲執立同名弥三郎成総」(10)とあるように、持国の病を機に家人らが伊予守（義就）の排斥を策し、代わりに持富の子弥三郎の擁立をはかった。しかし、この陰謀は事前に露見し、首謀者とみられる神保父子が遊佐国助に攻められて討死したほか、土肥・椎名氏ら十七人が没落するのである。

畠山氏の分裂・抗争を論じた熱田公氏は、(11)『康富記』の「畠山被官人等一揆背伊予守」(12)という記事から、この事件の根本原因を被官人の分裂と抗争に求めている。たしかに、この一揆参加者の中には、当時の畠山家臣団の主流派と思われる人々は見出せない。例えば、山城下五郡守護代の遊佐河内守国助をはじめ、山城国上三郡守護代の隅田佐渡入道、河内国守護代の西方国賢、さらに誉田氏や甲斐庄氏らは、むしろ一貫して持国・義就を支持して活動するのである。逆に、弥三郎擁立を策した神保・遊佐・土肥・椎名氏らは、熱田氏の言うように、いずれも越中と深いかかわりをもつ被官人であり、畠山氏家臣団においては反主流派と捉えることができる。したがって、この事件は神保氏を中心とする反主流派の被官人グループによる権力闘争という色彩が濃厚である。

但し、この陰謀が、何よりも義就を排斥して別の後継者を擁立する動きとして表面化した点に注意する必要がある。その淵源は、かつて持国によってなされた強引な後継者の変更にあり、これに対する反発が家臣団の分裂を引き起こしていったと考えざるをえない。恐らくは、後継者からはずされた持富の不満が神保氏を中心とする被官人グループと結びつき、それが持国の病を機に、持富の子弥三郎擁立の陰謀となって表れたとみるべきであろう。そして彼らの背後には畠山氏の強盛を喜ばない細川勝元がおり、さらに大和の国人層の利害も絡んで内紛が長期化していくのである。

前述したように、室町期の畠山氏権力は評定衆を構成する有力被官人の衆議に依存する面が大きかった。このことは、守護権力の安定を保証するものであると同時に、逆に分裂を生み出す要因ともなりえた。畠山持国は彼らの支持を取り付けることに細心の注意を払う必要があったにもかかわらず、後継者を強引に交替させたことで自ら分裂の火種を生み出してしまったのである。

二　義就流畠山氏における守護代と奉行人

両畠山氏の抗争は当初義就方が優勢であり、享徳四年（一四五五）の河内合戦を制して、弥三郎方を追い落とした。ところが長禄四年（一四六〇）になると、義就方は大幅な勢力の減退をきたす。この年五月、紀伊の合戦で守護代遊佐豊後守盛久・神保近江入道父子・木沢山城守ら七百余人が戦死し、十月の大和龍田の合戦では河内国守護代遊佐国助、山城国両守護代の誉田金宝・誉田祥栄らを失うのである。義就方の有力家臣が軒並み戦死を遂げたことで、被官人の構成は大幅に変化したものと考えられる。

このあと一旦吉野に没落した義就は、文正元年（一四六六）に河内に帰還し、そのまま上洛して応仁の乱を引き起こすことになる。応仁二年（一四六八）五月の義就方家臣奉書には、遊佐就家・誉田就康・遊佐盛貞・斎藤宗時・木沢助秀の五名が連署しており、[13]当時の義就方の中心メンバーが知られる。しかし、文明七年（一四七五）に誉田某が死去したとき、「彼披（被）官人共近日済々逝去或遁世籠居」[14]と記されており、被官人の死や隠棲が相次いで義就方は衰運に向かった。このような情勢の中で、義就は国内の力関係の逆転をはかるために河内帰国を決意し、同九年に応仁の乱は終わりを告げた。河内に下向した義就は、新たに誉田屋形を建設し、ここを拠点に分国支配を強めていくのである。

この頃から、義就の権力編成に重要な変化が認められる。第一に、義就直属の馬廻衆が、義就方を構成する重要な軍事力の一つとして見出されることである。義就が河内に入部したときの軍勢は、馬上二百余騎・具足二千余人とされるが、先陣を勤めた遊佐中務が馬上二十五騎、後陣を固めた誉田氏が馬上四十二騎であったのに対し、義就は馬上七十五騎・射手八十余人・楯百八十余帖を従えている。[15]文明十五年（一四八三）に義就方が北河内の犬田城を攻めたときには、攻手の軍兵の中に誉田や遊佐と並んで馬廻衆が名を連ねている。[16]

第二に、義就側近の奉行人層の台頭である。文明十六年（一四八四）、義就は山城の寺社本所領のうち、興福寺・春日社・石清水八幡宮領については煩いを加えないことを約した。このとき義就の意をうけて山城国内の所務を担当していたのが、花田・小柳・豊岡の三奉行である。[17]義就方においては寺門奉行の誉田三郎左衛門尉が興福寺との交渉窓口であったが、五月末に派遣された興福寺の使者は誉田が若江に在陣していたため、花田・小柳の両名を介して義就に取り継ぎを求めている[18]。十一月にも興福寺は義就に使者を送り、誉田方より事書の披露を求めるとともに、内々に花田と小柳を通じて申し入れをおこなうのである[19]。

ここに名前のみえる花田家清・小柳貞綱・豊岡慶綱の三名の連署奉書が、金剛寺や観心寺に残されており、彼らは「河内三奉行」と呼ばれている[20]。寺門奉行を務める誉田氏の如き行政事務を分掌して公的支配を担う奉行人と違って、彼らは義就に直接結びついてその意思を支える奉行人であった。このうち豊岡氏は義就から大和の平群郡に給恩地を与えられた河内国人であり[21]、花田氏も河内の八上郡花田郷出身の国人とみられる。小柳氏の出自は不明であるが、同じく河内国内に基盤をもっていた可能性が高い。

このように在国支配体制を確立した義就は、国内の領主層を登用しながら自らの直接的基盤を固め、これを通じて河内経営を強めていった。直属の軍隊や官僚層を生み出したところに、戦国期の守護家の一つの達成を見出すことができよう。こうした中にあっては、守護代をはじめとする旧来の家臣たちの地位は相対的に低下していかざるをえない。

延徳二年（一四九〇）、前年来体調を崩していた義就は、年末に五十四歳で死去した。義就の死は、畠山氏権力の内部に新たな事態を生じさせた。すなわち、翌年二月、義就と個人的に結びつくことで台頭してきた「河内三奉行」のうち、花田・豊岡の二人が国を追われ、小柳貞綱一人が残るのである[22]。この事件は遊佐と誉田の所行と伝えられ、彼ら有力家臣が奉行人を追い落として発言力を高めようとしたものと考えられる。事件直後に遊佐就家が金剛寺に安堵状を発給しており、義就の子息次郎基家への家督継承が整うまで、河内国守護代として守護権を代行する動きをみせた。

このあと基家は、将軍足利義材の河内出陣によって窮地に陥ったが、明応の政変勃発で危機を脱した。ところがやがて、有力家臣である遊佐と誉田の間で対立・抗争が起きる。明応六年（一四九七）、両氏の知行する在所の地下人どうしが橘島用水をめぐって合戦に及んだことをきっかけに、基家方を二分する武力衝突に発展するのである。この合戦は遊佐氏の勝利に終わるが、この機に乗じて政長流の畠山尚順勢が侵攻を開始し、たちまち河内制圧を果した。基家はまもなく反攻に転じたが、誉田や平の寝返りに遭って敗退し、遊佐河内守や遊佐越中守子息ら、有力家臣を失ってしまう。以後も義就流畠山氏はふるわず、基家自身も同八年に自害に追い込まれるのである。

基家自害後の不安定な時期に、遊佐河内守家を継いで活動したとみられるのは遊佐就盛である。しかし同時に、基家の遺児義英を支える奉行人の活動が確認される。文亀元年（一五〇一）十二月、義英が観心寺に対し「御構ノ堀銭」を賦課したとき、上使として遣わされたのは、遊佐氏より若党二人、「両奉行」（小柳・木沢）より各一人の計四名であった。[23] 役銭徴収が、守護代遊佐氏ルートと奉行人ルートという、二系統からなされている点は大変興味深い。また翌年五月、観心寺学侶は古市郡西浦の田地の安堵を求めて畠山氏に申状を提出したが、この申状は一通が御屋形様（義英）の奉行所、もう一通が遊佐河内守の奉行所に提出されている。[24] やはり、守護奉行人ルートと守護代ルートが併存していたのである。

永正元年（一五〇四）七月十八日、義英は観心寺に対して全部で七通に及ぶ禁制・安堵状・寄進状を発給し、名実ともに義就流畠山氏の家督継承者としての活動を開始した。このとき同じ日付で、守護代遊佐就盛も段銭以下の課役免許状を発している。[25] ここで就盛は、延徳三年（一四九一）の基家安堵状と前守護代遊佐就家の下知状を権利認定の根拠としている。就家下知状といっても、実は基家安堵状の旨に任せて遵行すべきことを小守護代に命じたものにすぎない。しかし、それが就盛の段階で権利認定の根拠とされたことの意味はやはり大きい。矢田俊文氏は、守護による権利付与の文書と守護代発給の文書という、二つがそろってはじめて権利が保証される時代が到来したと評価している。(26)前述した守護奉行人ルートと守護代ルートの併存という事態とも符合する事実とみることができよう。

もちろん、観心寺の権利を保証する根本文書である禁制・安堵状・寄進状などの発給主体はあくまでも畠山義英なのであって、遊佐氏がそれに代わる権限を行使できたわけではない。したがって、守護の文書と守護代の文書は、同等の機能を果したとはいいがたい。しかし、自害した基家の跡継ぎが幼年であり、細川政元の後援を得て辛うじて政長流畠山氏に対抗しうるという状況下にあって、義就流畠山氏の権力編成は十六世紀初頭以降、大きく変質を遂げていった。守護家と守護代家がそれぞれに奉行人機構を整えて自立性を高めながら、両者が重層的に結合する形で畠山氏権力が維持されていくのである。

この時期の畠山氏奉行人についてみると、前述した文亀元年（一五〇一）の時点で「両奉行」として名前がみえたのは小柳・木沢両氏であった。このうち小柳貞綱は、義就の時代から「河内三奉行」を務めていた人物で、義就の死後豊岡・花田両氏が追放されたあとも、奉行人としての地位を保持していた。貞綱以後も、大永・享禄年間には小柳家綱がしばしば奉行人奉書に連署しており、永正年間に両奉行人の一方を務めた康綱も小柳氏であった可能性が高い。さらに、天文末年に畠山在氏・同尚誠のもとで活動したのは、木沢矩秀と小柳綱であった。このように小柳氏は、義就流畠山氏の歴代を通じて、奉行人としての活動が認められるのである。

一方、小柳氏と並んで「両奉行」の地位にあった木沢氏は、十五世紀から畠山氏の被官人として名前のみえる一族であり、十六世紀に入ると義就流畠山氏の奉行人として台頭してくる。とくに大永末年以降、義英の子義堯の時代に急速に勢力を拡大するのが木沢長政である。長政は、大永七年（一五二七）に遊佐堯家が京都の合戦で敗れて出奔した後、河内国守護代に就任したとされる。このことは、守護代を世襲してきた遊佐河内守家が没落し、畠山氏権力の重層的構造が解消されたことを意味する。

長政の強大化の要因は、何よりも細川晴元との緊密な結びつきにある。義就流畠山氏が細川京兆家に支えられて存続していた事情を背景に、長政は晴元から個人的な信頼を勝ち取り、これを自身の権力の源泉として畠山氏の権力秩序を改変させていくのである。そして、やがて主人の義堯に背いて兵を挙げ、享禄五年（一五三二）には一向一揆の援軍を得て義堯を自害に追い込むまでになる。

義堯の死後、長政は観心寺に安堵状・禁制などを発給して河内の支配権掌握を示したが、まもなく義堯の弟在氏を畠山氏家督に擁立し、自身はその守護代として河内経営をおこなった。天文六年（一五三七）十一月十三日、在氏は観心寺に対して禁制・安堵状・寄進状など七通の文書を発給して家督継承者としての立場を明示した。ところが、同じ日に長政の父木沢浮泛も観心寺に安堵状を発給しており、その中には「任御代々御判之旨幷長政一行」という文言が認められる。(27) 畠山氏家督による継目安堵と並んで長政の安堵状が権利認定の根拠とされたのである。

なお、このとき観心寺側は、安堵をうけるに際して畠山氏権力の主立った人々に礼銭を送り届けている。(28) すなわち、「飯盛御屋形様」（在氏）に三貫文、三人の「御屋形様御奉行」（平英正・井口美濃守・木沢中務丞）に各一貫文、木沢浮泛・長政父子に各一貫文、取継人となった窪田家利に二貫文である。守護奉行人ルートが木沢父子から自立する形で維持されていたようにもみえるが、三奉行の一人である木沢中務丞は実は長政の弟である。遊佐河内守家に代わって守護代となった木沢氏は、同時に守護家の奉行人機構にも基盤を有しているのであり、もはや畠山氏家督はこれに対抗する力を持ちえなかった。

それから四年後、木沢長政は細川晴元に背いて兵を挙げ、翌天文十一年（一五四二）三月に政長流畠山氏の軍勢と戦って敗死してしまう。長政の死は、義就流畠山氏の衰亡をも決定づけるものであった。牢人となった在氏はやがて晴元に帰参して生き残りをはかるけれども、三好氏と結んだ政長流畠山氏に圧倒されていった。天文十八年（一五四九）六月、在氏の後継者である尚誠から継目安堵をうけた観心寺は、尚誠に礼銭二貫文を送るとともに、両奉行（小柳綱・木沢矩秀）にも各一貫文を送っている。(29)このように奉行人層に支えられながら細々と活動をつづけた義就流畠山氏であったが、再び河内の支配権を回復する日が訪れることはなかったのである。

三　政長流畠山氏における守護代と奉行人

政長流畠山氏は、享徳三年（一四五四）の義就排斥事件以来、義就の家督継承を忌避する被官人たちが中心になって擁立した一流である。しかし、この陰謀の首謀者であった神保父子・土肥・椎名氏らが討死・没落したこともあって、分裂当初の政長流畠山氏の権力基盤は強固なものではなかった。むしろ、義就流畠山氏に対抗する大和国衆や細川氏に支えられる面が強かったと言える。合戦の主力も大和国衆であったし、長禄三年（一四五九）の政長擁立も大和の成身院光宣の計略によるものであった。

畠山氏の本国である河内においても、義就方に比べて国人層の組織化は立ち遅れていたようである。しかし、長禄四年の合戦を機に義就方は大幅な勢力後退をきたし、両畠山氏の力関係は逆転する。まもなく吉野に没落した義就に代わって、政長方の河内経営が開始され、守護代遊佐河内守長直が中心となって国内に勢力を植えつけていくのである。

応仁の乱中は、政長方が河内の主要部を押えて優位を示した。京都の戦乱が長引く中で、分国経営の重要性がこれまで以上に認識されるようになると、政長は「国成敗」のために遊佐長直を河内に下向させている。(30)しかし、文明九年（一四七七）に義就が河内に帰国すると、長直は国外逃亡を余儀なくされており、国内の力関係は再び逆転することになる。

政長は同十四年に河内に下向して、義就方に合戦を挑んだ。両畠山氏の対陣が長期化する中で、明応二年（一四九三）には、将軍足利義材が義就流畠山氏を退治するため出陣に踏みきった。ところが、明応の政変勃発によって義材は将軍の座を追われ、義材と行動を共にしていた政長も正覚寺の合戦で自害に追い込まれてしまう。このとき、守護代の遊佐長直をはじめ、政長方の主立った家臣が多数討ち死にしている。それから四年後、義就流畠山氏の内紛にも助けられて、政長の子尚順が念願の河内制圧を果した。そして、永正・大永年間には、細川高国と結んだ政長流畠山氏が河内国内で優勢を示すのである。

さて、政長流畠山氏においても、尚順期から守護奉行人の活動が活発化している。

この時期に政長流畠山氏の奉行人として活動した人々には、神保慶恵・丹下盛祐・池田光遠・丹下盛賢・足代行忠・三宅道三・曾我山崇らがいる。とくに丹下盛賢は、守護代の文書に匹敵するほど堂々たる様式を備えた文書を発給しており、尚順とその子稙長の支配を支えた[31]。このように、義就流畠山氏よりも遅れたとはいえ、政長流においても十五世紀末以降、奉行人機構の整備が認められるのである。

但し、義就が応仁の乱終結以降自ら河内に下向して在地支配を強めていったのに対して、管領を務める政長の河内支配は守護代の遊佐長直に依存する面が大きかった。政長と長直が正覚寺合戦で死去したのちは、遊佐順盛が尚順の河内経営を支えた。とくに、永正五年（一五〇八）以降、尚順が在京して幕政に関与することが多くなると、在地に対する順盛の影響力はますます拡大していくことになる。義就流畠山氏が細川澄元と結んで蜂起した同八年七月には、河内の守護権を代行して「国之儀」を固守する順盛に将軍義尹の御内書が発給されている[32]。

そして、この頃から遊佐氏の被官・奉行人とみられる人々が、活発な活動を展開しはじめる。同九年五月、草部伊家・走井康秀・田川重忠の三名は、橘島亀井の地を闕所地に含めずに真観寺に引き渡すよう、両代官（萱振・吉益氏）に命じている(33)。この土地は当時係争地となっており、糺明の結果、先年畠山政長が買得して真観寺に寄進したものであったことが判明したからである。

ここに名前のみえる草部・走井・田川氏や萱振・吉益氏は、いずれも遊佐氏の被官として河内支配に深くかかわった人々である。このうち萱振・吉益については、両氏が天文十四年（一五四五）と翌十五年に発給した連署状が真観寺に残されており(34)、同二十一年には萱振氏が河内の上郡代であったことも確認できる(35)。天文年間の史料にみえる「遊佐内河内両郡代(36)」という記述を考えあわせると、両氏は永正年間以来、遊佐氏の配下で河内の両郡代を務めていたと判断されよう。

一方、草部・走井・田川の三氏については、遊佐氏の奉行人と捉えるのが適当であろう。郡代を務めていた吉益氏もやがて奉行人に連なったものとみられ、天文末年には金剛寺や高安郡給人中に宛てた走井・田川・吉益氏の連署状が残されている。以上のように、遊佐氏は配下の奉行人や両郡代を駆使して、闕所地の管理、所務相論の裁定、課役の徴収などに当たらせた。順盛が自らの被官に闕所地を預け置いた事例も認められ(37)、遊佐氏は在地を直接に把握することによって自立性を強めていくのである。

畠山尚順は子息稙長が元服した永正十二年（一五一五）頃より京都を去って紀伊に在国した(38)。河内の支配権はひきつづき守護代遊佐順盛の手に握られており、同十五年には大和の国人箸尾・万歳氏を退治するよう命じた幕府奉書が遊佐氏に宛てて発給されている(39)。同十七年八月、紀伊の広城にいた尚順が内衆と合戦に及び、打ち負けて逃亡するという事件が起きる。これは尚順の支配に不満をもつ紀伊の国人が遊佐順盛と示し合わせて尚順を追放したものとみられ、稙長の弟が広城に入った。[40] 順盛の影響力は河内ばかりでなく紀伊にまで及んでおり、稙長を擁して畠山氏権力の実権を握っていたことが知られよう。

大永末年以降、細川晴元の後押しをうけた義就流畠山氏が攻勢に出る中で、天文三年（一五三四）、政長流畠山氏の側では遊佐順盛の子長教が当主稙長を廃して紀伊に追放し、弟長経を後継者に擁立するという事件が起きる。このあとも畠山氏の家督は変転を重ねており、同五年以降は畠山晴熙が高屋城に拠り、同七年には晴熙に代わって高屋に入城した畠山弥九郎が家督を承認されている。家臣たちの支持を失った長経は、同十年に至って毒殺されてしまう。さらに、翌十一年に弥九郎が高屋城を出奔すると、遊佐氏らは紀伊の稙長を再び当主に迎えるのである。

このように、政長流畠山氏においては、当主が在京して幕政に関与する機会が多かったこともあり、政長期の遊佐長直以来、分国支配に関しては守護代遊佐河内守家に依存する面が大きかった。このことは家督の地位を頗る不安定なものにしていき、紀伊国人と示し合わせて尚順を紀伊から追い落とした順盛や、稙長を河内から追放した長教など、遊佐河内守家は畠山氏を脅かすほどの勢威を振るうのである。天文六年（一五三七）に遊佐長教が金剛寺領を安堵したときも、畠山氏の判物のみならず父順盛の証状を権利認定の根拠にしており、在地支配に関する遊佐氏の権限は畠山氏に匹敵するほどの高まりをみせていった。

とはいえ、以上の如き強大な権限をふるった遊佐氏も、守護畠山氏に取って代わろうとしていたわけではない。大永七年（一五二七）六月の高野山金剛峯寺加明院来迎堂修理勧進帳には、畠山一族につづいて遊佐順盛を筆頭とする十二名の人々が連署しており、守護権力の内部で家格秩序が維持されていたことが指摘されている。[41] しかし、この十二名の中には、丹下・三宅・池田・足代らの守護奉行人層に混じって、草部伊家・走井四郎兵衛尉など遊佐氏の奉行人とみられる者が含まれている。畠山氏権力の内部で遊佐氏の被官人が台頭していたことが知られよう。

畠山稙長の河内帰国後は、守護代遊佐長教とその配下の走井盛秀、守護奉行人系列の丹下盛賢や平盛知・斎藤四郎右衛門尉らが、畠山氏権力の中枢を構成していた。天文十四年（一五四五）に稙長と老臣丹下盛賢が相ついで亡くなると、畠山氏の後継者がなかなか決まらない中で、遊佐長教のもとにますます権力が集中していった。前述の田川・走井・草部・吉益・萱振氏をはじめ、行松・菱木・由上・恩智・安見氏ら、遊佐氏被官とみられる者たちが、一段と活発化な活動を展開するのである。彼らは課役の賦課・免除、相論の裁定、百姓の統制など、在地を直接的に秩序づける役割を担った。

このように遊佐氏の被官人が台頭するにつれて、遊佐氏自身も彼らの統制に腐心せざるをえなくなる。『天文日記』天文五年（一五三六）七月二十三日条によれば、本願寺に音信を寄せた遊佐長教は、父順盛の時と同様の親交を求め、法主証如の一筆を所望してこれを内者に見せたいと述べている。本願寺法主との交信により自身を権威づけ、被官人の統制をはかろうとしたのであろう。『同』天文七年二月六・八日条では、本願寺門徒の河内還住の許可を求められた長教が、年寄共に尋ねた上で返事を与える旨を述べている。ここでいう年寄とは遊佐氏の重臣を指すものと思われ（菱木孫左衛門を遊佐氏の内で三番目の年寄とする記述が認められる[42]）、被官人が発言力を高めていたことがうかがえる。

天文二十年（一五五一）五月、長教が上郡代の萱振氏の手にかかって暗殺されるという事件が起きる。萱振氏は長教を殺害して河内の支配権を奪取しようとしたのであろう。ところが、このあと萱振氏は下郡代の安見宗房と対立を深め、翌年二月になって、萱振一族やこれに同心する野尻・中小路氏らは、宗房によって粛清されてしまうのである。

若江郡萱振を本拠地とする萱振氏は、「米銭以下充満シ彼国ニテハ随分ノ果報者ニテアリケル[43]」と表現されるほどの経済力を誇り、永正年間以来遊佐氏から上郡代に任じられていた一族である。一方の安見宗房は、錦部郡にいた彼方氏の中間から身を起こし、長教に鑓の名手として目をかけられて急速に台頭してきた人物である[44]。戦国期の遊佐氏は、彼ら在地の小領主・地侍層を積極的に組織していくことによって強大な権力を獲得したのであるが、いまや遊佐氏自身が彼らによって権力を脅かされるに至ったのである。

両氏の家格は、守護畠山氏・守護代遊佐氏はもとより、守護奉行人丹下氏や守護代奉行人走井氏などよりも低かったとみられる。にもかかわらず、より在地に密着した彼ら郡代クラスの手に河内支配の実権が下降していく現象が認められるのである。但し、一連の事件の後も、守護畠山氏や守護代遊佐氏の地位が否定されたわけではない(45)。萱振一族の粛清後まもなく、畠山高政が守護家督に就任し、遊佐太藤がその守護代を務めているように(46)、守護家―守護代家の家格はこれ以後も存続しており、その内部で河内支配の実権が下降していくのである。

おわりに

室町期から戦国期にかけて、両畠山氏の権力編成の変遷をたどってくると、互いの共通点と相違点が浮かび上がってくる。室町期にあっては、畠山氏は室町幕府―守護体制の中枢に地位を占め、それを背景とすることで分国支配を実現させていた。京都における管領畠山氏の活動を支えていた有力家臣たちは、同時に各分国の守護代となり、自己の被官を小守護代や郡代に任用して現地の行政に当たらせた。河内国内の領主層が分国支配に登用されるケースは多くなかったのである。

十五世紀半ばに両畠山氏の分裂・抗争が始まると、双方ともに軍事力の増強、権力編成の強化を求められ、室町期の権力編成からの脱皮が迫られた。とくに義就流畠山氏は、幕府―守護体制の枠組からいちはやく離脱して、自力で河内経営を展開する立場に立たされた。応仁の乱の終結後に河内に下向した義就は、自ら在国して分国支配に専念し、河内出身者を奉行人に組織して行政機能を担当させた。守護代を世襲する遊佐河内守家も、これに対抗して独自に奉行人制を整備しており、守護奉行人ルートと守護代ルートが併存しながら、それぞれに在地性を深化させていくのである。

しかし、十六世紀初頭以降、細川高国と結びついた政長流畠山氏が河内を制圧し、義就流を圧倒していく。守護代遊佐河内守家が国内基盤を失って弱体化する中で、義就流畠山氏は専ら奉行人層に支えられる形で河内支配の回復をはかった。とくに奉行人層の中から台頭した木沢長政は、細川晴元と結びつくことで強大化し、畠山氏当主を自害に追い込むまでになる。しかし、細川政権の内部抗争の中で長政が失脚したことによって、長政に支えられていた義就流畠山氏自体が衰退に向かうのである。

これに対して、応仁の乱をはさんで幕府―守護体制の一翼を担い、在京して幕政に関与することの多かった政長流畠山氏においては、分国支配は守護代遊佐河内守に依存する面が大きかった。逆に言えば、守護奉行人など独自の権力基盤を確立する面が立ち遅れたのである。そのため、畠山尚順が紀伊から追放され、畠山稙長も河内から追放されたように、家督継承者の地位は頗る不安定であり、河内支配の実権は一貫して遊佐氏に握られていたとみられる。とくに十六世紀に入ってからは、小領主・地侍層の成長が顕著であり、遊佐氏は彼らを積極的に登用して下級行政機構に包摂する形で自立性を強めていった。しかし、やがて守護代自身も在地から浮き上がる傾向を辿り、十六世紀半ばには遊佐長教が暗殺される事態を招くのである。

両畠山氏の権力編成の変遷をたどってみると、室町期から戦国期への移行にあたって、守護権力の対応には大きく二つの方向がありえたことがうかがえる。守護家督が奉行人層を駆使して分国支配を主導するか、守護代家に依存する面を強めていくか、の二コースである。そしてこれと共通する動きは、他の守護権力にあっても指摘できるのではなかろうか。例えば、応仁の乱をはさんで勢力を伸長させ、戦国期の守護権力へと脱皮を遂げていった近江の六角氏の場合、領国支配文書からは六角氏―守護代伊庭氏、六角氏―奉行人という、二つの支配系統の並存が読み取れるという(47)。伊庭氏が幕府と直接結びつきながら強大化して独自に直状を発給するようになる一方、六角氏奉行人奉書も機能や効力を拡大させていくのである。ところが、伊庭氏は文亀二年（一五〇二）と永正十一年（一五一四）の二度にわたって反乱を起こして没落し、以後は六角氏―奉行人の系統が領国支配機構の中枢を占めていくことになる。

戦国期守護権力において二つの方向がどのような形で現れるかは、それぞれの守護権力の置かれていた政治的立場と深く関連している。両畠山氏の場合、守護奉行人制の整備と守護代の自立化をともに確認することができるが、とくに義就流においては奉行人に支えられる面が強く、これに対し政長流では守護代の自立性が顕著である。この差異は、両畠山氏の歴史的歩みの相違、とくに室町幕府―守護体制とのかかわり方の違いが、大きな要因をなしていたとみられる。畿内近国における戦国期社会への展開プロセスが、両畠山氏の権力編成にも色濃く影を落としていたのである。戦国期の守護権力を論じるとき、二つの方向がどのように関わり合って各権力の内部構造を特質づけていくのか、それを戦国期の幕府―守護体制と関連づけながら、それぞれの守護権力に即して分析していくことが求められる。

それにしても、戦国期の深まりとともに守護も守護代も次第に在地から浮き上がり、より在地に密着した権力が分国支配の実権を掌握する傾向が強まっていくにもかかわらず、それでもなお守護―守護代の家格は根強く維持されていることがあらためて注目される。守護家の代替わりに際して、将軍家がこれを安堵しつづけ、在地寺院などが新守護による継目安堵を求める動きも根強い。分国支配の実権がどんなに下降しても、守護は守護代に擁立され、守護代はその被官人に擁立されるという構造自体は容易に廃棄されなかった。分国支配権を国政上で公認されていたのはあくまでも守護家なのであり、戦国期の公権は家格と密着しながらなお存続していくのである。

(1) 松浦義則「戦国期毛利氏『家中』の成立」(『史学研究五十周年記念論叢』日本編、一九八〇年)。矢田俊文「戦国期毛利権力における家来の成立」(『ヒストリア』九五、一九八二年、のち矢田『日本中世戦国期権力構造の研究』塙書房、一九九八年に所収)。
(2) 近年の弓倉弘年・小谷利明・矢田俊文・森田恭二氏らの研究を参照されたい。
(3) 『相国寺供養記』(『群書類従　釈家部』)。
(4) 『満済准后日記』(『続群書類従』)など。
(5) 『康富記』(『史料大成』)嘉吉二年八月二十二日条。
(6) 『建内記』(『大日本古記録』)文安元年五月十九日条。
(7) 『大乗院日記目録』(『続史料大成』)宝徳三年九月一日条。
(8) 今谷明『守護領国支配機構の研究』(法政大学出版局、一九八六年)。
(9) 久留島典子「領主の一揆と中世後期社会」(『岩波講座日本通史』九、一九九四年)。
(10) 「立川寺年代記」(『後鑑』享徳三年四月三日条)。
(11) 熱田公「畠山家分裂のはじまりをめぐって——越中と大和——」(楠瀬勝編『日本の前近代と北陸社会』、一九八九年)。
(12) 『康富記』享徳三年八月二十一日条。
(13) 『山科家礼記』(『史料纂集』)応仁二年六月十三日条。
(14) 『大乗院寺社雑事記』(『続史料大成』)文明七年二月二十三日条。
(15) 『大乗院寺社雑事記』文明九年十月二日条。同年九月二十三日条によれば、義就が出京したときの軍勢は三百五十騎・甲二千余とされている。
(16) 『大乗院寺社雑事記』文明十五年九月九日条。
(17) 『多聞院日記』(『続史料大成』)文明十六年三月二十九日・四月二十七日・五月六日条。
(18) 『多聞院日記』文明十六年六月二日条。

(19)『多聞院日記』文明十六年十一月二十日条。
(20)『大乗院寺社雑事記』延徳三年二月二十五日条。
(21)『多聞院日記』文明十年九月十日条。
(22)『大乗院寺社雑事記』延徳三年二月二十五日条。
(23)文亀元年十二月十六日観心寺衆議評定事書（『大日本古文書』「観心寺文書」五二〇）。
(24)文亀二年五月八日観心寺学侶等申状案（「観心寺文書」五七三）。
(25)永正元年七月十八日遊佐就盛折紙写（「観心寺文書」五八二）。
(26)矢田俊文「戦国期河内国畠山氏の文書発給と銭」（『ヒストリア』一三一、一九九一年、のち矢田前掲『日本中世戦国期権力構造の研究』に所収）。
(27)天文六年十一月十三日木沢浮泛折紙（「観心寺文書」二三五）。
(28)天文六年十一月十三日畠山氏継目判物礼銭注文（「観心寺文書」三八〇）。
(29)天文十八年六月四日畠山氏継目判物礼銭等注文（「観心寺文書」三八四）。
(30)『大乗院寺社雑事記』文明八年四月二十日条。
(31)小谷利明「戦国期の守護家と守護代家――河内守護畠山氏の支配構造の変化について――」（『八尾市立歴史民俗資料館研究紀要』三、一九九二年）。
(32)（永正八年）七月九日足利義尹御内書案（『大日本史料』第九編之三）。
(33)永正九年五月十二日草部伊家・走井康秀・田川重忠連署状（「真観寺文書」）。
(34)天文十四年十一月二十八日・同十五年六月一日萱振賢継・吉益匡弼連署状（「真観寺文書」）。
(35)興福寺所蔵「良尊大般若経奥書」。
(36)『天文日記』天文五年七月二十八日条。
(37)（永正二年）十一月一日遊佐順盛書状（『羽曳野市史』四）。
(38)弓倉弘年「室町時代紀伊国守護・守護代等に関する基礎的考察」（『和歌山県史研究』一七、一九九〇年）。

(39)「春日社司祐維記」永正十五年六月五日条（『大日本史料』第九編之八）。
(40)石田晴男「守護畠山氏と紀州『惣国一揆』」（『歴史学研究』四四八、一九七七年）。
(41)小谷前掲「戦国期の守護家と守護代家」。
(42)『天文日記』天文十二年正月二十日条。
(43)興福寺所蔵「良尊大般若経奥書」。
(44)興福寺所蔵「良尊大般若経奥書」。
(45)弓倉弘年「戦国期河内国守護家と守護代家の確執」（米原正義先生古希記念論集『戦国織豊期の政治と文化』続群書類従完成会、一九九三年）。
(46)小谷利明「『天文御日記』にみえる河内守護勢力と本願寺」（『八尾市立歴史民俗資料館研究紀要』五、一九九四年）。
(47)細溝典彦「六角氏領国支配機構の変遷について」（『年報中世史研究』五、一九八〇年）。

〔補論〕畠山弥三郎の実名について

畠山弥三郎については、古くから同政長と同一人物として扱われてきたが、今谷明氏の研究によって政長の兄であることが明確になった（今谷「室町時代の河内守護」『大阪府の歴史』七、一九七六年、のち今谷『守護領国支配機構の研究』に所収）。それでは、弥三郎の実名は何であったのだろうか。本稿の初出時には、「立川寺年代記」（『後鑑』享徳三年四月三日条）の記述をもとに、弥三郎の実名を「成総」として論述した。しかし、弥三郎を成総とすることについては、既に今谷前掲論文に批判があり、筆者も本書に収録するにあたってあらためて考え直してみた結果、実名を「成総」とすることは史料解釈上無理だと考えるに至った。

一方、今谷明「津川本畠山系図について」（『藤井寺市史紀要』七、一九八六年、のち今谷前掲『守護領国支配機構の研究』に所収）には、政長の兄の名を「義富」と記した系図が紹介されており、これに基づいて弥三郎＝義富として議論を展開した研究もみられる（家永遵嗣「三魔」『日本歴史』六一六、一九九九年）。しかし、この「津川本畠山系図」には、弥次郎であるはずの政長が弥三郎とされたり、政長が永享元年に持国の嗣子となったと記されるなど、事実と異なる点が散見され、その記述をそのまま信用することはできない。

弥三郎の実名を考えるにあたって注目したいのは、『碧山日録』〈続史料大成〉長禄三年十月九日条にみえる、「畠山公之族、尾州前司某之子、逃難於山沢、此日大相公召之、特以政久之字為其諱也、其亡臣相慶云」という記事である。ここに見える尾州前司某が畠山持国であることは疑いなく、将軍義政が召し出した持国の子とは弥三郎のことと考えるのが自然である。実際、この時期弥三郎が罪を許されて上洛したことは、『大乗院寺社雑事記』長禄三年九月二日条に「畠山弥三郎上洛、未及御対面」と見えている。それまで実名を持っていなかった弥三郎は、このとき義政から「政久」の諱を拝領したのである。「成総」でも「義富」でもなく、「政久」こそが弥三郎の実名であったと結論づけられる。

第三章　戦国期における河野氏権力の構造と展開

はじめに

近年、中世後期の守護所や守護城下町の研究が進展をみせ、戦国城下町の多くも守護所の発展として捉える見方が有力になりつつある。(1)とくに十五世紀後半以降、国内諸勢力を圧倒して地域統合を進めた守護権力は、在国して分国経営に専念し、分国の中心にふさわしい支配拠点を作り上げていくのである。権力論のレベルからすれば、これは室町期の守護権力から戦国期権力への転化をどう考えるかを、あらためて問いかけるものと言える。しかし、室町期から戦国期へ、守護権力のあり方がどのように展開するかについては、いまだ十分に明らかにされているとは言いがたい。

本章で取り上げる伊予国守護河野氏の場合も、戦国期の権力構造を正面から論じた研究は、従来決して多くない。とくに、分国支配の内容をうかがわせる史料に乏しいことが、権力の構造的な理解を妨げてきたのである。応仁の乱をはさんで一族抗争が長期間継続したという事情もあって、室町・戦国期の河野氏は専ら混迷と弱体のイメージで捉えられてきたと言える。(2)

しかし近年、河野氏の本城であり、伊予国守護所であった湯築《ゆづき》城跡で発掘調査がおこなわれ（一九八八〜九五年）、大規模な遺構と大量の遺物が検出されたことは、河野氏研究に新たな刺激を与えている。とくに、既に十六世紀前半段階で二重の堀と土塁で囲まれた先駆的な平山城が出現していた事実は、河野氏権力の再評価を要請しているといって過言ではあるまい。

十六世紀前半の西国社会では、一方で室町幕府を中心とする武家権力秩序の枠組がなお一定の機能を果していた。他方、この時期は「家中」支配に根ざした戦国期権力の形成期でもある。そのような中で、戦国期守護権力である河野氏においてはどのような権力構造が見出され、それがいかなる方向に展開していくことになるのか。本章では、河野弾正少弼通直の治世期を中心に、発掘調査で得られた知見も可能なかぎり参考にしつつ、河野氏権力の実態に迫っていくことにしたい。

一　河野弾正少弼通直の時代

室町期の河野氏は、長らく惣領家と庶流家（予州家）の合戦に明け暮れており、十五世紀を通じてその分国支配は不安定であった。とりわけ、四十年近くにわたって断続的につづいた河野教通と同通春の抗争は、室町幕府内部の主導権争いや中・四国地域における諸大名の勢力争いなどと絡んで、伊予の地域社会に長期の混乱状況を引き起こしてきたのである。しかし、文明十四年（一四八二）閏七月に予州家の通春が湊山城で死去する前後から、教通による分国支配が軌道に乗りはじめる。とくにこの時期、教通による寺社興行の施策が目につく。国内寺社の修理・再建がなされ、諸寺社の規式・壁書・掟法なども相ついで制定されるのである(3)。こうした動きは、十五世紀末に至って惣領家による分国支配が相対的な安定期を迎えたことを示すと考えられよう。

教通が明応九年（一五〇〇）に死去すると、家督を継いだのは実子通宣である。通宣治世期に入ると、故通春の子通篤との間で一族抗争が再燃したようであるが、通宣は国人層や海賊衆の協力も得ながら通篤方を圧倒していった。『予陽河野家譜』によれば、永正五年（一五〇八）に大内義興が前将軍足利義尹を奉じて上洛したときに、河野勢も従軍したとされる。(4) さらに、翌年十月、通宣父子は幕府の六角氏攻めに加わって近江に赴いたと記されており、通宣とその子太郎通直が上洛していたことをうかがわせる。(5) やがて永正八年（一五一一）八月に、細川澄元勢の攻撃をうけて足利義尹らが丹波に逃れた折りも、通宣はこれに従っていたという。通宣が刑部大輔という官途を得たのもこの頃であり、細川高国・大内義興によって主導される当時の幕府権力に結びつこうとしていたと想定することは難しくない。

さて、通宣は永正十六年（一五一九）に死去しており、彼の時代は比較的短期間で終わる。より厳密に言えば、通宣が死去する前年の四月には、子息太郎通直が河野氏家督として活動していたことが確認され、(6) このときまでに既に実質的な代替わりがなされていたとみられる。通直の時代（十六世紀前半）は、全国的に守護よりも下位の国人領主層が在地支配を基盤に勢力を拡大させていく時期である。その代表的な事例として、安芸の毛利氏が「家中」を確立させて戦国期権力へと脱皮していくことはよく知られている。(7) 毛利氏は、強力な「家中」支配を基軸としながら、十六世紀半ば以降、中国地方一帯を制圧する大名権力へと発展を遂げていくのである。

伊予においても、宇和郡の西園寺氏、喜多郡の宇都宮氏、浮穴郡の大野氏、周布郡の黒川氏など、各地の国人領主が領域支配を強めていた。また、村上一族に属する能島氏・来島氏や甘崎城に拠る今岡氏など、芸予諸島の海賊衆も、前代にまして活発な動きを展開させていた。これら国内周縁部の諸氏に比べると、伊予国中央部の道後平野から府中にかけての地域の領主たちは、守護河野氏との関係がより緊密である。室町期には自立的な動きをみせていた森山氏や重見氏なども、戦国期には河野氏に被官化したとみられる。しかしこの地域の領主たちも、自己の城郭を拠点として独自に領域支配を強めながら、これを基礎に河野氏権力の内部で力を伸ばしていった(8)。その結果、戦国期の河野氏家臣団においては、一族・譜代以外の領主が家臣団の中に進出していくのである。いずれにしても、それぞれに自立性を強めつつある国人層を包摂しながら、守護支配を維持していくという難しい課題を背負うことになったのが、この時期に河野氏当主の地位についた通直であった。

通直の時代は、外敵の侵入と家臣の反乱に脅かされる多難な時代である。まず、大永二年（一五二二）七月には、安芸の警固衆が大三島に来襲した。三島大祝氏のもとから連絡をうけた通直は、重見・来島・正岡氏らをはじめ、宇佐見・今岡氏らに渡海を命じて、これを撃退させている。翌年七月には、府中鷹取山城主正岡経貞が反乱を起こし、通直は重見・来島氏を鎮圧に向かわせた。降参した経貞は来島氏のもとに預けられたという。さらに享禄三年（一五三〇）に至ると、府中石井山城主重見通種が反乱を起こし、通直は来島通康に命じてこれを鎮圧させている。

このように、この時期芸予諸島から府中地域にかけて、たびたび戦乱が生じている。分国内において、府中一帯は湯築城のある道後周辺に次いで政治的中核をなす地域であり、対外勢力に備える上でも重要な拠点であった(9)。河野氏はこの地域の抑えとして重見・来島・正岡氏らを配置していたのであるが、今や彼らが自立的な動きを始めたのである。しかし、そうした中にあって終始通直の側にあって反乱の鎮圧に尽力したのが、来島氏である。

河野氏と来島氏は、通直の祖父教通の時代から、親密な関係を築いていた。十五世紀の戦乱の時期には、教通は宝徳三年（一四五一）に来島に在城しており、文明十年（一四七八）にも来島に没落している(10)。戦国期の通直も、反乱鎮圧の功労者である来島氏との結びつきを一層強め、来島通康を女婿に迎えて河野氏の支えとしていくのである。しかし、このことはやがて家臣団との衝突を招くことになる。

通直は、一方で室町幕府との結合を強め、幕府権力を背景として分国支配の安定をめざした。享禄四年（一五三一）

五月十三日、米湊浦から乗船して尼崎に上陸した通直は、翌閏五月四日に京都に到着し、その日のうちに山科に宿所を定めた。当時、畿内では細川高国と同晴元の権力抗争の真最中であり、摂津から京都をうかがう高国方と堺公方足利義維を擁する晴元方が武力衝突を繰り返していた。通直は晴元及びこれを支援する阿波勢に一味する態度を明らかにして、松末備前守を名代として堺に下らせるのである。

この通直上洛の事実は、従来『予陽河野家譜』にのみ伝えられてきたのであるが、先年の大山祇神社文書の調査で発見された「大祝貞元覚書」によって史実であることが判明した。(11)『予陽河野家譜』の記事については、その信憑性に関して慎重な取り扱いが求められることは言うまでもないが、一概に創作であるとして無視できないことが知られよう。

さて、通直上洛から一カ月後にあたる六月四日、細川高国は淀川デルタ地帯での戦闘で大敗を喫し、八日に尼崎で自害している。いわゆる「大物崩れ」とされる合戦である。高国滅亡後まもなく、今度は堺公方を支えてきた晴元方において内紛が生じた。晴元は木沢長政を重用し、これに反発する三好元長・畠山義堯との間で戦闘が起きるのである。翌五年六月、晴元・長政は山科本願寺に頼んで畿内の一向一揆を蜂起させ、元長・義堯を攻め滅ぼすことに成功した。やがて足利義維が堺から阿波に下向し、細川晴元は近江にいた足利義晴を京都に迎えて室町幕府を再興するのである。

翌天文二年（一五三三）一月二十日、まだ近江在国中の義晴は河野通直と子息六郎に御内書を発給し、年始の礼物及び通直の弾正少弼任官に伴う礼物を受領したことに謝意を表した。(12)この時期においてなお、河野氏は上洛して将軍家に交渉し、官途授与に預かることに重要な意味を見出していたと判断される。また、六郎は後年、晴通と名のって活動することになるが、これは将軍義晴の偏諱をうけたものに違いない。通直はこのときの上洛に六郎を同行させていたとも考えられよう。

通直がいつまで畿内にとどまっていたか明らかでないが、彼はこれ以後も足利義晴と親密な関係を深めていくことになる。河野氏は同三年と五年にも義晴に年始礼物を送っており、これを謝した義晴御内書を賜っている。(13) また年未詳ながら、義晴から御紋を給与されたこと、再上洛を求める御内書を受け取ったことも確認できる。(14) 義晴と細川晴元の間に緊張状態が生じた折には、義晴は通直と大友義鑑に命じて晴元を牽制させている。(15) そして天文八年（一五三九）、通直は幕臣中最高の格式である御相伴衆に召し加えられることになるのである。(16)

以上に述べてきたように、この時期の河野氏にとっては、室町幕府を中心とする武家権力秩序の枠組が、なおそれなりの実体をもつものと捉えられていた。それは、永正年間の通宣・通直父子の上洛や、享禄四年（一五三一）の通直・六郎の上洛などからも窺われるところである。守護家の当主が子息を伴って上洛し、将軍家に拝謁して官途を授かるというシステムが、戦国期においてなお存続していたものと考えられる。十六世紀前半にあってなお、幕府との緊密な結びつきを重視していたことを確認しておきたい。

二 「温付堀」の築造と衆議

京都から帰国してまもなく、河野通直は「温《ゆ》付《づき》堀」築造の事業に取りかかった。次の史料は、府中にあった国分寺と仙遊寺に対して、これに伴う人足動員を求めたものである。

イ(17)　府中諸寺家事、依温付堀大儀人足合力之儀、於寄進無紛在所者、可被致其調由申付訖、雖然或往古之本寺領、或為買得之地、於対　綸旨御教書并当家代々判形地者、雖為何郷何名之内、一切不可有異儀者也、自今以後祖父道

基守下知之旨、至諸末寺等可被全寺務状如件、

天文四年
二月廿七日　弾正少弼（河野通直）（花押）

国分寺

ロ(18)
今度温付堀依大儀、公方所寺家人足合申候義、従諸面々被申進之條、雖為御同心、或従往古本寺領、或為買得之地、対　綸旨御教書并御当家御代々御判形至明鏡之地者、雖為何郷何名之内、諸末寺等迄不可有競望之由、重而被遣御一行畢、然上者守善応寺殿御下知之旨、可有御裁判之由、依　仰執達如件、

天文四年
二月廿七日　南大和守 通忠（花押）
町田四郎左衛門 経堯（花押）
養寿院 士正（花押）

仙遊寺

筆者は、旧著において、この史料にみえる「温付堀」を考古学的な成果と突き合わせて検討した結果、河野氏の本城である湯築城における二重堀の築造を指すものと主張した。(19) 天文四年（一五三五）という年代が、発掘調査における外堀の推定築造年代とほぼ符合するのである。旧著ではさらに、これより四年前に河野氏の当主弾正少弼通直が上洛して山科本願寺の近くに宿所を定めていたことと関連づけて、畿内からの築城技術導入の可能性を指摘し、それまで言われていた織豊系の築造技術によるとする見方に批判を加えた。(20) その後の発掘調査の進展により、「温付堀」構築と湯築城の平山城化が時期的に一致することはますます明らかになってきている。

前掲史料と同様な文書は、府中にあった他の寺々にも発給されたものと考えられる。前述したように、この史料が

書かれた河野弾正少弼通直の治政期は内憂外患の時期であり、家臣の反乱と外敵の侵攻に悩まされていた。湯築城の拡張・巨大化は、そうした戦乱に備えた本城の防衛強化にほかならない。湯築城の所在地から遠く離れた府中地域の寺院にまで人足を徴発していることからも、それがいかに河野氏権力の総力をあげた大事業であったかが分かる。そして、ここには河野氏権力による守護支配権の実効性も示されていよう。

さて、史料イをみると、寺領のうちで寄進地に関しては人足徴発の対象とされたが、代々の公権力より知行保証をうけてきた往古寺領や買得地については免除されたことが分かる。さらに史料ロからは、往古寺領・買得地に関する免除規定が生まれた事情が判明する。すなわち、「温付堀」構築が大事業であるとして、公方所と寺家の人足を合わせ用いることは、「諸面々」から発議されたものであったらしい。ここで寺家と対比されている公方所とは、恐らく河野氏権力自体を指すものと思われ、実際には河野氏の家臣たちに人足動員が割り当てられたのであろう。しかし、この負担が過大であったことから、「諸面々」から寺家人足の合力が提案されたとみられる。ここでいう「諸面々」とは、河野氏の有力家臣層を指すものとみて間違いあるまい。この申し出に対して、当主通直は「御同心」、つまり提案を受け入れるにあたって、一つの条件をつけた。それが、綸旨・御教書・当家代々判形などによって安堵された往古寺領・買得地の免除であり、これについては所在地を問わず末寺に至るまで競望が禁じられたのである。ここからは、中央国家権力に連なる公的存在として知行保証の秩序維持をはかろうとする守護家当主の指向性が読み取れる。

「温付堀」築造における人足動員の経緯は、河野氏権力の構造や権力意思の形成システムを考える上で大変興味深い。寺家人足の動員は十六世紀前半期における河野氏権力総体としての強大さをうかがわせるものであるとしても、それが直ちに河野氏当主自身の強権を意味するものではないことに注意する必要がある。むしろ、湯築城の強化・拡張をはかる通直も、負担軽減を求める家臣団の意向に配慮して、寺家人足動員に同意せざるをえなかった。河野氏権力は有力家臣が当主のもとに結集する形で存立・維持されたのであり、当主通直の意思と有力家臣団の衆議とが、相互の緊張関係をはらみつつ権力の中枢を構成していたと考えられるのである。

三　天文伊予の乱と河野氏家臣団

十六世紀半ば、河野氏権力を揺るがす大きな内紛が勃発した。『予陽河野家譜』によってその顚末を辿ってみると、河野氏の当主通直には嗣子がいなかったため、有力家臣らは評議の末、予州家の六郎通政を迎立することに一決した。しかし、通直はこれを許容せず、女婿の来島（村上）通康を跡継ぎにしようとはかるのである。これに対して、家臣団は強く反発し、異姓である来島氏よりは忽那通恭の方がまだ好ましいと主張したという。こうして両者の対立が深まり、やがて家臣たちは通直・通康の楯籠る湯築城を包囲して攻め立てるに及んだのである。

この合戦で、ほとんどの家臣は反通直方に立ち、通直方に立ったのは村上氏及び得居氏の一族にすぎなかったという。通直は敵襲を持ちこたえられず、通康に負われて湯築城から遁走し、通康の本拠地である来島城に逃げ込んだ。まもなく、通政が通直の嗣子となって家督を相続し、通康は越智姓及び家紋を許されて屋形の氏族に列するという条件で、両者の和議が成立し、通直・通康は湯築城に帰った。このあと、通政は上洛して将軍義晴に謁見し、偏諱をうけて晴通と改名したとされる。ところが、晴通はまもなく早世してしまい、舎弟の九郎通賢が家督を相続することになった。通賢が幼年であったため、しばらくは前屋形の通直が政務をとったという。

一方、『築山本河野家譜』の記述は少し異なっている。それによれば、通直と長男晴通の間が不仲となり、その結果河野氏権力を二分する合戦に発展した。晴通方の軍勢に攻め立てられた通直は、通康に負われて湯築城から脱出したのち来島に移り、その後数度の戦闘を経て湯築城に帰還を果したという。父子の間で和解が成立したものの、やがて晴通は通直から遠ざけられ、次男通宣が跡継ぎに決したとされる。

両家譜の記述は、系譜関係などに差異が認められるものの、通直の後継者をめぐって、かなり大規模な内紛が起きたことが共通してうかがえる。そして、次に掲げる史料ハ・ニによって、これは一定の史実を踏まえたものと見なされる。すなわち、天文十一年（一五四二）頃に河野父子の不仲が生じており、将軍家は豊後の大友氏に対して、河野父子を和解させるため尽力するよう命じるのである。

ハ(21)　伊予国河野父子不会《（快）》之段、可被和談之趣、左右方江　御内書《御下知》被成候、仍而被成奉書候、宜有馳走之旨、得其意可
　申由、被仰下《下》候、恐惶《々》謹言、
　　（天文十一年）七月五日　　　　　　　　　左衛門佐晴光《（大館）》在判
　謹上　大友修理大夫《（義鑑）》とのへ

ニ(22)　河野父子不会《（快）》事、可令和■《談》之由、被成　御内書并御下知之條、被存知其趣、無事之段可有馳走、殊連々有其拵之
　通、被聞召畢、猶以被遂其節由、所被仰下也、仍執達如件、
　　天文十一年十月《（七カ）》二日　　　　　　対馬守在判
　　　　　　　　　　　　　　　　　　　前河内守在判
　大友修理大夫《（義鑑）》殿

この時期の河野氏は、大内氏の軍勢の進攻に悩まされており、前々年には忽那島に、前年には三島・甘崎・岡村・能島・因島など芸予諸島に大内勢が来襲している。天文十年（一五四一）十月、三島大祝氏から敵襲の知らせをうけ

た通直は、重見・来島・正岡氏らと相談して防戦に努めるよう指示しており、この頃まで通直による文書発給が確認できる。[23] ところが、翌十一年三月以降は河野晴通の名による安堵状・宛行状・書状が所々に発給されるようになる。これは通直から晴通へと、河野氏の家督が交替したことを意味すると考えられる。そしてそれが河野氏権力の内紛を伴うものであったがゆえに、これを調停する内容の史料ハ・ニが発給されなければならなかったのである。

このあと、翌天文十二年三月十四日付の安堵状と書状を最後にして、[24] 晴通の文書はプッツリと姿を消す。そして、翌年以降、再び通直の文書が発給されはじめるのである。[25] この事実は、天文十二年（一五四三）四月二十四日に晴通が早世して義安寺の側に葬られたとする『予陽河野家譜』の記述に符合している。通直→晴通→通直という文書発給主体の変化は、家譜類に示された通直の追放と復権の記事を裏づけるものと言えよう。

ホ[26] 先度令申候之処委細示預候、本望候、如仰代々無御等閑筋目候、於向後茂尚以可申承候、仍豊綱《宇都宮》江以使節申候之処、従途中罷帰候之条、重而善応寺進之候、毎事御分別候て堺目等之儀彌静謐之様、御入魂尤可為本悦候、将又我等父子間之事、霜臺依覚悟相違候如此候、雖然所々悉々拙者存分之侭成行候、可御心安候、父子和睦之儀者以時分、従是豊綱江可令申候、猶旨趣自松末備後守所可得御意候、恐々謹言

七月廿四日　晴通《河野》判

史料ホは年欠であるが、晴通の活動が天文十一年（一五四二）三月から翌十二年三月に限定されることからして、史料ハ・ニと同じく天文十一年のものとみて間違いあるまい。本書状において、晴通は「霜臺依覚悟相違候如此候」と述べて父通直に混乱の責任を負わせた上で、当国が晴通方によってほぼ制圧されていることを伝え、宇都宮豊綱を仲介として和解交渉を有利に進めようとしている。恐らくこれ以前に家譜類に描かれたような合戦によって、通直は湯築城から放逐されており、実質的な分国支配権は既に晴通方へ移動していたものとみられる。通直を退けて家督の

座についた晴通は、かつて天文二年（一五三三）に足利義晴に年始の礼物を送った河野六郎と考えられ、このとき予州家の六郎通政が通直の養子となって晴通と改名したとする『予陽河野家譜』の記述は疑わしい。

いずれにしても、以上の考察から、家譜類に記された河野氏の内紛は、天文十一年（一五四二）前後に起きたものであることが明らかになった。通直の拠る湯築城が家臣たちの攻撃をうけ、通直は通康に伴われて来島城に落ちのびたのである。乱の原因に関して、文書史料には通直・晴通父子の不仲としか記されていないが、やはり注目されるのは来島通康の存在である。『予陽河野家譜』が説くような、通直が女婿の通康に家督を譲ろうとして家臣団の反発をうけたという内容が、確実な史料で裏づけられるわけではない。しかし、湯築城を追われた通直が通康に伴われて来島城に入ったとする点では二つの家譜の記述が一致しており、通直・通康の親密な関係がうかがわれよう。

前述したように、府中地域における支城主の反乱や芸予諸島部へのたび重なる大内勢の進攻に際して、来島氏は河野方にあって中心的な役割を果していた。分国支配をめぐる内外の危機を幾度も乗り越える中で、通直と通康の間には親密な関係が培われていくのであり、そのことが河野氏権力のあり方に大きな影を落としていたと想定できよう。この時期、通直―通康ラインによる分国経営へと傾斜していくのに対抗して、有力家臣たちの多くは晴通のもとに結集して、代替わりをはかったと捉えられるのである。

通直の時代の家臣団については、「河野弾正少弼通直御下之衆少々記」という史料がある。[27]これは家臣たちを地域別の衆に区分して掲げたものであり、冒頭に河野十郎以下十四人の氏名が記され、つづいて正岡衆二十五人、難波衆二十七人、島衆十三人、下島衆七人、志津川衆十六人、両村衆十八人の順序で記載されている。この史料の性格には不明な点が多いが、石野弥栄氏は他の史料と照合をおこなった上で、天文年間の河野氏家臣団の実態をある程度反映したものと結論づけている。[28]さらに石野氏は、これは河野氏家臣団の全体を示すものではないとも述べている。それは、この当時通直と晴通が不和であったことから、ここに現れているのは通直の掌握下にあった家臣たちのみであり、晴通に属する家臣たちは現れていないとみるのである。

筆者もこの史料は河野氏家臣団の実態を反映していると考えるが、天文伊予の乱との関わりについては解釈を異にする。『予陽河野家譜』によれば、起請文を取り交わして同志の盟約を結び通直に背いた家臣たちは、「南、松末、土居、由並、栗上、枝松、戒能已下、其外古老御譜代之輩」と記されている。一方、「河野弾正少弼通直御下之衆少々記」の冒頭にみえる十四人は、河野姓一人、栗上姓四人、土居姓三人、南・松末・由並・枝松・戒能・別府姓が各一人であり、通直に背いた氏族たちとほぼ一致している。彼らこそが通直を攻撃した重臣層であったと考えてよかろう。

さらに、『予陽河野家譜』によれば、文明十一年（一四七九）に細川義春が阿波・讃岐勢を率いて伊予に進攻したとき、河野通生の拠る神途城に馳せ参じたのは、南・枝松・土居・由並・戒能・別府・栗上等の氏族、得居・重見以下十四の一族、其外譜代恩顧之輩であったという。ここに認められる氏族・一族・其外譜代恩顧之輩という区分は、河野氏との近親関係に基づいた家格秩序とみられる。このうち氏族として名前が現れる七氏は、概ね河野氏から分出した庶流であることが認められ、そして天文年間の重臣層にほぼ一致するのである。

近世に作成された「伊予湯築古城之図」には、湯築城の南西部に「戒能筋」という地名が認められ、明治期のものとみられる「温泉郡地図」には「戒能東」「戒能西」という字名が記されている。(29) これは付近に戒能氏の屋敷が存在していたためとみて間違いあるまい。一方で、近年の発掘調査によって、湯築城内に家臣団の屋敷が整然と立ち並んでいた事実も明らかにされている。両者の違いを確定することは難しいが、城外に独自の屋敷を構える最有力家臣と、城内に屋敷をもつ奉行人など側近家臣という対比で捉えられるのではなかろうか。戒能氏は南北朝末～室町期には守護代を務めていたことが確認される氏族であり、屋敷配置からも河野氏当主に対する自立的な性格をうかがうことができよう。

　このようにみてくると、天文伊予の乱において通直を攻撃した七氏は、文明年間以来、河野氏家臣団の中核をなしていた者たちであったことが分かる。彼らは河野氏のもとに結集してその分国経営を支え、衆議を形成して当主の意思を規定する中心的なメンバーであったろう。河野氏の家臣団編成は、庶流・一族を中心とする形で成り立っていたのである。

　ところが、幕府の全国支配が後退した応仁の乱後の社会状況にあって、河野氏はそれまで自立的であった国内領主層に対する統制を強化し、彼らを包摂した分国支配機構を整備していく。来島氏をはじめ、平岡・和田・忽那氏など、独自に領域支配を強めた有力領主層が、これを背景に河野氏当主との個人的結合を深め、河野氏権力の内部で発言力を高めてくる。その代表が通直の女婿となった来島通康であろう。しかし、通直―通康の主導性が強まると、南氏以下の旧来の有力家臣はこれに危機感を抱き始める。そこで彼らは、通直と通康を放逐することにより河野氏権力の安定化をはかったのである。天文伊予の乱に際して通直方には来島・得居一族しか参集せず、大多数の家臣が敵対したとする『予陽河野家譜』の記述は、この乱の特質をよく表している。権力中枢を構成した二つの要素、すなわち当主通直の意思と有力家臣の衆議が衝突したところに乱の原因があり、そして前者が後者に屈したことによって河野氏の家臣団編成は庶流・一族を中心とする構造をもちつづけるのである。

　さて、天文十二年（一五四三）四月に晴通が早世すると、翌年以降、再び通直が河野氏権力を代表して文書を発給しはじめる。『予陽河野家譜』では、晴通早世後に家督を相続した弟通賢が幼年であったため通直が政務を代行したとするが、その真偽は明らかではない。通賢という名前は確実な史料には認められず、『築山本河野家譜』に記されているとおり、このあと河野氏の家督を継ぐのは宗三郎通宣である。また、通直の立場が乱が起きる以前と比べてどのように変化したのかも判然としない。

ところで、近年の発掘調査において、湯築城跡の広い範囲で焼土層が確認されている。これは単なる失火とみるには広すぎる大きさであり、何らかの戦乱に伴うものとみた方がよさそうである。河野氏関係の文書史料や記録・編纂物等を検索する限り、十六世紀段階でこの城が戦場になったことがうかがえるのは、これまで述べてきた天文年間の合戦と天正十三年（一五八五）の豊臣秀吉による四国平定戦のみである。後者については、これを焼土層の年代にあてはめるには遅すぎるし、そもそもこのとき本当に湯築城を舞台に戦乱がなされたかどうかもはっきりしない。こうしてみると、検出された焼土層は天文十一年（一五四二）前後とするのが最も蓋然性が高いと考えられる。

発掘調査の成果によれば、湯築城跡の遺構は焼土層（Ⅲ層）の前後でかなりプランが異なっているとされる。すなわち、Ⅲ層より下では企画性の高い区画のはっきりした建物跡が検出される。これに対して、Ⅲ層よりも上にある遺構では区画のはっきりしないルーズな地割になるという。この変化の意味については、なお慎重な検討を要するであろうが、河野氏権力のあり方が天文十一年前後を境に変化したことを反映しているのではあるまいか。天文伊予の乱は、河野氏権力における求心性の喪失に結果したとみることもできよう[30]。

通宣の発給文書は天文十九年（一五五〇）末に出現し、同二十一年以降は通直発給文書が通宣発給文書へと切り替えられていく。通宣の成長に伴い、通直は隠居を余儀なくされたものであろう。折しも、中国地方では毛利氏が、四国では長宗我部氏がそれぞれ勢力を拡大しており、河野氏は毛利氏と提携を強めながら分国支配を維持していくことになる。その後も通直はなお存命であったらしく、永禄五年（一五六二）十二月には石手寺に制札を下している[31]。しかも、同じ頃に今度は通宣と不仲に陥ったらしく、河野父子を調停する足利義輝御内書が発給されている[32]。『予陽河野家譜』によれば、通直は元亀三年（一五七二）八月二十五日に龍穏寺で病死したと伝えられる。

おわりに

本章では、戦国期の河野氏権力に関して、河野氏当主の意思から一定の自立性を保持する家臣団の衆議の存在を指摘し、それが権力中枢の一部を構成していたことを明らかにした。しかし、当主の意思と家臣団の衆議が対立をみせた場合には、当主自身が放逐される恐れも生じることになる。天文十一年前後に湯築城を舞台に繰り広げられた合戦は、まさにそれが現実化した事件であった。通直は湯築城から来島城に逃亡したのち、和議を結んで湯築城に帰還を果した。まもなく晴通が死んだため、通宣が成長するまでの間通直が政務に復帰しているが、乱以前に比べると当主の力は弱体化していかざるをえないであろう。家臣や国人層の反乱・抗争があいつぐ中で、河野氏権力は次第に求心性を喪失していき、毛利氏との提携を軸に分国支配の維持に腐心していくのである。

ところで、天文年間の前後には、大友・大内・細川・畠山氏ら、近隣の守護家においても、河野氏と同じような内戦を見出すことができる。原因は当主の意思と有力家臣たちの衆議の対立によるものが少なくなく、当主の殺害・追放に帰結する場合も多い。もちろん、それぞれの守護家においては、家臣団の編成原理にかなり大きな差異が存在したことが予想される。しかし、室町幕府―守護体制が解体期を迎える中で、守護家が共通して抱えていた権力の内部矛盾が、この時期にあいついで噴出したと捉えることも可能である。大名当主による権力集中の指向性と家臣団による衆議が、どのように関連しあって推移していくのか、それを各地域固有の社会状況に留意しながら跡づけていくことが肝要なのである。

（1）金子拓男・前川要編『守護所から戦国城下へ――地方政治都市論の試み――』（名著出版、一九九四年）。
（2）その典型として、河野氏を領国支配体制の形成に成功しなかった外様の弱小守護と捉える、永原慶二「伊予河野氏の大名領国」（永原『中世動乱期に生きる』新日本出版社、一九九六年）が挙げられる。
（3）文明十二年の石手寺本堂・三門・東西伐貫木門の再興、同十四年の久米郡浄土寺本堂の再建、同十七年の太山寺仁王門大修理・三重塔奉納などが確認される。また、文明十二年に国分寺、同十三年に三島社、同十四年に久米八幡宮、同十五年に仙遊寺、さらに明応七年に観念寺に対して、河野氏が規式・壁書などを制定している。
（4）『予陽河野家譜』には幾つかの伝本があるが、本章では景浦勉校訂『予陽河野家譜』（歴史図書社、一九八〇年）を使用して分析を加えた。
（5）足利義尹上洛により京都を逐われた足利義澄は、六角氏を頼って近江に潜伏していた。永正六年十月、幕府は京極高清・山内就綱らに義澄一党や残党狩りを命じている（『新修大津市史』二）。
（6）永正十五年四月十六日河野通直安堵状・同日河野通直壁書（『愛媛県史』資料編　古代・中世、一六二〇・一六二一号、以下『県史』一六二〇・一六二一と略記する）。
（7）松浦義則「戦国期毛利氏『家中』の成立」（『史学研究五十周年記念論叢』日本編、一九八〇年）。矢田俊文「戦国期毛利権力における家来の成立」（『ヒストリア』九五、一九八二年、のち矢田『日本中世戦国期権力構造の研究』塙書房、一九九八年に所収）。
（8）山内譲『中世伊予の領主と城郭』（青葉図書、一九八九年）。
（9）川岡勉「中世伊予の府中・守護所と河野氏」（『「社会科」学研究』一五、一九八八年）。
（10）（宝徳三年）二月二十三日河野教通書状写（『県史』一三〇四）、『正任記』文明十年九月十八日条。なお、文明十年に来島に没落した人物を『正任記』は「刑部少輔通秋」と記しているが、通直（教通）が正しいと思われる。この頃、西軍方が教通と通秋を混同していたことは、山内譲「教通と通春――伊予河野氏と応仁の乱――」上・下（『伊予史談』二八二・二八三、一九九一年、のち山内『中世瀬戸内海地域史の研究』法政大学出版局、一九九八年に所収）が指摘するところである。
（11）（享禄四年）大祝貞元覚書（愛媛県教育委員会『大山祇神社文書目録』二、一九八七年）。

(12)（天文二年）二月二十日足利義晴御内書（『県史』一六六八・一六六九・一六七〇）。
(13)（天文三年）閏正月二十八日足利義晴御内書・（天文五年）四月二十八日足利義晴御内書（『県史』一六七三・一六七五・一六九一）。
(14)年欠九月一日梅仙軒靈超副状写・年欠九月七日大館晴光書状写・年欠三月十四日河野通直書状（『県史』一六七四・一七二三・一七二四）。
(15)年欠十一月二日足利義晴御内書（『県史』一六九五）。
(16)『大館常興日記』（『続史料大成』）天文八年十二月四日条。
(17)天文四年二月二十七日河野通直判物（『県史』一六七八）。
(18)天文四年二月二十七日河野氏奉行人奉書（『県史』一六八〇）。
(19)川岡勉『河野氏の歴史と道後湯築城』（青葉図書、一九九二年）。
(20)池田誠「湯築城」（村田修三編『図説中世城郭事典』三、一九八七年）。
(21)（天文十一年）七月五日大館晴光奉書（『県史』一七二二）。
(22)天文十一年十月二日室町幕府奉行人奉書（『県史』一七二五）。
(23)（天文十年）十月十一日河野通直書状（『県史』一七一五）。
(24)天文十二年三月十四日河野晴通安堵状・同日河野晴通書状（『県史』一七二六・一七二七）。
(25)天文十三年六月二十二日河野通直安堵状（『県史』一七四〇）。
(26)年未詳七月二十四日河野晴通書状（『県史』一七二八）。
(27)東京大学史料編纂所蔵『南行雑録』所収「河野弾正少弼通直御下之衆少々記」。
(28)石野弥栄「守護と国人」（『愛媛県史』古代Ⅱ・中世、第二編第三章第二節、一九八四年）。
(29)川岡前掲『河野氏の歴史と道後湯築城』。
(30)『予陽河野家譜』によれば、有力家臣たちに擁立された晴通が早世した後、国内領主層の自立的な動きがとくに強まったとされる。

(31)　永禄五年十二月二十一日河野通直制札（『県史』一八九四）。

(32)　年欠九月二十日足利義輝御内書写（『県史』一八九〇）。

第四章　大内氏の軍事編成と御家人制

はじめに

従来戦国大名として捉えられてきた権力を論じる場合、分析対象となる時期は主として十六世紀後半である。これは、この権力が強固な領国支配を構築したと考えられているのが十六世紀後半であること、しかもこれまでの研究が戦国期権力の到達点を明らかにすることを主要な課題としていたことによる。しかし、戦国期権力の性格を確定するためには、さらには中・近世移行期における諸権力の全体構造を解明するためには、戦国期権力の形成過程＝室町期権力の解体過程についての研究が深化される必要がある。戦国期の始期をどの時点に求めるかについては諸説あるが、十五世紀後半には室町幕府の全国支配は解体するに至る。以後の百年間は、どのような権力がどのような支配を展開していたのであろうか。

それを考える際にポイントとなるのは、室町期公権力の主要な担い手である室町期守護の動向であろう。藤木久志・矢田俊文両氏は、それぞれの立場から、戦国期における守護・守護職に注目されている(1)。しかし、室町期守護権力が、十五世紀後半以降の政治的・社会的変動の中で、どのように対応・変質していくのかについては、未だ本格的に論じられてこなかったのではなかろうか(2)。

従来の守護領国制論では、守護大名の発展形態として戦国期権力を把握するために、しかも支配権の拡大を内在的発展として、また主従制的発展としてのみ描き出そうとする視角ゆえに、両者の質的な相違が十分捉えられない傾向があった。ここで分析の対象とする大内氏などは、守護大名か戦国大名か、都合に応じて使いわけられるような有様である。大内氏権力は、いわば漸次的に支配権を強化して戦国大名化するとされている。(3)しかし、室町期武家権力の体制を室町幕府―守護体制として捉えようとする本書の立場からすれば、十五世紀後半に守護権力の質的変化を想定せざるをえない。

一方、国人領主制研究の深化によって、今日では守護大名からではなく国人領主からの道こそ、戦国大名化の基本コースとされるに至った。国人領主が戦国大名に転化していく論理については、戦国大名化が国人一揆を典型とする領主階級の自己否定を媒介として実現されたとする勝俣鎮夫氏の見解がある。(4)しかし、室町期の主要な公的権力として機能していた守護権力とのかかわりをぬきにして戦国期権力への展開を論じるのは、一面的と言わざるをえない。以上の問題関心から、本章では室町期守護大内氏の軍事編成と家臣団編成の分析を通じて、その変革期への対応について考察を加えていきたい。

一　軍事関係文書の変遷

大内氏の発給文書は伝統的形式に依拠したものが多いことが注目されているが、(5)文書形式の変遷は多かれ少なかれ権力の性格を反映せざるをえない。大内氏権力の軍事的側面を探る手がかりとして、軍事関係文書の変遷をあとづけてみよう。

1　軍勢催促状

南北朝期における防長国人層の軍事動員に際しては、足利将軍御内書等の幕府文書の発給が原則だと思われる。(6)これは、当時の軍勢催促の主体が足利将軍家であることを示している。次の史料は石見国の事例であるが、幕府・守護ルートによる軍勢催促のあり方をうかがわせる。

イ(7)　石見国周布郷内一分地頭等事、不応惣地頭催促、無沙汰軍役以下御公事等云々、太無謂、於如然族者没収所帯、任先例可被付惣地頭之状、仍執達如件

康暦二年八月十日　　美作権守判

周布因幡入道殿

ロ(8)　庶子達軍役諸御公事不応催促之由、事無謂候、於向後者不可有難渋之由、固可有御催促候哉、恐々謹言

(康暦二カ)九月十二日　　(大内)義弘判判

周布因幡入道殿

ここでは、庶子に対する御公事・軍役の支配・催促において、惣領が尚重要な役割を果たしている。そして、幕府・守護大内氏による軍事動員はこれに依拠するものであった。しかし、このような体制が動揺しつつあったことも事実である。(9)

十五世紀前半になると、将軍家による催促状は確認できない。軍事動員のあり方がどう変化したか十分明らかにしえないが、大内氏が防長国人に対する軍事動員の実質的な主体として機能していたと思われる。

ハ(10)
開田口へ陣執定候者、一勢矢野へ可遣候、一家面々御同道候て御越候者、令悦喜候、杉弾正忠をも遣候、可有御談合候、委細之旨、吉田主計允方へ申候、恐々謹言、

正月廿四日　　　　　　　　　　(大内)教弘（花押）

仁保宮内少輔(弘有)殿

この史料は、大内氏から周防国人仁保氏に宛てられた書状形式の催促状である。しかし、文書形式や「令悦喜候」等の文言をみる限り、その権限は安定的なものとは言い難かったのではなかろうか。

十五世紀後半以降、大内氏当主による書下形式の軍勢催促状が出現する。

ニ(11)
敵至門司六郷(豊前)相動之由注進到来了、此時為本意之間可遂合戦之条、闍萬事不移時日遂乗船候、可令馳走、連々奉公之次第雖令存之、猶以当時為専一之上者、別而抽忠節者必可行賞之状如件

(永正八)十月廿五日　　　　義興ノ判

櫛辺藤蔵人殿

この大内義興書下では、周防国人櫛辺氏に「闍萬事不移時日」馳走・奉公すべきことが命じられており、忠節に対しては恩賞が約束されている。これをうけて、同日付の大内氏奉行人連署状及び陶興房書状が櫛辺氏に出された(12)。前者では「今度又依忠節之、一段可被行恩賞之由被仰出」「若遅々油断之仁者、可被加御成敗之由候」と記され、後者でも「此時早速於忠節者、一段可被加御恩賞候」「不可有遅々油断之儀候」という文言がみえる。このように、大内氏に対する軍事的忠節が義務として明確化しているのである。忠節に対する恩賞という対応関係が示され、忠節を怠れば成敗を加えられることになる。十五世紀後半に、御恩―奉公関係の一般的成立を想定しうるであろう。

これに対して、「国衆」として捉えられる存在に対する催促状は、書状形式が維持されつづけている。

ホ[13] 依備後之時宜、其面無心元候、毎事毛利有御相談、堅固之儀肝要候、既差上軍勢候、此等之趣国衆相催之次第、
法泉寺可申候、恐々謹言

(天文九カ)五月十九日　(大内)義隆 判

宍戸(隆家)左衛門允殿

宍戸氏は、毛利・平賀氏等と同様に大内氏から「国衆」として捉えられている安芸国人である。石見の国衆周布・益田氏等への催促もやはり書状形式をとる。しかも注目すべきことは、彼ら国衆に対して、しばしば将軍御内書や幕府奉行人奉書による軍勢催促がなされることである。例えば周布氏の場合、大内氏に相談して奉公に励むことが幕府から命じられ、これに対する請文を幕府に提出するように大内氏からはたらきかけられている。[14] 以上の事実から考えて、国衆とは基本的に将軍家に直結する存在だと言えよう。

2 軍忠状

南北朝期には、周防国御家人・長門国御家人は自ら軍忠状を作成し、これを軍事行動の統率者に提出する。軍事統率者が次第に守護に一元化していくに伴い、提出された軍忠状に証判を加えるのは守護に限定されていく。軍忠状をうけとった守護は、幕府に対して御家人の軍忠を注申するのである。

十五世紀前半段階では、このようなルートは確認できなくなる。そもそも軍忠状自体が残存していないのである。大内氏分国内の国人層が、再び軍忠状を作成しはじめるのは十五世紀後半である。文明元年（一四六九）の仁保弘有合戦手負注文[15]を初見とするこうした軍忠状には、大内氏の証判が加えられているが、幕府に注申された形跡は認められない。そして特に大永年間以降、軍忠状の残存数は激増している。

南北朝期には、御家人の軍忠が守護によって注申され、これをうけて将軍家御判御教書による感状が発給される。十五世紀に入ると、将軍家による感状は確認できず、大内教弘段階では書状形式の感状がみられる。(16) 本来、感状とは後日の恩賞に備えるための証文的な性格が強いものである。しかし、年号を欠く書状形式では、その機能を果たしえないであろう。いわば単なる礼状としての意味をもつにすぎないと思われる。当時、大内氏が軍事動員の実質的な主体であったことは明らかであるが、その権限を過大評価することはできない。

応仁元年（一四六七）以後、大内氏当主による書下形式の感状が一般化する。(17) 年号が明記されたことにより、永続的な効力が生まれたことを想定しうるであろう。文言にも変化がみられ、「弥可抽戦功」の如く、大内氏に忠節を尽くすべき義務が明示されることが多い。

これに対して、国衆に宛てられる感状は、一貫して書状形式をとる。そして、彼らはしばしば将軍御内書による感状をも受けとるのである。(18)

3　感　状

これまでみてきた軍事関係文書の変遷から軍事動員の様相を類推すれば、以下の如くであろう。

南北朝期には、将軍―防長御家人の間に基本的な軍事動員関係が成立しており、守護が両者を媒介していた。惣領家とは別に庶家が独自に軍忠状を作成し、感状を下される事例が認められることから、(19) 一族が個別的に将軍家と結びついていたと考えられるが、軍勢催促にあたっては惣領家がなお重要な役割を演じている。十五世紀に入ると、その実態は甚だ不明確であるが、大内氏が軍事動員の実質的な主体として現れる。しかし、その権限は決して安定的なものとは言い難い。大内氏発給の軍事関係文書は、書状形式（本来的には幕府文書の添状として機能していたものであろう）をとるが、強烈な強制力を伴うものではなかった。十五世紀後半、とくに応仁・文明期以降、大内氏は分国内国人層との間に御恩―奉公関係による強固な軍事動員体制を確立する。これに対応して、文書形式が書下形式に変化する。

一方、「国衆」として捉えられる存在は、本来的に幕府と直結するものであり、幕府の委託によって大内氏に付属させられた存在と考えられる。彼らが忠節を尽くすべき義務を負うのは、大内氏に対してではなく将軍家に対してであったろう。この点で、石見の国衆益田・周布氏等を大内氏家臣と捉えられる佐伯弘次氏[20]とは、見解を異にする。

二　大内氏の軍事編成

前節で概観してきた軍事的変遷を踏まえた上で、本節では十五世紀後半以降の軍事編成の実態を明らかにしていきたい。まず、史料にめぐまれている文亀元年（一五〇一）の豊前国合戦について分析を加える。

1　文亀元年豊前国合戦の様相

文亀元年（一五〇一）、大友・少弐氏は、大内氏支配下にあった豊前に進攻し、大内軍の拠点馬岳城を包囲した[21]。大内氏は援軍を派遣し、閏六月二十四日に沓尾崎で両軍が衝突した。

表4は、この時の仁保氏合戦注文[22]に現れる人名を整理したものである。同注文には、「文亀元年潤六月廿四日、於豊前国仲津郡沓尾崎遂合戦、仁保左近将監護郷討死之時、同道衆、并一所衆、次護郷家人等、或討死或被疵人数注文」と記され、同道衆・一所衆・護郷家人に三大別して、人名が書き上げられている。このうち、同道衆波多野彦六

表4　仁保長満丸合戦注文（「三浦家文書」八七、文亀元年八月三日）

同道衆		
伴田中五郎	被官	雲野新三郎
	下人	助六・彦三郎・大郎・与七右衛門・与一
近藤次郎		
榑庭新兵衛尉	下人	与五郎・次郎左衛門
倉波弥三郎	下人	大郎
木部十助	下人	又七
秋穂五郎	下人	四郎五郎・弥七・才松（小者）
波多野彦六		
厚助次郎	下人	源七
厚助三郎		
三輪又次郎	下人	左近次郎
曾我平四郎	被官	宇佐木彦六
	下人	兵衛四郎・三郎次郎
曾我小四郎	下人	又七
片山三郎	下人	助左衛門
神代弥三郎	下人	左衛門九郎・与五郎・与大郎
丸毛次郎		
吉田七郎	小者	弟法師
仁保平四郎		
一所衆		
恒富次郎	下人	弥大郎
三浦惣右衛門尉	下人	小次郎

護郷家人		
（郎徒）		
正垣内平兵衛尉	下人	弥七郎
正垣内右京進		
吉富与七		
高橋藤次郎		
蒲生平次郎	下人	与七郎
吉富源三		
正垣内弥五郎		
蒲生彦六		
高橋左衛門五郎		
（格勲）		
来原新左衛門尉		
（僕従）		
新三郎		
六郎次郎		
喜三郎		
源太郎		
（小者）		
幸松		
乙法師		
（厩者）		
五郎次郎		
弥次郎		

の軍事行動の事情を示すのが、次の大内氏奉行人奉書である。

へ(23)
祖父勘解由左衛門尉安貞一跡事、以次男小太郎成郷（安郷一腹舎弟）可為家督之由雖安貞申之、既親父彦六安郷（安貞嫡子）数年為安貞名代遂都鄙之奉公、剰去文亀元年潤六月廿四日於豊前国沓尾合戦時討死之上者、云其忠節、旁以彼安郷息相続不可有餘儀之處、背道理次第太不可然、至譲与儀者任父母之意由雖為本條、銘文於如此儀者御口入之旨又勿論候条、可譲渡安郷息（虎法師丸当年七歳）由、去年（永正弐）十月十三日御沙汰決断畢、然處成郷近年致無足奉公之間、先以成郷為代官可被懃公役旨所被仰出也、惣別其名代年記如御定法者、雖可至幼少仁拾五歳、対成郷以御優恕之儀、限虎法師丸拾六歳期可遂其節之、然者従拾七歳春可被直懃之、若代官中致不儀者令改変、以別人可被懃諸役之由、依仰執達如件

永正参年七月十日

（杉武清）左兵衛尉判
（竜崎道輔）中務丞判
（杉弘依）木工助判

波多野虎法師殿

この史料から、同道衆波多野彦六安郷は、親父安貞の名代として数年間「都鄙之奉公」を遂げているうちに戦死したこと、波多野氏は大内氏に「公役」を勤仕すべき義務を負い、また大内氏から家督相続への介入をうけうる存在であったことが分かる。

沓尾崎合戦では大友軍が勝利し、仁保護郷のほか馬岳城主杉弘隆も戦死した。(24) それから約一ヶ月後の七月二十三日、馬岳城詰口において合戦がおこなわれ、今度は大内軍が大友軍撃退に成功した。

表5は、この時の杉弘依太刀討分捕并手負人注文(25)に現れる人名を整理したものである。これによれば、杉弘依の配下に一所衆・被官の二階層があったことが分かる。このうち、一所衆として名前がみえる門司民部丞・同弥次郎については、弘依の注進をうけた大内義興から発給された感状が確認できる。

ト(26) 去月廿三日於豊前国小馬岳城詰口(カ)凶徒大友勢同少弐勢当日□(悉カ)追討合戦之時太刀討粉骨之次第杉杢助弘依注進到来尤神妙感悦之至也弥可抽戦功之状如件

文亀元年八月十三日　判

門司民部丞殿

チ(27) 去月廿三日於小（豊前）馬岳城詰口、凶徒大友（親治）勢・同少弐（資元）勢当日悉追討合戦之時、至佐伯陣最前切上之由、杉木工助弘依

表5　杉弘依太刀討分捕并手負人注文（文亀元年七月廿六日、「杉治部大輔隆泰家証文」）

弘依一所衆		弘依被官
門司民部丞		福江宮内左衛門尉
門司三郎		延入孫九郎
門司彦五郎		鷹巣与三郎
門司弥次郎		在住三郎太郎
門司藤四郎		内藤新三郎
貫弥三郎	下人　次郎四郎・七郎次郎・新六・与八郎	有田次郎四郎
貫又次郎		広津藤太郎
貫吉次郎		弓削田新兵衛尉
貫中四郎		杉次郎三郎
飯田左近将監	被官　石川清四郎	上田源兵衛尉
飯田五郎	下人　九郎兵衛・万右衛門	箱田藤三
城井弥三郎	被官　森弥九郎・桑原四郎　下人　三郎四郎	野村与三
城井弥九郎	僕従　彦七	荒巻助八
兵藤左馬允		楊井弥次郎
香志田五郎		渡辺彦次郎
長野孫七		長徳又次郎
伊佐彦八		一松与三兵衛尉
高津六郎		長十郎
伊福右京進		中間
勝屋与七郎		彦五郎
庄三郎次郎	下人　彦三郎	彦三郎
庄三郎五郎		次郎兵衛
杉弥七		次郎
玉井次郎		弥八
沓屋次郎		
副田修理亮		
早川与次郎		
片江隼人佐	被官　合年木孫太郎	
美和孫七		
山移新右衛門尉（山移与七郎代）　僕従一人		
（山移与四郎）	下人　与三右衛門	
（仲八屋藤左衛門尉）	被官　今古田五郎	
（広津大膳進）	被官　是吉新七	
（弁城彦十郎）	下人　三郎四郎	
（品川与二郎）	下人　又右衛門	

注進到来、尤感悦之至也、弥可抽戦功之状如件

文亀元年八月十三日　　　大内義興ノ判

門司弥次郎（依親）殿

門司民部丞は門司城に在城する豊前国人であり、明応八年（一四九九）には大内氏から田河郡・宇佐郡に給地を宛行われている(28)。また、同弥次郎はその子息にあたる。門司氏・貫氏等は、一所衆内に一族と思われる者が数名顔を出しているが、大内氏からの感状は各人に個別に発給されるのである。

一所衆には、延徳四年（一四九二）に上毛郡段銭奉行人であったことが確認できる(29)仲八屋藤左衛門尉をはじめ、豊前国とかかわりを有する者が多い。彼らの名字からその出身地を推定すれば、図4に示される如く豊前国全域に多数分布している。但し、長門国人伊佐彦八など、杉弘依の豊前下向に伴って渡海したと考えられる者も確認できる。

一方、弘依被官の場合は、一所衆とは異なり、大内氏感状が被官主に宛てて発給されるようである。

リ(30)

去七日至豊前国宇佐郡上田村、豊後凶徒等乱入之処、郎徒上田源兵衛尉最前相支之、太刀討分捕馬場新左衛門尉次第、妙見尾在城衆注進到来之、殊通路停止之刻凌難儀之、彼堺時者巨細吉来之条、勲功非一神妙感悦之重畳訖、以此旨厳重賀与之、弥可抽忠節之由可被下知候状如件

明応八年十一月十九日　　　（大内義興）（花押）

杉木工助殿

弘依被官として表5に名前がみえる上田源兵衛尉は、明応八年（一四九九）には宇佐郡上田村に在村していた。彼は、日常的には近隣城衆（妙見尾在城衆）の統制下において軍事行動をおこない、被官主の出陣にあたっては村を離れて馳参するのであろう。杉弘依による豊前国内在地土豪層の被官化の様相がうかがえる。

表6　文亀元年八月十三日付大内義興感状一覧表（一所衆宛）

	宛所	注進者	出典
ⓐ	門司民部丞	杉弘依	「門司氏史料」
ⓑ	門司弥次郎	杉弘依	『閥』4—499
ⓒ	杉四郎三郎	杉武連	『閥』4—297
ⓓ	乃美備前守	杉興宣	「浦家文書」4
ⓔ	河津与三	神代貞綱	「大内氏実録土代」14
ⓕ	阿川孫七	神代貞綱	『大宰府・大宰府天満宮・博多史料』続中世（三）
ⓖ	岡部彦左衛門	神代貞綱	「大内氏実録土代」14
ⓗ	王丸中務丞	鳥田種通	「大内氏実録土代」14

馬岳城詰口合戦から二十日後の八月十三日、大内義興感状が一斉に発給された（表6）。ⓐⓑは、前述した杉弘依統率下の門司氏の事例である。ⓓの乃美備前守に宛てた大内氏奉行人連署状[31]には、「就九州之儀、去年以来、於杉小次郎（興宣）一所被遂在陣」という文言があり、感状に注進者としてあらわれる者が統率者、感状受給者が一所衆であることが確認できる。但し、乃美氏の一所衆化が「去年以来」と記される如く、統率者との関係は日常的な、指揮命令系統として機能していたものではなく、戦時体制下で設定されたものであろう。門司民部丞が明応八年段階では杉弘固の軍事指揮下に属していた[32]ことからも、統率者との関係が安定的なものでなかったことが分かる。

ところが、ⓔ〜ⓗにみえる筑前国人の軍事動員では、若干様相が異なる。佐伯弘次氏によれば、神代貞綱は筑前国守護代であり高鳥居城と一定の関係が想定され、河津・岡部両氏もともに高鳥居城衆かと考えられる存在である[33]。また、鳥田種通は怡土郡代＝高祖城督であり、王丸氏は高祖城衆である[34]。さらに、次の史料は、早良郡代＝安楽平城督たる神代武総が、安楽平城衆を一所衆として組織していたことを示すものである。

ヌ[35]　豊前国馬岳城事、凶徒大友勢同少弐勢去閏六月廿日以来執詰陣既及難儀之間、同廿四日俄差遣之処、安楽平并高祖両城衆内少々令同道則馳籠、同七月廿三日彼敵当日於詰口悉追討之時自城内打出於切岸遂合戦之一所衆安楽平城衆并郎従僕従已下軍忠人数注文加一見訖、尤感悦無極者也、各厳重可賀与之状如件

文亀元年八月十三日

神代与三兵衛尉殿

以上のように、筑前国では、日常的に確立していた城督―城衆という体制が、統率者―一所衆という形にそのまま転化しているのである。したがって、統率者との関係は比較的安定したものであったと考えられる。

文亀元年豊前国合戦では、このほかにも、佐田泰景が杉重清の一所衆として在陣していたことが知られる(36)。また、桂・熊谷氏等の安芸国衆の参陣もみられた(37)。

大内氏の軍事編成は、地域的偏差を伴いつつ、全分国的規模で展開するものであった。その中核をなすのは、杉・神代氏等有力家臣の軍勢であったろう。それを構成するのが、数十名に及ぶ有力家臣の被官と、それぞれ数名の被官・下人を抱える一所衆であった。大内氏の中小給人層が、一所衆として有力家臣の統率下におかれるのである。

ル(38)

内藤弾正忠弘矩、同名六郎弘藤、同孫七護道、同名彦六弘遠、安富左衛門太夫行房、周布福屋并呉、蒲苅、能美三个嶋衆等、其外御馬廻一番衆内、長門衆十八人事、被

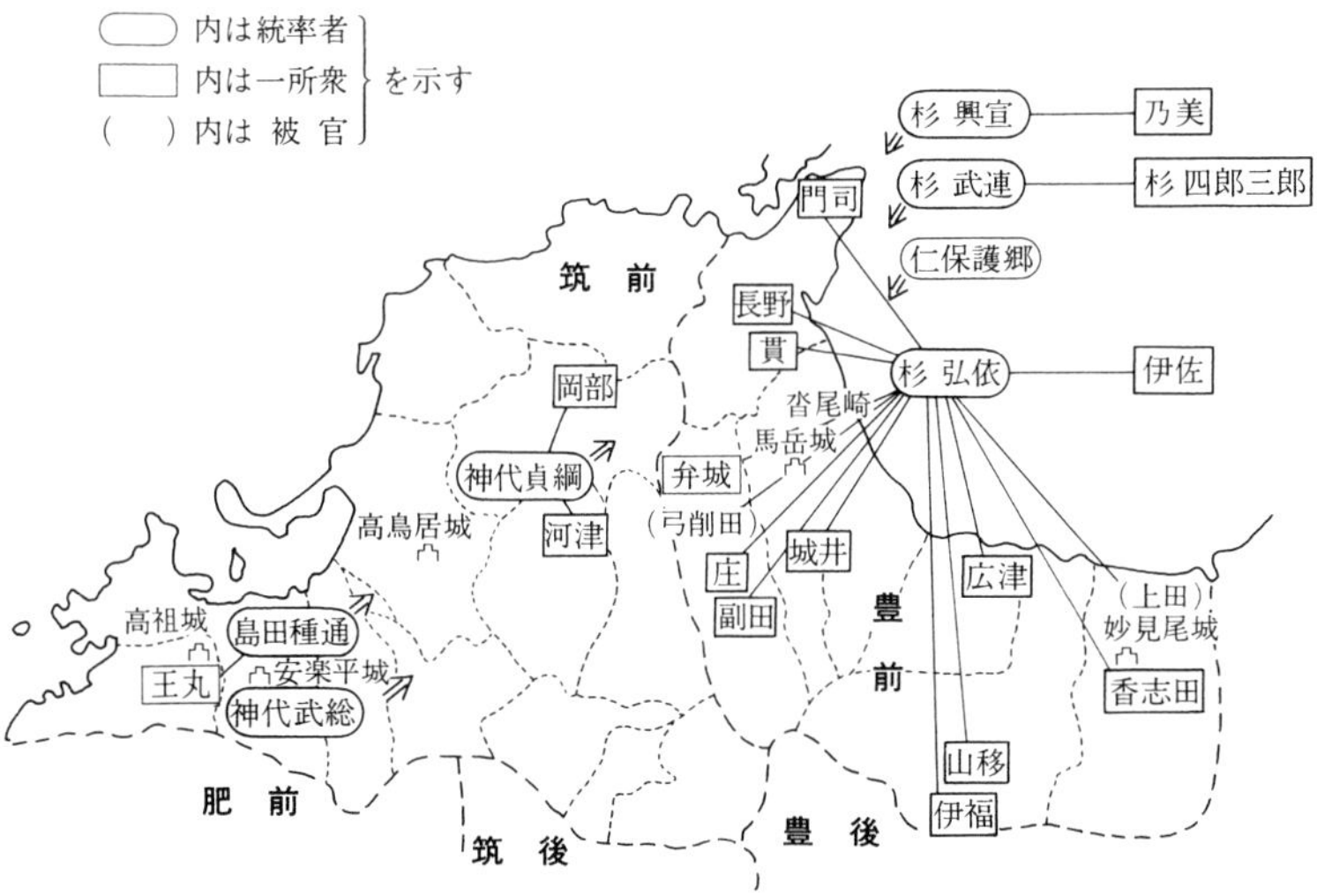

図4 文亀元年豊前国合戦要図

差遣花尾城詰口畢、

この史料は、文明十年（一四七八）筑前花尾城合戦について援軍の派遣を記したものである。ここには、内藤・安富氏等の大内氏有力家臣の軍勢、周布・福屋氏等の国衆の軍勢、そして馬廻衆が現れている。(39)以上の三類型が、大内軍を構成する基本的形態であったと思われる。

2　同道衆・一所衆・寄子

つづいて、大内氏軍事関係史料に散見する同道衆・一所衆・寄子について、それぞれの性格規定をおこないたい。

文明元年（一四六九）十二月二十七日、大内政弘は仁保弘有に宛てた感状の中で、「一所衆并被官等摧手候、神妙候」と述べている。(40)十二月十九日におこなわれた摂津国神崎合戦において、仁保氏の統率下に一所衆・被官の二階層があったことが分かる。これが、大内氏の軍事編成における一所衆の初見である。

前述した文亀元年（一五〇一）の仁保氏合戦注文では、同道衆・一所衆・家人の区別がみられた。このうち同道衆なる階層は、波多野氏の如く大内氏に直結する存在であった。しかも、同道衆に現れる名字をもつ者は、以前・以後とも仁保氏との特別な関係は認められないところから、仁保氏との結びつきは一時的なものにすぎなかったと考えられる。これに対して、一所衆・家人は、前後の軍忠状等にも同じ名字の者が認められ、(41)仁保氏との一定の結びつきを想定しうる。

前述の杉弘依の一所衆の場合、弘依との関係は決して安定的なものではなかった。これに対して筑前勢の動員は、城督―城衆の転化したものであり、比較的安定した関係がみられた。このように、同じ一所衆といっても、統率者との関係にはかなり多様性が認められる。しかし、いずれの場合においても、有事の際に一定期間、大内氏有力家臣の統率下におかれるという共通性をもつものであろう。

大永三年（一五二三）と同四年、大内氏の有力家臣弘中武長の軍事行動には、「為武長一所、十人被副遣候」の如く、一所衆が随行した(42)。この時、武長の統率下にあった沓屋勝範は、「此等之趣対陶尾州(興房)雖可申候、当座御警固御裁判之儀御奉り候条、注申旨可被達上聞候、」と述べた軍忠状を武長に提出した(43)。ここから統率者―一所衆という関係が「当座」の体制であると意識されていたことが分かる。大内氏の一所衆とは、純粋に軍事的要請から編成された軍事動員の一形態なのである。大内氏に直結する中小給人層が、有事の際にあたって、ともかく一律に一所衆として組織された。その際、平常時の関係が反映したり、同じ一所衆の中に一定の多様性が認められたりすることは当然ありえたであろう。

一所衆なる存在は、大内氏を倒して、西中国を支配した毛利氏についても確認できる。毛利氏の一所衆は寄親寄子的編成として理解されており(44)、池享氏はその機能的特徴として、在地支記に密着した軍事力として編成されていることを指摘される(45)。

しかし、大内氏の一所衆をみる限り、平時における農村支配と重なるものとは考え難い。むしろ、大友氏の軍事編成において桑波田興氏が指摘された「同心」という存在に類似している(46)。一所衆が統率者との間に結ぶ関係が不安定であることも、「同心」の場合と同様である(47)。安芸国で城番と一所在陣を繰り返していた弥富依重に至っては、大永二年（一五二二）～五年の間に統率者を五度も変えているのである。

文明十年（一四七八）頃、大内政弘は右田兵庫頭に宛てて「弘護御方兄弟共ニ年若故、毎々自身之働卒忽之儀候、向後少事之儀者、方角之国人を以可有才判候、」と申し送った(48)。これは、大内氏一族たる右田氏自身の軍事行動を戒め、以後は国人を組織化していくべきことを述べたものであり、一所衆形成の事情をうかがわせる。一所衆は、応仁・文明頃、軍事行動が増大するに伴って生み出されてきた軍事編成だと考えられる。

次に「寄子」なる存在が史料上現れるのは、以下の如くである。『正任記』文明十年（一四七八）十月四日・十日・十八日条には、「尾州同道衆御恩給地事」「当国筑前衆并尾州同道衆御扶持事」「当国筑前衆并尾州寄子等数十人、於当国知行地給御下文畢」と記され、陶尾張守の寄子＝同道衆が大内氏から給地を宛行われている。同じ文明年間、杉武道は豊前国内に闕所地を聞出し、これを大内氏へ申請して、寄子三井氏の扶持として給わっている。(49) このように、寄子とは一所衆の如く単に軍事的に設定されたものとは考え難い。寄親との関係は、より緊密なものだったのではなかろうか。

この点で参考になるのは、大友氏の軍事組織に関する木村忠夫氏の指摘、(50) 後北条氏の給人組織に関する池上裕子氏の指摘である。(51) 木村氏は、大国人との間に結ばれる同陣・同心関係が不安定であるのに対し、小国人・名主・下作職層との関係は安定的で与力・寄揆と呼ばれるとされた。また池上氏は、広義の寄子の中に、独立の領主権を所持する同心と、寄親を介して大名から扶持を与えられる「寄子」の二階層があることを指摘された。大内氏の場合も同様な構成がみられ、これが一所衆と寄子として把握しうると考えられる。戦国大名の軍事的行政的指揮命令系統を一貫するものと理解されている寄親寄子制は、後者に相当するのであろう。

最後に「同道衆」という呼称であるが、これは一つの階層的実体を意味するものとは考え難い。仁保氏合戦注文にみえる同道衆は仁保氏と一時的に軍事行動をともにする者であったのに対し、「正任記」の使用例では寄子を指すものであった。「連れだって行動する」という単なる関係が示されているにすぎないのであろう。

3　国　衆

先に検討した如く、国衆は大内氏にとって最後まで家臣化できない存在であった。しかし、とくに十五世紀後半以降、将軍家に直結する国衆を軍事的に包摂しつつ、大内氏の分国支配が展開する。大内氏が、彼ら国衆を動員する論理はどのようなものであったろうか。

ヲ(52) 態令啓候、神辺表稲薙之儀、小原(隆言)・弘中(隆兼)可申付之由、従防州(大内氏)被申上せ候、就其小原安芸守逗留仕候、然間近日従西条(安芸)勢衆差上せ、外郡(備後)衆可有馳走之由候、依之内郡方々御出張之事、従両人申越候之条以使者申入候、今度御馳走之上ニ無程申入候事、雖迷惑候、公儀之事候間、御分別所仰候、猶此者可申候条閣筆候、恐々謹言

(天文十七カ)七月十日　　隆元御判

元就御判

馬屋原越中守(義俊)殿御宿所

これは、大内氏の命令をうけた毛利氏が、備後国内郡衆馬屋原氏に出陣を要請した書状である。度重なる出陣に疲弊する馬屋原氏を動員する論理は、「公儀之事候間」という文言に示されている。

明応九年（一五〇〇）には、足利義尹の命令が「公儀」として捉えられ、大内氏がそれを背景にして平賀・毛利氏等の動員をはかっていることが知られる(53)。大内氏が安芸国衆間の相互対立をおさえる際にも、「専公儀」とすべきことが述べられている(54)。また石見国衆益田氏は、「公私」を相兼ねて忠節を抽んずる旨の起請文を大内氏に提出している(55)。大内氏による国衆の軍事動員は、私的力関係を前提としつつも、将軍権力を背景とする公的立場に立脚してなされたのである。

国衆から大内氏に提出される軍忠状には、数十名の郎従・僕従が書き上げられている(56)。このような国衆の軍勢は、大内軍においてかなり独立的なあり方をしていたのではないだろうか。国衆はなかなか軍勢催促に応じなかったり、

勝手に戦線から闕落してしまうなどその軍事行動の不安定性をぬぐい難い[57]。

以上の事実をみる限り、国衆とは本来的に将軍家に直結する存在であり、幕府の全国支配権が動揺するに伴い、大内氏にその実質的な動員権が委ねられたもの、と理解できる。したがって、彼らは大内氏の軍事動員権が及ぶ範囲にはあっても、大内氏家臣ではないのである[58]。

三　大内氏御家人制

第一・二節で検討したように、大内氏の軍事編成は、十五世紀後半に整備されたと考えられる。それを基礎づけるものとして、大内氏と分国内国人層との関係に何らかの変化を想定できないだろうか。以下、大内氏家臣団について分析を加える。

1　十五世紀前半の大内氏家臣団

従来の守護領国制論では、応永年間頃に防長国人の大内氏被官化が完成したように説かれている[59]。その指標としてよくひきあいに出されるのが、応永期の『興隆寺一切経勧進帳』である[60]。これは大内氏氏寺への奉加者を記したものであり、大内盛見を筆頭に多くの防長国人の名前が書き上げられている。しかし、この史料から大内氏権力の強大さは指摘できても、書き上げられた者が大内氏家臣であった明証はない。盛見が「長門国人々御中」宛に「氷上山興隆寺蔵経勧進事各奉加尤可然候、」と申し送っている如く[61]、奉加は盛見から国人層への主体的はたらきかけによって実現したものであった。史料のこのような性格から考えても、また防長国人に混じって周防国目代や

氷上山諸坊が書き上げられていることから考えても、奉加者をすべて大内氏家臣と捉えることは無理ではないか。(62)

たしかにこの時期には、防長国人への所領の安堵・宛行の主体として、将軍家に代わって大内氏が登場してくる。(63)前述の軍事的諸権限と同様に、守護の支配権拡大を想定できるであろう。しかし、それが主従関係の形成として捉えられるかどうか、あるいは分国内においてどの程度の比重をもって展開したものであるかを確定するためには、あまりに史料が僅少であり、十五世紀後半以降激増する安堵・宛行の事例との差は歴然としている。しばしば敵方にねがえることの多い長門の城衆に対して、一味同心して忠節する旨の起請文を提出させている如く、(64)分国内国人層を安定的に支配下に組み込みえてはいないのが十五世紀前半の状況であった。

守護権限の拡大をすべて主従制と結びつけようとする視角に災いされて、当該期の守護・国人関係を厳密に確定していく作業は、十分なされていない。大内氏による封建的主従関係の形成については、当該期守護の権能の実態を考慮しつつ、慎重な評価を加えていく必要がある。

2　御内人制から御家人制へ

『高野賢永〈重方〉禅門由来書』(65)には、「右、彼修理亮子息皆々御内祇候也」「仍東小坂五段田者、彼掃部助御内祇候ノ時ノ給所也、此高野人々、参山口以来、各仁保名字名乗ラル」と記され、山口に参上して大内氏に仕えることが「御内祇候」と表現されている。南北朝期以来、大内氏家臣は分国内で一般に「御内」と呼ばれていたらしく、観応三年（一三五二）の『仁平寺本堂供養日記』(66)にも「御内為宗人々」という文言を確認することができる。応永十一年（一四〇四）の『氷上山興隆寺本堂供養日記』(67)には、「御内宗人々」として、陶・杉・弘中・仁保・安富・沓屋氏の名前が記されている。この時期の大内氏家臣（御内人）の実態は十分明らかにしえないが、それは大内氏の一族結合を中核とするものであったと推定される。

ところが、『正任記』文明十年十月一日条の大内政弘笘崎社参記事において、「御内近習外様自国他国諸人出仕云々、」という記載が出現する。これは、大内氏における近習・外様の初見史料であり、大内氏家臣内に御内・近習・外様という三階層が生まれていたことを示している。ほぼ同時期（文明十三年）の『大内氏掟書』「椀飯同御節并所々御出の事」にも、a御臺—御相伴衆、b近習衆、c外様衆、という同様な身分構成が示されている。おそらく、大内氏家臣団の拡大・整備に伴って、従来の体制（御内人制）が克服され、外様まで含みこんだ新しい体制が構築されていたのではないだろうか。掟書一三八条には、「縦雖為出仕祗候之人、於外様之仁者、不可奉見奥」の如く、新たに家臣団に組み込まれた外様衆に対する強い警戒姿勢が露骨に示されているのである。

それでは、このように拡大した大内氏家臣団は、どう総括されるべきであろうか。この点で注目されるのが、大内氏の「御家人」である。河合正治氏は、大内氏が国人層を御家人と呼び家臣身分として結びつきを強化し始めるのは盛見時代（応永—永享年間）と推定される。[68] しかし、大内氏の御家人が史料上確認できるのは、長禄四年（一四六〇）の『大内氏掟書』である。

ワ　一　同長禄四年養子御法事

為当方御家人之輩、以非御家人子、號養子之條、太不可然也、但、有事子細而於被御許者、非制限之旨、被定置之畢、（略）

この大内氏御家人とは、佐伯弘次氏も指摘される如く、大内氏と直接に主従関係を結ぶ家臣団総体を指すものと思われる。[69] 文明十九年（一四八七）の掟書「夜中路頭往来禁制條々」に、その例外規定として「御家人并諸人之被官等、奉公に依無隙、男女をいはす、至深更往来之事あるへし、」と記されるように、大内氏に奉公をなす者（大内氏被官）

が御家人として捉えられるのである。
十五世後半ば以降確認される大内氏御家人とは、外様まで含みこんだところに成立する新しい大内氏家臣団全体を指すものではなかったろうか。大内氏家臣団は、南北朝期以来の御内人制から、十五世紀後半以降の御家人制に転化したと考えたい。

それでは、御内人制から御家人制へ、何がどう変化したのか。何よりもまず家臣団の拡大であろう。十五世紀後半以降、大内氏による給地宛行事例が激増している。分国内国人層の御家人化は、大内氏権力からの積極的宛行為によって推進されたと考えられる。

大内氏による給地宛行の性格を考える上で注目されるのは、宛行状の形式が書下形式から袖判下文に変化することである。下文形式の宛行状は武家においては本来将軍家が発給するものであったことを考えれば、この変化は大内氏が将軍家にとって代わる機能を果たすに至ったことを示すとも考えられる。そしてそれは、御家人制という家臣団編成方式と無関係ではないだろう。

『沙汰未練書』[70]には、「御家人トハ往昔以来、為開発領主、賜武家御下文人事也」とあり、武家下文の所持こそ鎌倉御家人の決定的な指標とされていた。近藤成一氏は、下文の発給自体が主従関係の設定ないし確認の機能をもつことを指摘されている[71]。下文のもつこのような機能を考えあわせるならば、大内氏袖判下文の初見[72]（長禄二年）と大内氏御家人の初見（長禄四年）とがほぼ同時期であるのは、単なる偶然とは思われない。大内氏御家人もまた、大内氏袖判下文を発給されることによって認定されたものと考えられる。

〔家臣団構成〕　〔軍事編成〕　〔軍役体系〕

御内・近習・外様 ｝ 御家人 ｛ 有力家臣　十　一所衆 / 馬廻衆 ｝ 御家人役（給地分限高＝年貢高に基づく公役）

無足・不足之仁：「任望」

国　衆………………図田数に基づく軍役

図5　大内氏の家臣団構成・軍事編成・軍役体系

第一節において、十五世紀後半以降の軍事動員では軍忠が義務として明確化し、奉公と恩賞との対応関係が成立することを指摘した。これは、大内氏御家人の軍役が給恩地所領高との対応で確定されたことを意味する。この点に関して田沼睦氏は、「守護大内氏は、十五世紀中葉の時点で、被官化した国人所領の年貢高を指出貫文高として把握し、」この所領貫文高基準の軍役（的収取）を成立させていたことを指摘された。[73]秋山伸隆氏も、大内氏分国では「具足数＝軍役が所領高との数量的な関係において把握」することが進行していたことに注目された。[74]『正任記』文明十年十月七日条に、「為高鳥居城屏矢倉配当、老若御家人給地分限各可記進上候由、被相触了、」と記されている如く、軍役的性格をもつ城普請役は、御家人の給地分限高を基準として負担させられている。大内氏の御家人役は、給恩地分限高に対応する極めて整備されたものであったと言えよう。

大内氏は、下文発給に基づいて御家人を確定するという幕府御家人制度の形式を、自己の家臣団編成に導入した。このような形式を導入することによって、それまでの一族・譜代家臣に立脚した編成（御内人制）から脱却し、大量の国人層を主従制下に組みこむことが可能になった。十五世紀半ば以降、大内氏は国人層に大量に下文宛行状を発給して彼らの御家人化をはかり、給地分限高（年貢高）に基づく軍役負担体系を確立したのである。

3　非御家人の軍事動員

大内氏の軍事動員の中核は、給地分限高に基づく御家人役として実現されるものであったと考えられる。例えば前述の史料へにおいて、波多野氏が大内氏に負担すべき義務を負った公役がこれである。但し史料へで注目されるのは、家督人が負担すべき公役とは別に、庶子にあたる成郷が「近年致無足奉公」している事実である。掟書一六三条で「無足之仁」と「帯御恩之仁」とが対比されているように、「無足」とは大内氏からの恩給地をもたないことを意味する。とすれば、大内氏の軍事力には、御恩に基づく御家人役とは異なる形の奉公が含まれていたことになろう。

一　就御参洛、雖為無足不足之仁、任望可令供奉、至無御供之仁者、或於山口致祗候勤御番、或就御用可相動者
　　也、於御家人者、此時先悉至山口可遂参上之旨、対同名又者同郷近辺衆中可令告知之由、所被仰出、壁書如件
カ(75)
　　長享元年十一月十日

松岡久人氏は、この史料から無足不足之仁と御家人は対立概念であり、前者は大内氏家臣でありながら御家人と区別されるものとされた。(76)しかし、無足不足之仁とは軍役を御家人役として数量的に確定しえない者を指していたと考えられ、単純に御家人と対立させるべきではなかろう。鎌倉期御家人制の動揺の中で「無足の御家人」が多数輩出してくることは周知のとおりであり、無足不足之仁の中にも同様な階層が含まれていた可能性がある。いずれにしても、御家人・非御家人にかかわらず、恩給地に基づく軍役を確定しえない者が無足不足之仁と捉えられるのであり、であるがゆえに彼らの奉公は「任望」とされるのである。掟書一四一条には、無足不足之仁が大内氏から扶持を得るために狂奔している有様が述べられているが、彼らの奉公は大内氏からの扶持を狙った自発的なものであったろう。そして、このような奉公は彼らが大内氏家臣であることを必ずしも意味しない。松岡氏のように、軍事動員に応じることと家臣であることを同一視するのは誤りであろう。

次に、非御家人である国衆の場合、軍事動員はどのようにしてなされるのだろうか。国衆の動員は、主従制原理によるものではなく、「公儀」による催促という形をとることは前述した。その際に、一定の負担基準が存在したか否かは十分明らかにしえないが、次の史料は注目に値する。

ヨ(77)
　　知行分所々
一所　益田庄本郷　　陸町五段　　百玖拾五貫文

一々　東北両山道村　弐町弐段大　陸拾八貫文
一々　弥富名　弐町五段　柒拾五貫文
一々　乙吉土田両村　壱町八段　五拾四貫文
一々　飯田郷　弐町八段　八拾四貫文
一々　岡見郷　弐町　陸拾貫文
一々　伊甘郷　参町四段　百弐貫文
一々　宅野別符　弐町参段　陸拾九貫文
（十二筆略）
一々　白上　弐町四段　七拾弐貨文
已上　千陸百拾陸貫弐百五拾文
惣田数　公田五拾参町八段大三拾歩
分銭弐拾陸貫九百三拾文余
但壱段別五拾文充
一所　宅野別符　大家左衛門尉当知行
一々　岡見郷　三隅当知行
一々　伊甘郷　福屋当知行
已上
天文十六年八月八日　益田次郎

問田大蔵少輔殿

吉見備中守殿

これは、石見国衆益田氏が大内氏に提出した知行分書立である。一筆ごとに地名・面積・貫高が記載され、これを合計した貫高・惣田数、そして段別五十文の分銭高が示されている。惣田数の項で示される如く、書き上げられている田数面積は公田面積であり、したがって分銭高とはこれに賦課される公田段銭を示している。一方、一筆ごとに示される貫高は、岸田裕之氏も指摘されるように、公田数に一律に三貫文をかけて算出されたものである。(78)大内氏の給恩地が貫高・石高で示される場合、それは年貢高を示すものと考えられるのに対し、ここでは全く実態と乖離した貫高だと言わざるをえない。村田修三・藤木久志両氏は、戦国大名の貫高制を段銭徴収権を手がかりにして成立する「在地不掌握」の体制であったとされたが、大内氏による国衆の軍事動員は類似の形態に基づくものではなかったか。今後の検討が求められる。

おわりに

室町幕府―守護体制の動揺・解体は、地域ごとに多様な権力形態を生み出した。ある地域では国人一揆体制、別の地域では土豪レベルの地域的一揆体制、そして大内氏分国の如く守護権力への領主階級の結集が生み出された地域もみられた。大内氏権力は、主従制原理を肥大化させることによって、政治的・社会的変動への対応をはかったのであり、本章ではこれを大内氏御家人制と規定した。大内氏は、この体制を基礎にして整備された軍事編成を構築しえたのである。

とすれば、大内氏分国において真に守護領国制的な体制が確立するのは、室町幕府―守護体制の解体以後と考えることもできよう。但し、大内氏御家人制自体も、室町期の権力体制の枠内から完全に脱却しえていない。そもそれは、幕府御家人制の諸形式を導入することによって実現しえたのであり、しかも大内氏がこのような体制で分国をつつみこむ上で、守護公権がそのテコとして機能したと思われる。したがって、御家人制は単なる私的主従関係ではなく、守護の公的支配権と一体のものとして存在していたのである。大内氏権力は、最後まで守護権力であったと規定すべきであろう。

(1)　藤木久志「戦国大名制下の守護職と段銭――永正～天文期の伊達氏について――」(『歴史』三二、一九六六年、のち藤木『戦国社会史論』東京大学出版会、一九七四年に所収)。矢田俊文「戦国期甲斐国の権力構造」(『日本史研究』二〇一、一九七九年、のち矢田『日本中世戦国期権力構造の研究』塙書房、一九九八年に所収)。

(2)　わずかに、岸田裕之「守護支配の展開と知行制の変質」(『史学雑誌』八二―一一、一九七三年、のち岸田『大名領国の構成的展開』吉川弘文館、一九八三年に所収)があるにすぎない。

(3)　これまでの大内氏研究は、松岡久人「大内氏の発展とその領国支配」(魚澄惣五郎編『大名領国と城下町』柳原書店、一九五七年)に基礎づけられており、守護領国制論の立場で研究が進められてきたと言える。そこでは、室町・戦国期における大内氏権力の諸段階は十分明らかにされておらず、量的な支配権強化の指摘がなされるにとどまる。

(4)　勝俣鎮夫「戦国法」(『岩波講座日本歴史』八、一九七六年、のち勝俣『戦国法成立史論』東京大学出版会、一九七九年に所収)。氏の戦国大名論では、室町期公権力との断絶面が強調されているが、室町期公権力がどのようにして克服・廃棄されるのか十分明らかではない。

(5)　柴辻俊六「戦国大名文書」(『日本古文書学講座』四、中世編一、一九八〇年)。

(6)　(延元三年)二月六日足利尊氏御内書(山口県文書館編『萩藩閥閲録』第二巻五三七頁、以下『閥』二―五三七と略す)。

(7)『閥』三―五四九。
(8)『閥』三―五五三。
(9)岸田裕之「南北朝・室町期在地領主の惣庶関係」(広島史学研究会編『史学研究五十周年記念論叢』日本編、福武書店、一九八〇年、のち岸田前掲『大名領国の構成的展開』に所収)参照。
(10)『大日本古文書』「三浦家文書」四七。
(11)『閥』三―八四七。
(12)『閥』三―八四六・八四七。
(13)『閥』一―二三。
(14)年欠三月廿三日足利義尚御内書、天文六年十二月廿一日室町幕府奉行人連署奉書、天文十二年正月廿六日室町幕府奉行人連署奉書、(天文十二年)卯月二日大内義隆書状(『閥』三―五五五・五七三・五七四)。
(15)「三浦家文書」六七。
(16)長禄元年正月一日大内教弘書状(『閥』三―一六〇・八四七)。
(17)「三浦家文書」六三。
(18)(永正八年)九月十七日足利義尹御内書(『閥』三―五七〇)。
(19)「三浦家文書」一六〇・一六一。
(20)佐伯弘次「大内氏家臣団構成」(『戦国大名家臣団事典』西国編、新人物往来社、一九八一年)。
(21)「歴代鎮西要略」(『大宰府・太宰府天満宮・博多史料』続中世編三)。
(22)「三浦家文書」八七。
(23)『閥』四―四三三。
(24)「歴代鎮西要略」。
(25)「右田毛利家文書『永田秘録』七十六、杉治部大輔隆泰家証文」(山口県文書館蔵)。
(26)「門司氏史料」(『門司郷土叢書』三八)。

(27)『閥』四―四九八。
(28)明応八年四月十三日大内義興袖判下文（「門司氏史料」）。
(29)「大内氏掟書」一四四条（『中世法制史料集』三）、以下「掟書」一四四と略す。
(30)「杉治部大輔隆泰家証文」。
(31)『大日本古文書』「浦家文書」一六。
(32)明応八年九月廿九日大内義興書下（「門司氏史料」）。
(33)佐伯弘次「大内氏の筑前国守護代」（『九州中世史研究』三、一九八〇年）。
(34)佐伯弘次「大内氏の筑前国郡代」（『九州史学』六九、一九八〇年）。
(35)「多賀社文庫『多々良氏家法』」（山口県文書館蔵）。
(36)「佐田文書」一一三（『熊本県史料』中世篇第二）。
(37)「歴代鎮西要略」。
(38)『正任記』文明十年十月三日条（『大日本史料』第八編之十）。
(39)番編成がとられた大内氏直轄軍であろう。
(40)「三浦家文書」六六。なお、十二月二十五日、大内政弘は一所衆の軍忠についても重ねて注進すべきことを求めている（「三浦家文書」六五）。したがって、二十二日の仁保弘有合戦手負注文（「三浦家文書」六七）に書き上げられたのは、被官分に限られていたものと思われる。
(41)「三浦家文書」一五・六七・九五・九六・九七。
(42)大永七年二月十日斎藤高利軍忠状（『閥』四―三〇一）。
(43)大永五年三月廿三日沓屋勝範軍忠状（『閥』三―八七五）。
(44)村田修三「戦国大名毛利氏の権力構造」（『日本史研究』七三、一九六四年）。
(45)池享「戦国大名の権力基盤」（『史学雑誌』九一―四、一九八二年、のち池『大名領国制の研究』校倉書房、一九九五年に所収）。

(46) 桑波田興「大友氏家臣団についての一考察」(『九州文化史研究所紀要』八・九合併号、一九六一年)。
(47) 「今仁文書」八(『大分県史料』2)。
(48) (文明十年ヵ)八月十一日大内政弘書状(『閥』二—四七六)。
(49) 文明十年正月十一日祐泉置文(「黒水文書」、『福岡県史資料』第十輯)。
(50) 木村忠夫「永禄末期大友氏の軍事組織」(『九州文化史研究所紀要』一三、一九六八年)。
(51) 池上裕子「戦国大名領国における所領および家臣団編成の展開——後北条領国の場合——」(永原慶二編『戦国期の権力と社会』東京大学出版会、一九七六年、のち池上『戦国時代社会構造の研究』校倉書房、一九九九年に所収)。
(52) 『閥』二—七四七。
(53) 『大日本古文書』「平賀家文書」二五・四六、「毛利家文書」一六八・一六九。
(54) 「平賀家文書」四〇。
(55) 年欠十月十三日大内義興書状(『閥』一—一二七)。
(56) 「益田家什書」二六ノ四(京都大学蔵)、『大日本古文書』「吉川家文書」五〇七・五〇九、「小早川家証文」四二九・四三一・四三二、「平賀家文書」一六九。
(57) (永正八年)八月十四日大内義興書状(『閥』一—一二六、三—五七〇)、「平賀家文書」四八。
(58) 毛利氏における国衆は、従来毛利氏家臣団の一部とみなされてきた(村田前掲「戦国大名毛利氏の権力構造」)が、最近これを毛利氏家臣に含めて考えるべきでないとする見解が出されている(矢田俊文「戦国期毛利権力における家来の成立」『ヒストリア』九五、一九八二年、のち矢田前掲『日本中世戦国期権力構造の研究』に所収)。
(59) 佐伯前掲「大内氏家臣団構成」。
(60) 「興隆寺文書」(山口県文書館蔵)。
(61) 年欠二月廿八日大内盛見書状(「興隆寺文書」)。
(62) 松岡久人「室町戦国期の周防国衙領と大内氏」(福尾教授退官記念事業会編『日本中世史論集』吉川弘文館、一九七二年)によれば、周防国衙の大内氏権力に対する独自性は長く保持されつづけていた。

(63) 松岡前掲「大内氏の発展とその領国支配」。
(64) (嘉吉二年)二月廿日大内教弘書状(『閥』二一―六五一、三一―四一五)。
(65) 「三浦家文書」二二六。
(66) 山口県文書館編『防長風土注進案』一二、山口宰判上、三二九頁。
(67) 「興隆寺文書」。
(68) 河合正治「将軍と守護」(豊田武・ジョン＝ホール編『室町時代』吉川弘文館、一九七六年)。
(69) 佐伯前掲「大内氏家臣団構成」。
(70) 『中世法制史料集』二。
(71) 近藤成一「文書様式にみる鎌倉幕府権力の展回」(『古文書研究』一七・一八合併号、一九八一年)。
(72) 長禄二年三月十一日某袖判下文(山口県文書館編『萩藩閥閲録遺漏』二四七頁)の発給主体は、当時の状況から考えると大内氏と考えて間違いあるまい。
(73) 田沼睦「室町幕府・守護・国人」(『岩波講座日本歴史』七、一九七六年)。
(74) 秋山伸隆「戦国大名毛利氏の軍事力編成の展開」(『古文書研究』一五、一九八〇年、のち秋山『戦国大名毛利氏の研究』吉川弘文館、一九九八年に所収)。
(75) 「掟書」一二六。
(76) 松岡前掲「大内氏の発展とその領国支配」。なお、佐伯前掲「大内氏家臣団構成」では、「無足不足の仁＝中小御家人」とされているが不正確であろう。
(77) 「益田家什書」七五ノ一。
(78) 岸田前掲「南北朝・室町期在地領主の惣庶関係」。

第五章　大内氏の知行制と御家人制

はじめに

戦国期研究は、当該期社会を中世から近世への単なる過渡期とみるのではなくその独自性を解明すべきだという提起が村田修三氏によってなされて以来、長足の進歩を遂げている。氏の提起はそれ自体正当なものであったと考えるが、しかしそれによって今度は戦国期権力だけをとり出して論ずる傾向が生まれ、それを中世国家の展開過程の中に正しく位置づける方法が見失なわれてしまったように思われる。とくに室町期権力論が立ちおくれている現状においては、室町期と戦国期との間に一種の断絶状況が生み出されている。

戦国期研究の深化は、戦国期の諸権力を十把ひとからげにして戦国大名として捉える方法に反省を求めているように思われる。(1) とくに、後北条氏などの東国大名こそ戦国期権力の典型だとする理解は、戦国期の諸段階と地域的多様性を踏まえた上で統一的時代把握にむかうためには、むしろ有害ではないだろうか。室町幕府の全国支配が崩壊する中で、戦国期権力がいつどのようにして成立してくるのかを具体的に究明する視点が必要であろう。

以上のような問題意識の上に立って、十五世紀半ば〜十六世紀半ばの守護権力を考察の対象にしたい。室町期公権力の主要な担い手と考えられる守護権力こそ、当該期の権力的転回をみる上で重要なポイントとなろう。

筆者は前章で大内氏の軍事編成と家臣団編成とを分析し、十五世紀半ば以降在地領主層の大内氏権力への階級的結集がみられることを指摘し、それを大内氏御家人制と規定した。[2] 筆者がそこで意図したのは、室町期守護権力が政治的社会的変動にどのような対応をみせたのか、その一対応形態として大内氏の事例を明らかにすることであった。

周知のように、十五世紀半ば以降の国家体制において大内氏の占める役割は甚だ大きい。それは、中央政界における政弘・義興の活躍、対外貿易に占める位置、大内氏の文化遺産等を想起すれば明らかであり、フロイス『日本史』に「当時にあっては日本でもっとも有力者であった」[3] と記されるが如き繁栄を築いた。中世国家における大内氏の位置づけはそれ自体重要な検討課題と考えるが、そのような地位を得て十六世紀半ばまで生きのびた事実こそ、政治的社会的変動への対応が成功していたことを示すものと言える。その基軸的要因と考えられるのが大内氏御家人制である。

本章では、まず大内氏御家人制の諸様相を具体的に明らかにする。次に、それを支えた大内氏知行制の構造を分析する。これは、室町期知行制から戦国期知行制への転換の中に位置づけられなければならないが、ここではとりあえず御家人制との関わりの中でその実態を明らかにしたい。最後に、陶氏のクーデター及びそれによって生み出された大内義長権力の性格について一応の見通しを述べる。

戦国期を特徴づける領主階級の結合形態として、戦国期における「家中」が注目され、その成立プロセスをあとづける作業が積み重ねられてきている。[4] 十六世紀以降、「家中」支配に立脚した戦国期権力が台頭する中で、御家人制に支えられた大内氏権力はどうなっていくのかを考えてみたい。

一　大内氏御家人制の諸様相

1　御家人の採用・放逐

前章で述べたように、大内氏御家人の史料上の初見は長禄四年（一四六〇）である。[5] 大内氏分国で以後の史料にあらわれる「御家人」とは、大内氏御家人を意味すると考えてさしつかえない。[6] 南北朝期以降、足利将軍家から下文を発給され直接的な主従関係に結ばれていた武士のほとんどが、十五世紀半ばには将軍家との関係をたちきられるに至る。[7] これに代わって大内氏御家人制への組織化が進行する。

前章では、大内氏御家人制における主従関係の設定・確認が下文の発給という形でなされたことを強調した。鎌倉御家人制では、「御家人となる一般的手続は、鎌倉将軍に対して名簿を提出し、見参に入り、将軍より所領安堵の下文を賜わり、御家人役勤仕等の奉公の義務を生ずることによって成立する」とまとめられている。[8] 大内氏御家人制でも御家人採用の具体的プロセスを検討しておこう。

イ[9]　一　諸人郎従、自然望申御家人輩、堅固御禁制也、不可披露之由、依仰壁書如件、

文明十九年七月廿日

ロ[10]　平野（安那郡）衆之内屋吹八郎次郎事、御家人望申之由言上之趣遂披露、被成御心得候、以此旨可被申与之由候、恐々謹言、

六月十九日

隆言（小原）（花押）
隆輔（竜崎）（花押）
隆満（陶）（花押）

弘中三河守（隆兼）殿

青景（隆著）越後守殿

ハ[11]　御家人望申之由遂注進之処、被成御心得候、仍対隆著隆兼奉書進之候、向後之儀、任隆著裁判可被馳走事肝要候、

恐々謹言、

八月廿七日　　　　　　　　　（弘中）隆兼（花押）

　　　　　　　　　　　　　　（青景）隆著（花押）

屋吹八郎二郎殿

史料イ・ロ・ハから分かるように、まず最初に本人から御家人となることを「望申」す旨が言上される。ロ・ハの事例では、この申請が屋吹氏（言上）→弘中隆兼・青景隆著（注進）→大内氏奉行人（披露）→大内氏当主という経路で伝えられている。屋吹氏の申請は大内氏の「御心得」がなされたため、その旨を伝えるロ・ハの書状が作成されたのである。

「平野衆之内屋吹八郎次郎事」とあるように、屋吹氏は平野衆の一員であった。天文二十年（一五五一）には屋吹氏が備後国安那郡平野に給地を所持していたことが確認できるから[12]、この地域の土豪層が平野衆というまとまりで呼称されたものであろう。御家人化すれば大内氏に対する奉公義務が生ずる。ハにみえる「向後之儀任隆著裁判可被馳走事肝要候」という規定がそれである。当時弘中隆兼とともに備後国経営にあたっていた大内氏家臣青景隆著の配下におかれたのである。このような奉公義務に対する反対給付として大内氏からの御恩が期待しえた。前章で述べたように、大内氏からの下文発給によって、御家人化が完結するのである。

このように、分国内在地領主の御家人化はあくまで個別的な形で進行するのであるが、それがどの程度の規模で展

開していたのかは十分明らかにしえない。しかし大内氏の勢力範囲の最も外縁部にあたる備後国においても御家人化の申請がなされていることから考えると、分国全体をおおう大規模なものだったと考えてよかろう。十五世紀半ば以降、大内氏下文が大量かつ広範囲に発給されている事実がこれをうらづけている。

次に、御家人制から放逐される事例を検討してみよう。

ニ　一　身暇日数之事

在山口衆内少分限之仁事、年中百ヶ日可給身暇之由、被相定畢、但、随当用至不時之儀者、可被任申請之旨事常篇也、然処不申上御暇、以密々或帰宅或他行、有達上聞事者、十ヶ日壱貫文、為過怠可被寄寺社修理也、日限分際、以此員数可校量也、百ヶ日者可為拾貫文、若此御成敗至難渋之輩者、可被没収恩給地也、仍壁書如件、

文明十七年十二月廿六日

ホ　一　諸人在山口衆、縦雖為一日、以密々之儀、在宅之輩、有達上聞事者、注置其人数、御暇言上之時、各不可申次也、因茲、重而以内々於令在郷族者、永可被放御家人之由、所被仰出也、仍壁書如件、

文明十八年十二月十二日

史料ニ・ホは、『大内氏掟書』八六条・一〇三条であり、ともに在山口衆が勝手に在宅・在郷することを禁じた法令である。前者では、ひそかに山口を離れた場合は過怠料が科され、これを難渋すれば恩給地を没収することが定められている。松岡久人氏は、これでは尚十分な効果を収め得なかったため、翌年押して在郷したものは永く御家人を放つという厳制に改めた後者の法令が出されたものと解釈される(13)。

在山口衆に対して御家人放逐が掲げられている以上、在山口衆は御家人に含まれると思われる。おそらく御家人の

一部が、在山口衆として山口に駐在していたものであろう。それでは、恩給地没収と御家人放逐とはどのように関係するのであろうか。

へ　一　蒙御勘気之仁御定法事
被放御家人之輩雖為暫時、可止出仕之由、被仰出之族以同前事、或被殺害刃傷、或遇恥辱横難、縦又雖有如何躰之子細、既蒙御勘気之上者、可為公界往来人之准拠之間、其敵不可有御罪科之由、被定御法畢、光孝寺殿畠山徳本管領職之御時、御成敗如斯、御分国中之仁、可守此旨之由、所被仰出、壁書如件、
延徳三年十一月十三日

ト　一　前々ハ御家人たりといへとも、其身のとかによつて、或ハ出仕を止させられ、所帯を没収せられて、侘傺の余に、子孫を以傍輩の被官になし、郎従の契約に及ふ事、太以不可然、（略）

史料へ（掟書一四三条）から、御家人を放逐された者は、「公界往来人之准拠」としてどんな犯罪にあおうとも大内氏の保護が得られなくなることが分かる[14]。ここで、一時的に出仕を止められた族も御家人を放たれた輩と同様、という注記がみられる。御家人身分からの転落が、永く出仕を止められることを意味するものと推定できよう。

史料ト（掟書一七一条）は、御家人身分から転落したものが、子孫を「傍輩」（同僚の大内氏御家人）の被官・郎従とすることを禁じたものである。ここで、御家人からの転落が出仕停止、所帯没収を意味したことが示されている。逆に言えば、御家人身分＝出仕祗候＝所帯（恩給地）所持という関係が成立していたことになる。出仕祗候（奉公の側面）、所帯所持（御恩の側面）という二側面によって大内氏に結ばれたのが、御家人身分の内容であった。

2　在山口衆

大内氏の御家人となることは大内氏を主人に戴くことを意味し、この点では「掟書」に散見する「諸人之被官」「諸人郎従」と共通する側面をもつ。[15] しかし、在地領主層が大内氏権力の下に階級的結集をみせるのは、なによりも大内氏が守護職を保持する公的存在だったからであり、したがって一般の被官・郎従契約と全く同一視するわけにはいかない。大内氏分国内では、御家人と非御家人とは厳然と区別されており、[16] 御家人は一つの社会的身分として機能していたものと思われる。

このような御家人層は、平時においては各国守護代の統制下におかれていたと考えられる。[17] 但し、御家人といっても実際にはその存在形態は一様ではありえないし、時間的な変動もありえただろう。例えば、御家人の一部が在山口衆とされ勝手な在郷が禁じられていたことは既述した。

チ[18]　於当山領内、御家人之輩或構屋地、或相拘下作職、山中所用被相催之処令違乱之条、従前々雖被制止之、動有其沙汰之由、以一通被申之趣遂披露候、如山訴前々御法度厳重之処、自由之所致太以不可然候、所詮自今已後堅固可被申付之由候、就中山領百姓等相懸諸人被官事、是又任御法度之旨、可有停止之由候、但於山口中屋敷者不及其儀候、如先年可被申付之由候、恐々謹言、

天文十九年卯月廿五日

(仁保)隆慰（花押）
(相良)武任（花押）
(陶)隆満（花押）
(問田)隆盛在城

氷上山別当坊
年行事

史料チは、大内氏の氏寺たる氷上山領内において、御家人が屋地を構えたり下作職を相拘えたりして氷上山の所用催促に違乱をおこなっている事態を停止させる旨を約した大内氏奉行人連署状である。このような事態は御家人の動向を考える上で注目すべきものであるが、ここでは但書の部分に注意したい。「但於山口中屋敷者不及其儀候、如先年可被申付之由候」という記述から、当時氷上山が山口中に山領をもっておりそこに御家人の屋敷が建てられていたこと、しかも山口中の屋敷については山領一般とは異なる特例が認められていたことを知りうる。

氷上山興隆寺文書には、文明—永正年間に御家人が山領を屋敷地として借用していたことを示す史料が残されている。松岡久人氏は、御家人の山口居住を分析し、それが大内氏によって政策的に進められていたことを指摘した(19)。

リ　今八幡社頭并御神領事条々

（略）

一　御家人中、雖有所望地、不可立神人居宅事、

（略）

一　諸人号屋地、雖申給神領内、則不作家不弁収地料、剰於彼地内、定置百姓、納取地子、偏如私領、有受用之族云々、於自今以後者、縦以上裁雖預ケ給、至如此仁者、言上子細、為社家可召放件地、若又乍令居住、不社納地料者、就訴訟之是非、可被付渡其家於其地事、

右条々、堅固所被仰出也、以此旨可有其沙汰之状如件、

文明十年卯月十五日　遠江守《（相良）》正任奉

ヌ　一　闕所家御定法之事

従侍所為彼役、於山口中所被闕所家事、縦雖為其領主、以私之儀、不可成綺也、自今以後、経上裁、可被定是非之由、所被仰出也、此旨諸人可令存知之旨、壁書如件、

文明十九年二月廿二日

（見島）左衛門尉奉弘康

（伴田）大炊助奉弘―

史料リ（掟書三五―三九条）によれば、今八幡社の社頭や神領において、御家人をはじめとする人々が所望により屋敷地を申しうけ、地料銭を社納する契約を結んでいたことが知られる。今八幡社は大内氏の築山館の東方にある古社である。大内氏時代の山口の全体構造は十分明らかにできないが、大内氏居館の周辺に分布する氷上山領・今八幡社領などの寺社領に御家人以下が住みつき始めており、山口の発展の様相をうかがうことができる。

史料ヌ（掟書一〇四条）は、山口中の闕所家処分権が侍所の手に握られていたことを示している。これには領主と雖も干渉できないのであり、史料チでもみたように山口中屋敷は領主の一元的支配が貫徹しえない場であった。このような大内氏による山口支配の下で、御家人の山口在住が進行しつつあった。

もちろん、大内氏御家人の全てが在山口衆となっていたわけではない。分国内に配置された守護代・小守護代・郡代や、城郭に置かれた城督・在城衆等の存在形態については、松岡久人氏や佐伯弘次氏の詳細な研究がある[20]。また、戦時体制下においては全分国的規模で御家人の編成・移動がなされることは前章で述べた。彼ら御家人は、大内氏の参洛に際しては悉く山口まで参上すべきことが義務づけられている[21]。

3　御家人内部の諸階層

等しく御家人といっても、実際には内部に階層差を認めることができる。文明年間に、御内・近習・外様という区別があり、外様に対しては強い警戒姿勢がみられたことは前章で述べた。

永正十七年（一五二〇）、大内氏が伊勢から勧請した高嶺大神宮の内宮・外宮が完成し、六月二十九日に「遷宮之儀」が執行された。この時のことを記した史料には、大内義興・義隆父子による太刀・神馬奉納の後、「次御方々様より御折紙御進献也、次面々衆近習衆其外分限衆御太刀一腰充、同御神馬料員数随其分限被相定也、（略）其外諸人参詣也、」と書かれている。[22]この記述によれば、大内氏当主・御方々様・面々衆近習衆其外分限衆・諸人という序列がうかびあがる。

このうち「御方々様」は御家人に含めて考えるべきではないだろう。文明十年（一四七八）、大内政弘が筑前に逗留していた時、山口の「御方々様」からたびたび御文が到来していたことが知られる。[23]大内氏の近親者等、大内氏家臣団に含まれない上層階級と思われる。

「面々衆近習衆其外分限衆」が大内氏御家人に相当する。『大内義隆記』には、「陶、杉、内藤、其外ノ面々達」「其身ハ不肖ノ者ナレド悪キ心ノカシコクテ、右筆ノ方ノ器用ニヤ、義隆ノ気色ニテ、近習ヲ越テ面々ニ准ゼシ事」「面々衆ハ一人モ是ヘハマイラレ玉ハズ候」等の記載がみえる。[24]この史料の性格には十分注意する必要があるが、大内氏御家人に面々衆（陶・杉・内藤などの守護代クラス）、近習衆（相良などの側近）、其外分限衆（一般御家人）という区分があったことは一応認められるのではなかろうか。これが、文明年間の御内・近習・外様という区分にそのまま対応するわけではないにしても、構成員についてはかなり似かよっていたと考えることもできる。

ここで御家人が「分限衆」として捉えられていることは重要である。彼らは、それぞれの「分限」に応じた神馬料奉納が義務づけられている。御家人とは大内氏によって「分限」を把握された存在だと推定できよう。

一般に大内氏家臣団の構成を知る上で引き合いに出されるのが、「大内殿有名衆」なる史料である。[25]これは、国衆五名・親属家頼二名・奉行三家老三名・小奉行十二名・小座敷衆二十五名・侍大将并先手衆百四十二名の人名を書き出したものである。この史料には史料批判の余地があるが、「小座敷衆」など当時の史料で確認できるものもある。[26]先述の三区分とのかかわりは不明であるが、ここには職制的なものも含まれていることから考えると、大枠としての三区分を踏まえた上でより細かい編成がなされていたと考えておきたい。

大内氏御家人制は、このような階層差を含みながら拡大傾向を辿る。備後国の屋吹氏の御家人化は前述したが、安芸・石見などの国衆の一族からも大内氏の御家人となる者がいる。前章で国衆は大内氏家臣でないことを指摘したが、同時に大内氏御家人制は国衆庶流の一部を組織化していった。

安芸国衆小早川氏の庶流乃美氏の場合、文明二年（一四七〇）に大内政弘から乃美家平に宛てて給地宛行の下文が発給されている。[27]十五世紀半ば小早川氏の一族結合は動揺しており、家平の父員平は本領乃美郷を小早川惣領家に剝奪されるに至る。[28]家平が小早川惣領家から離れて大内氏の御家人になるのは、このような事情によるものであろう。吉川氏の場合も、十五世紀半ばに惣領権が動揺している。[29]石見吉川氏が惣領家から離れて、文明十三年（一四八一）に大内氏の下文を得るのはこのような状況下においてであった。[30]永正八年（一五一一）舟岡山合戦では、もはや吉川惣領家の闕落に同心せず、他の石見国人と同様問田弘胤の一所衆として行動する。[31]このような石見吉川氏の「連々馳走」が認められ、天文年間末には前述の小座敷衆に準ぜられるに至っている。[32]石見国衆益田氏の庶流遠田氏の御家人化も十五世紀半ばである。遠田氏には、筑前で早良郡代となる兼常流と筑前岩門城督兼相流がみられる。[33][34]

以上、大内氏御家人制が、多様な出自をもつ在地領主層を御恩・奉公の契約関係によって大内氏にともかく一元的に結びつける体制であったことを確認できよう。

二　大内氏の知行制

1　分限高の確定

大内氏御家人は、御恩のみかえりとして御家人役を勤仕する義務を負う。前章で触れた『正任記』文明十年十月七日条「為高鳥居城屛矢倉配当、老若御家人給地分限各可記進上候由、被相触了」という記載がこれである。御家人役の負担基準が給地分限高であったことが分かる。同年十月二十六日条には、永久範資が軍役に応じなかったため給地を収公された記事がみえる。没収地は永久資長に宛行うべく下文が発給されている。

このように、軍役と給恩との対応関係が知られるが、それはどこまで整備されたものだったのであろうか。秋山伸隆氏は、具足数＝軍役が所領高との数量的な関係において把握されていることに注目し、「室町期における軍役と所領の照応の観念より一歩進んで、両者の関係を数量的に把握することが大内氏領国において一定度進行して」いたと述べた。[35] 氏が論拠とするのは例えば次の史料である。

ル[36] 兼任事、芸州高山御城番数年勤之、至雲州御陣令参上、御開陣以後至西条弘中三河守隆兼被指上砌被副遣之、于今槌山遂在城候、然処去天文十三・同十四両年於備後表隆兼出張、同前令在陣候、同名鍋法師丸給地雖為六拾石足、依悪所遠国公役窮困不及是非之由、帯隆兼吹挙之状愁訴之通遂披露候、兼任連々馳走次第被聞召及候、殊武具以下分過仁令奔走之由尤神妙被思召候、必一所可被宛行候、於有便宜地者聞立、可有言上之由候、其間事先浮米拾石充、以西条熊野庄御土貢米内、従当年天文十五毎年可被成御扶助之由、対隆兼被成奉書候、弥可被抽馳走事可為干要之由被仰出候、恐々謹言、

(天文十五)正月廿九日　　　　　　(杉)隆宗判
　　　　　　　　　　　　　　　　(吉見)興滋判

神代治部丞(兼任)殿

「殊武具以下分過仁令奔走」とあるように、「分」「分限」が軍役負担基準となっている。では、このような分限はいつ、どのようにして設定されたのであろうか。

ヲ(37)私分限注文、別紙注進候、是者先年光井兵庫助、須山越中守為上使、御尋之時、以罰文言上仕候案文候、仁保庄三百五十貫者、混領家土貢候、自以前非各別之儀候、次紫福事者、三百貫拝領時も候、又其後地頭分二百貫知行仕候しを、本主紫福弾正入道ニ五十貫被下候、今者波多野備後守給候、仍残分雖百五十貫候、四分三中分時、分帳如此候、其後一頭分返給候間、今者四分三令知行候、土貢辻百十五石余候、此内三十貫者、為本領多々良代所被下候、仍見御奉書候、残而百貫者、給人七人候、彼是三百貫之内、百五十貫者不知行候、左候間、公方様御帳にハ、三百貫時のまゝに候歟、此等之趣、委細使者可申入候、次之時預御披露候者、畏入候、恐々謹言、

(異筆)「享徳四」卯月十三日　　　　　(仁保)弘有(花押)

田沼陸氏は、史料ヲの分析から、「守護大内氏は、一五世紀中葉の時点で、被官化した国人所領の年貢高を指出貫文高として把握し、『公方様御帳』＝分限帳として保持して」おり、「これが軍役あるいは軍役的収取の基準台帳であった」と述べた(38)。

ヲは、田沼氏の言うように、仁保弘有が大内氏に提出した「分限注文」の添状である。「分限注文」には、本領仁保庄三百五十貫・給地紫福郷百五十貫という分限高が記されていたことが読みとれる。そして「仁保庄三百五十貫者、混領家土貢候」「土貢辻百十五石余候」等の文言から、貫高表示の中味は年貢高に基礎づけられたものであったことが分かる。以上から、田沼氏の指摘はほぼ当を得たものと言えよう。

文明二年（一四七〇）三月二十三日、弘有は嫡子長王丸に対して譲状を作成した(39)。この譲状には、a、本領仁保庄地頭職、b、紫福郷地頭職百五十石地、c、筑前国々分寺領内百石足、d、筑前国麦野清水村二十五町、e、豊前国吉田庄領家内十四町一段四十五代、f、周防国楊井領家、の六ヶ所の所領が書き上げられている。このうち、前述の「分限注文」と重なるのはaとbである(40)。bは、「分限注文」に記された百五十貫という数字がそのまま石高で表示されたものである。cは、宝徳三年（一四五一）に大内氏から預け置かれた「筑前国々分寺領内土貢佰石足(41)」であり、譲状に記された石高が年貢高であったことが分かる。とすれば、「分限注文」の数字もまた年貢高であったことが、ここからも裏づけられる。

それでは、大内氏分国における石高表示は一般に年貢高と考えてよいのであろうか。防長における石高表示は、管見のかぎり応永九年（一四〇二）以降出現する。応永九年の大内氏奉行人奉書に「周防国小鯖庄内土貢伍拾石地(42)」、同年大内盛見預置状に「長門国小野光富公領土貢弐拾石地(43)」、応永十四年盛見寄進状に「同国豊西郡内日村土貢拾伍石地(44)」という記載がみえる。このように、当初は土貢高であることが明示されることが多い。しかし、応永十年には「長門国末益名内右田図書允跡土貢参拾石地」と記されてから五日後に「長州厚狭郡末富名内参拾石地右田図書允跡」と表現された例もあるから(45)、土貢高であると明示しない単なる「〇〇石地」という所領表示も年貢高を示していると考えてよかろう。このような石高表示が、いずれも大内氏による寄進・宛行・預置等に伴って出現しているのは興味深い。

ところで、もう一度史料ヲを読み直してみると、紫福郷当知行分百五十貫に対して「土貢辻百十五石余候」という記述がみえることに気がつく。すなわち、年貢高に基礎づけられた知行高と現実の年貢高とが乖離しているのである。同様な事例はほかにも挙げることができる。天文十五年（一五四六）の大村興景譲状には、当知行地四筆と不知行地四筆が書き上げられている[46]。不知行地で年貢が確保できないのはあたりまえであるが、当知行分についても、一所捌拾五石足→現土貢陸拾壱石余定之、一所弐拾石足→現土貢拾石定之、一所拾五石足→現土貢拾弐石余定之、の如く悉く実態と乖離している。弘治二年（一五五六）の大内氏奉行人奉書でも、「長州美禰郡伊佐別符先御新造様御料所肆拾石地、郡奉行飯田右京進貞秀所進目録前御土貢米弐拾弐石壱斗壱升九合八勺四才単事[47]」と記され、現実の年貢高の方が小さい。

　このように、十五世紀半ばに「分限注文」によって把握された分限高は、年貢高に基礎づけられたものであるにもかかわらず、現実の年貢高との一定の乖離を前提として確定されたものである。こうして確定された給地の分限高が御家人役負担の基準となるのであろう。

　前節で、御家人が「分限衆」として捉えられ、各分限に応じた神馬料奉納が義務づけられたことをみた。掟書一〇六条にも、築山社頭掃除役が「普請衆中百石分限ニ一人充」支配すべきよう定められている。『正任記』文明十年十月四日条には、筑前国人が「分限注文」を掲げて大内氏からの給恩を所望している記事がある。文明元年の大内氏の筑前国支配崩壊に伴って不知行地となっていた所領の回復をめざして、かつての分限高を提示しているのであろう。

　前掲の史料ルでは、「同名鍋法師丸給地」六拾石足に対応する形で「遠国公役」（ここでは備後国への出張と考えられる）が義務づけられている。御家人役の負担基準となるのはあくまで給恩地の分限高であることがここからも確認できるが、このような役がここでは「公役」と呼ばれていることに注目したい。

ワ(48)　判

筑前国早良郡七車村参町、同国吉松弐町地事、雖令買得向後為令無他煩、号給地公役等可遂其節之由、任申請之旨、所加裁許之状如件、

天文廿一年九月十三日

杉新四郎殿

史料ワは、杉新四郎が自己の買得地を給恩地化すべく大内氏に申請したのに対する裁許状である。ここでも給恩地化すれば公役負担義務が生ずることが示されている。同様な事例として、永正六年（一五〇九）にも神保信胤から買得地の給恩地化が申請され、公役負担義務を明記した上で給恩地宛行の下文が発給されている。(49)また永正十六年（一五一九）には、宇佐宮領である横山浦四ケ名・高家余地・新開庄の給恩地化が大宮司家から申請されているが、やはり「準給恩可遂公役」と記されている。(50)このように、給恩地は大内氏への公役負担を伴う土地である。にもかかわらず、個別領主の側から積極的な給恩地化の申請がなされたのは、大内氏の権力的保障によって「令無他煩」めんがためであったろう。

所帯相続の際には、だれが公役を勤仕するかが問題となる。

カ(51)　祖父勘解由左衛門尉安貞一跡事、以次男小太郎成郷（安郷腹舎弟）一可為家督之由雖安貞申之、既親父彦六安郷（安貞嫡子）数年為安貞名代遂都鄙之奉公、剰去文亀元年潤六月廿四日於豊前国沓尾合戦時討死之上者、云其忠節、旁以彼安郷息相続不可有余儀之処、背道理次第太不可然、至譲与儀者任父母之意由雖為本条、銘文於如此儀者御口入之旨又勿論候条、可譲渡安郷息（虎法師丸当年七歳）由、去年（永正弐）十月十三日御沙汰決断畢、然処成郷近年致無足奉公之間、先以成郷為代官可被懃公役旨所被仰出也、惣別其名代年記如御定法者、雖可至幼少仁拾五歳、対成郷以御優恕之儀、限虎法師丸

拾六歳期可遂其節之、然者従拾七歳春可被直懃之、若代官中致不儀者令改変、以別人可被懃諸役之由、依仰執達如件、

永正三年七月十日

（杉武清）左兵衛尉判
（竜崎道輔）中務丞判
（杉弘依）木工助判

波多野虎法師殿

史料カは、御家人の家督相続における「父母之意」と大内氏の「御口入」との関係を示しており興味深い。公役は家督相続者自身が勤めるべきだとする原則がうかがわれるが、但しそれは成年の男子に限定されている。相続者が幼少の場合、十五歳までは名代による公役勤仕を認めるとする「御定法」が存在していた。また男子のない場合には、女子の聟が公役を勤仕し、万一離婚すれば余人にとってかわるという原則も確認することができる。(52)

以上のように大内氏御家人役が公役と表現されることは、大内氏に対する奉公が私的な奉公関係と同一視できないことを示すものである。大内氏は公権力として存在しているのであり、したがって御家人制自体も公的性格を帯びる。但し、大内氏分国において、公役とは御家人役のみを指すものではない。延徳四年（一四九二）の掟書一五五条に赤間関の浦役銭が公役と表現されたように、公役とは大内氏という公権力による公的な役という意味あいをもっているのである。

公役とは本来、一国平均役等の国家的賦課を指す語であった。そのような中から大内氏の公役体系がどのように成立してくるのかをここで明らかにすることはできないが、従来の公田賦課方式を克服した給地分限高（年貢高）に基づく給人役こそ、大内氏御家人の負担すべき公的な役（公役）であったことをここでは確認しておきたい。

2　大内氏検地の性格

大内氏御家人は、負担すべき御家人役＝公役の基準として、給恩地分限高を大内氏によって掌握されていた。しかし、分限高と現実の年貢高との間には前述したような乖離がみられた。大内氏はこの乖離に対してどのような姿勢を示し、どこまで現実の在地状況を把握しようと努めたのであろうか。この点で、大内氏検地の性格が問題になろう。

松岡久人氏は、大内氏検地は部分的に実施されたにとどまり、在地構造への積極的対応は見出せないとし、大内氏の知行制は諸人知行分に分限を越える余地余得の一般的存在を前提とした上で成立していたとする。(53)これに対して木村忠夫氏は、大内氏が検地によって給人所領からの収入を調べることでより強力に給人を把握したことを強調する。(54)一方、毛利氏研究者の側からは、前述の秋山伸隆氏の如く松岡説に依拠しつつも大内氏知行制の進歩的側面に注目する意見、(55)池享氏のように大内氏段階で給地の実態がかなり掌握されていたとする意見がある。(56)まず、松岡説から検討しよう。

ヨ　一　境目相論之時、余地并余得之事、

諸人知行分堺目相論余地内、及御沙汰、以上使被検知之時、各所給之地、過分限有分出余地并余得事者、此余地余得事、以中途之儀、可為公用之由、御定法也、為諸人存知、壁書如件、

延徳三年九月十三日

松岡氏は、この条文（掟書一四二条）自体が、余地余得の一般的存在を前提としていると理解する。しかし、この法令は給地分限高を越える余地余得の収公という大内氏の原則を示しているにすぎず、現実にこのような状態が一般的であったかどうか何も物語っていない。しかも、この法令は直接に余地余得の収公を意図して発令されたものでは

なく、境目相論の際に検出される余地余得の処理について述べたにすぎない。現実のあり方がどうであったかは、条文のみから導き出されるものではなく、条文の出された背景にある在地状況についての独自な検討を要する。

氏は、給地分限を越える余地余得の実在を示す史料を提示しえていない。秋山伸隆氏は、松岡氏も挙げた安芸東西条郡戸の事例から松岡説を補強されるが、[57]これは氷上山領において代官が領主の掌握できない多くの内得分を所持していたことを示すものであり、大内氏と給人の関係を示すものではない。しかも、当所を知行した安芸国衆平賀氏を大内氏給人（御家人）と同列に論じるのも問題があろう。[58]

この点で注目されるのは、前述したようにしばしば現実の年貢高が分限高よりも低いという事実である。ここで大内氏御家人の給地支配の実態を十分明らかにすることはできないが、数ヵ国にまたがる散在的な給地を所持するのが大内氏御家人の一般的な姿である。彼らは、多くの場合、給恩地に代官を派遣して年貢確保に汲々としていたと考えられる。前述の天文十五年（一五四六）大村興景譲状には、「一所弐拾町筑前国早良郡山門庄在之、去天文八年対興景被下之、御判在之、雖然彼庄御検地之沙汰依無一落着之不知行」という記載がみえる。[59]天文八年（一五三九）に大内氏から給地として宛行われたにもかかわらず、大内氏の検地の沙汰が落着しないので不知行地となっているというのである。このように、ここでは大内氏検地が御家人の側から給地支配を実現する方策として期待されているのである。

ここからは、御家人による強固な給地支配は想定しえない。むしろ大内氏権力に依存することによってはじめて給地支配が実現したのではなかろうか。当時の所領注文をみると、不知行地が少なからず検出され、在地領主層の所領支配が当時かなり不安定であったことがうかがえる。この点に、十五世紀半ば以降彼らが大内氏御家人制の下に階級的結集をみせた一つの理由があったのではなかろうか。「他煩」を避けるために買得地の給恩地化が御家人側から申請されたり、史料チにみえた御家人の下作職獲得・百姓被官化の動向なども、同様に変動する在地構造への対応として理解できるように思われる。[60]

タ[61]　石州邇摩郡久利郷市原村玖十石地半分四十五貫足、永正十三丙子所務帳之事、

石州邇摩郡久利郷市原村玖拾貫地半分四十五貫文足、永正十三丙子御百姓指出前田数并屋敷土貢等分帳之事、

合

一弐段分銭壱貫文　　山下名

一同名四百文段銭　　一弐百文同小済物

（略）

一壱段分四百文こし一後分作三郎二郎

已上田数柒町九段三百歩

分銭四十五貫六百廿文屋敷銭加之了、

四貫四百七十五文　寺社段銭半分宛配当之、

廿貫八百三十文　　右七町玖段三百歩段銭

并定銭柒十貫九百廿五文

屋敷参十弐ケ所在之、銘々指出之前、

一指出以後於有隠地者、両給主有御相談、半分宛可有進退之、

（略）

右、任指出之旨、不残段歩配当之、仍所務帳如件、

永正十三丙子

国分四郎右衛門尉
繁頼（花押）
祖式兵庫助
家長
静間次郎左衛門尉
宗経（花押）

八月六日

吉川（経典）小大（太）郎殿

この所務帳は、前節で述べた石見吉川氏が大内氏から市原村半分四十五貫文足を宛行われた際に、百姓指出に基づいて作成されて経典に与えられたものである。この史料で注目されるのは、「指出以後於有隠地者、両給主有御相談、半分宛可有進退之」の如く、隠地の進退権が給主に認められている点である。この隠地は、百姓が領主階級に対して隠しもっていた土地を指すが、この進退権が給主に委ねられるわけであるから、結果として給主は分限を越える余地を所持する可能性をもつことになる。したがって、松岡氏の言うように、大内氏は日常的に給恩地の実態を掌握する体制を整備しえていない。しかし、それは大内氏にとって大した問題ではなかったのではないか。所務帳作成の時点で給地の実態はある程度掌握できていたのであり、これに基づいて給人との御恩・奉公関係の内容が確定する。大内氏にとって分限を越える給人の余地余得が主要な問題となっていたのではなく、むしろ大内氏・御家人を含む領主階級と百姓との間にこそ、隠地をめぐる対抗関係があったと考えられる。

それでは次に、木村忠夫氏の検地理解はどうであろうか。

レ[62]　豊前国下毛郡御神領宮番料所実得時元并大石寺両名坪付事

合本田数　玖段拾代実得時元名　壱町七段大石寺名

はたい本
一所四段　内廿代河成、定米三斗六舛　天役無之、支証在之、　成恒雅楽助

同所口依
一所三段内卅代河成、半天役在之、　定米弐斗四舛　同　人

同所
一所壱段内五代河成、半天役在之、　定米壱斗　（異筆）「今ハ作人成恒雅楽助」孫七分

（五十三筆略）

くほ田
一所弐反定米弐斗八舛　北　彦八郎

已上田数玖町陸段参拾五代歟、

畠地分

こはるかき
一所四段定麦五斗大麦　成恒雅楽助

（二十二筆略）

已上畠数参町四段拾代哉、

屋敷分

一所本屋敷瑞雲寺敷地在四至限東ハ田ツケヲ、西ハ限田縁南ハ限山道ヲ、限北田縁ヲ

（八筆略）

已上

右実得時元玖段拾代并大石寺壱町七段田畠屋敷等坪付之事、諸神諸仏モ御照覧候江、此外一歩拾代モ不存知候、

仍坪付如件、

大永参癸未年十二月十日　成恒雅楽助
氏種（花押）

通津又五郎
頼勝（花押）

吉見備中守殿

木村氏はまず、給主が通津氏であり受け取ったのが大内氏の吏僚であるという条件、給主の得分の書き上げという意味をもっている点から、この史料は大内氏への検地指出と理解する。この理解の上に立って、現実の田畠数（田方九町六段三十五代、畠方三町四段十代）と建前（実得時元九段十代、大石寺一町七段）との大きなズレを、大内氏による給地宛行と現実とのズレと説明する。そして、大内氏は給人領内部の私的関係における役職・下作職を、検地をおこなうことにより公的関係に替え、給人領へ大きなくさびを打ちこみ、さらにこの検地で給人の所領からの収入を調べることで、より強力に給人を把握したと結論づける。大内氏検地は、農民支配強化と給人の統一的軍役編成とを同時に実現するものと理解されるのである。

氏のように理解すれば、「本田数」という給地宛行時の建前は検地によって無意味な数字と化したはずである（建前と現実とのズレを解消するのが大内氏検地であったはずだから）。ところが、これ以後も「本田数」はその機能を果たしつづける。天文十六年（一五四七）の時元大石寺内段銭散用帳に「合弐町六段拾代分」と記され(63)、天正七年（一五七九）の坪付に「一所弐町六段拾代　実得時元大石寺」と記される(64)が如くである。とすれば、これは単なる建前ではない。「本田数」が守護段銭（春―段別三十文、秋―段別五十文）の賦課対象地となっていることから考えると、これは公田面積だとして間違いないであろう(65)。「本田数」と全田畠数は重層的に存在する性格の異なる耕地であり、守護段銭を負担すべき公田と年貢を負担すべき領主掌握耕地との併存こそ、ズレを生み出す要因だったのである。大内氏は当所が宇佐宮領であった時から「本田数」の掌握は成し遂げていたであろう。そして大永三年（一五二三）段階に至り、全田畠数の把握に成功するのである。

ここで、史料レの冒頭に「御神領宮番料所」という記載があることが注目される。大永三年段階でも当所は宇佐宮領と認識されているのである。かつて文明年間には、当所は「御神領実得時元名」と記され、宇佐宮に対して宮番(社番)勤仕の義務を負う成恒氏の知行下にあった。(66)大永年間には、大内氏御家人通津氏の勢力が加わっていたとはいえ、宇佐宮領という認識を否定しえていない。天文八年(一五三九)の史料においてはじめて「通津兵庫助分領」という記載が確認できるのである。(67)さらに弘治二年(一五五六)になると、「当給主」として佐田英綱の名があらわれる。(68)

このようにみてくると、大永三年以前に通津氏が確固とした支配権をうちたてていたかのように捉えるのには検討の余地がある。天文年間の状況をここにそのままあてはめるのは危険である。木村氏は、松岡氏同様給人の給地支配の独立性を過大評価するあまり、この坪付注文の性格を見誤ってしまったのではないか。

大内氏検地が給人側から要請されるようなものであったことから考えると、この坪付注文を大内氏が検地を通じて給人領への介入を強めた事例とすることはできない。むしろ、大内氏が宇佐宮領侵食を強め給人領にきりかえていく過程で作成されたもの、とするのがより整合的な解釈であるように思われる。

松岡氏は、大内氏関係の検地実施の知られる事例を九例挙げ、分析を加えている。(69)これらはいずれも、寺社領や国衙領、あるいは新占領地などにおける事例であり、給人領への介入を強めた事例は認められない。松岡氏の言うように、大内氏検地は「何らかの係争地、新たに支配下に繰入れられた地域か新占領地において、部分的に実施されたにとどまる」のであり、実得時元・大石寺名坪付注文もこの原則にあてはまるであろう。

松岡氏の挙げた事例のうち、周防玖珂郡山代の五ケ・八ケの地域で大永三年(一五二三)に実施した大内氏検地に関する記述は注目すべき内容を含む。「庄内都合八百石、夫給料弐百五拾石、右ハ長亭《(享)》頃の御究也、其後両国大内家に属し大永三未年検地、五箇は竿頭内藤帯刀隆安、八ケ竿頭ハ杉蔵人良久、其節も長亨(享)年間の土貢之辻を以沙汰之」[70]とあるように、これは新占領地における検地事例である。この大永三年検地において、なんと三十五年も前の長享年間の年貢高が基準とされている。これは、在地小領主層が一揆的結合を結んでいた山代地域[71]における年貢高固定化傾向を示すものといえるが、大内氏はこのような年貢高固定化をそのまま承認し、その年貢高を基準として自らの知行制下に組みこむのである。この年貢高こそ、前節で述べた御家人役負担基準としての給地分限高になるのではなかろうか。ある特定の時点で設定された分限高が、次第に現実の年貢高と乖離し始めるのは、このような大内氏検地の特質に基づくものと思われる。

　ところで、大内氏検地の対象に関する松岡氏の指摘をもう一歩すすめて、新占領地が給恩地化する場合には原則として大内氏検地がなされたと考えられないだろうか。この山代地域の事例、実得時元・大石寺名坪付注文がそうであるし、史料タで挙げた石見久利郷市原村の宛行の際に百姓指出が出されているのも同様である[72]。筑前国早良郡山門庄が給地として宛行われたにもかかわらず、大内氏検地が落着しないので不知行地となっている前掲の事例も、大内氏検地がなされた上で給恩地化するという原則を示していよう。このほかにも、新占領地で大内氏検地が実施されたことが確認できる史料は少なくない[73]。これに対して、ひとたび給恩地化してしまえば、最初に確定された分限高が固定され大内氏からの介入はなされない。給人領で再度検地がなされるのは史料ヨのような係争地に限られ、そうでないかぎりは隠地があっても給人の進退に委ねられたのである。

　大内氏検地は、木村氏が評価されるほど積極的なものとはみなし難く、日常的に給地の実態を掌握する体制は整備されていない。しかし松岡氏のように、大内氏の知行制は分限を越える余地余得の一般的存在を前提としていたとするのも正しくない。現実には、年貢高がしばしば分限高を下まわってさえいるのである[74]。大内氏は、給地については、ある時点の年貢高を基礎に分限高を確定し、ともかくこれに基づく知行制を構築しえていたのである。

木村・松岡両氏に共通するのは、給人の給地支配を過大評価し、大内氏検地がこれにどこまで介入しえたかをもって大内氏知行制の性格を規定しようとする視角である。これは、少なくとも給恩地部分については適当でない。御家人の給地支配は大内氏権力に依存する面が大きく、大内氏検地の主要な課題は在地掌握とくに百姓支配強化を通じて給地支配を安定化させることにあったと考えられる。そうである以上給人はこれを歓迎こそすれ、忌避する理由は存在しないのである。

3　大内氏の石貫制

周知のように、大内氏分国のうち防長では石高表示が、芸石では貫高表示が一般的であり、豊筑では面積表示から石高表示へという方向性が確認できる。前述のように、防長の石高表示は応永年間に出現し、その内容は年貢高に基礎づけられたものであった。松岡氏は、大内教弘より政弘の代にかけて（十五世紀半ば）、所領の石高表示化が進められたことを指摘している。(75)

安芸国の貫高表示の初見は、管見のかぎり明徳三年（一三九二）の将軍家袖判下文（『閥』三―四一）である。次いで応永三十二年（一四二五）の沙弥智弘打渡状が古い。(76) これは、安芸国東西条郡戸郷内五十貫地を「任御判之旨」せて平賀左近将監に打渡したものである。同時に作成された郡戸郷土貢支配状によって、五十貫という数字が年貢高であることが確認できる。(77) 東西条の地域は、早くから大内氏の安芸国支配の拠点であった。(78) 同じ応永三十二年には、大内盛見が東西条内海村を小早川安芸守に預け置いている。(79) 嘉吉二年（一四四二）には平賀朝宗は、大内氏が氷上山興隆寺に千部経料所として寄進した東西条内戸野郡戸の代官請をおこなっている。(80) このような事情から考えて、平賀左近将監に五十貫地を与えたのは大内氏とみてほぼ間違いあるまい。とすれば、安芸国の貫高表示は、将軍家の、次いで大内氏の知行制の展開に伴って開始されたことになる。

松岡氏は、大内氏の知行制は知行表示を同一基準で統一する段階にははるかに及ばず、荘園制の慣行の上に立脚したものと評価する[81]。しかし、石高で総括するか、貫高で総括するかという点で荘園制下の慣行が残存したとしても、ともかく年貢高を基礎に所領を表示する方式を採用したことの意義は大きい。この方式によって初めて所々の荘園・国衙領の枠を越えた大内氏知行制の展開が可能になったのであり、一石＝一貫という換算基準が存在している以上、給人領では実質的に統一的知行制がうちたてられたとすべきであろう。国単位を越える知行替えがしばしばみられることもこれを裏づけている。

松岡氏は、史料タの市原村所務帳では分銭・段銭・寺社領段銭・屋敷銭等を含めた貫文高が算出されているのに、実得時元・大石寺名等では段銭を含めた貫高算出がみられないとして、大内氏知行制の不統一性を指摘する[82]。しかし、この議論は二重の誤りを含んでいる。市原村では給主が段銭取得権を与えられており給主得分の一つとしてこれが所務帳に書き上げられている（史料タ）のに対して、実得時元・大石寺名等ではそもそもこのような領主段銭が成立しておらず、公田数を対象とする守護段銭が大内氏に納付されているにすぎない。守護段銭が領主の得分に含まれないのはあたりまえであり、これを前者の領主段銭と比較して不統一を論じるのは意味がない。さらに、市原村で成立している領主段銭の貫高が所務帳に書き上げられていることにしても、領主段銭は知行表示としての貫高の中に含まれるわけではない。「市原村半分四十五貫足」という知行表示は、「分銭四十五貫六百廿文屋敷銭加之了」に対応するのであり、あくまで年貢部分に限定されている。氏の議論には、知行表示としての貫高表示と貫高一般との混乱があるように思われる。

大内氏の石高（貫高）表示の内容は、あくまで年貢部分に限定される。正長元年（一四二八）の「周防国下津令内土貢参拾石地」の内訳は、「米弐拾陸石弐斗六升六合、銭四百文、麦参石六斗三升壱合、塩四拾四俵三升」であったことが確認できる。[83]米を中心に多様な形態をとる年貢が、石高で換算・総計されて知行表示となるのである。文明十一年（一四七九）の「長門国厚狭郡鴨庄六拾石地」という知行表示は、本所に社納される「正税弐拾貫文」と代官職に伴う「余得四拾貫文」を総計した領主年貢全体を表示するものであった。[84]

このように、大内氏は年貢高に基づく統一的な知行体系をうちたてていた。但し、大内氏の知行制が貫徹するのは給恩地に限定されていたことを確認しておく必要がある。公役負担が義務づけられたのは給地部分であり、本領部分や買得地は、このような大内氏知行制の中に包摂しえていない。大内氏御家人制を支えたのは給地分限高に基づく大内氏知行制であり、その限りにおいてともかく統一的な知行制を構築しえていたのである。

三　大内氏御家人制の分解

1　陶氏クーデターの背景

天文二十年（一五五一）九月一日、大内義隆は陶氏以下の有力家臣のクーデターによりあっけない最期を遂げる。このときの反乱軍の山口来襲に対しては合戦らしい合戦もみられず、いわば大内氏当主が放逐されたという感が強い。クーデターが比較的スムーズに成功しえたのは、前節までみてきた御家人制とどのようにかかわるものであろうか。

陶・杉・内藤氏等の守護代クラスの家臣の勢力拡大は、とくに十六世紀以降顕著である。松岡氏は、豊前守護代杉氏による豊前国内在地領主層の被官化の進行を指摘し、これが杉氏の大内氏権力からの自立性を強めたと述べた。[85]筑前守護代杉氏についても、所領・所職の宛行・還補・安堵・課役免除の権限や下級裁判権・軍事指揮権が彼の手に掌握されており、永正期以降領主的側面を拡大しつつあったことが指摘されている。[86]周防守護代陶氏・長門守護代内藤氏が、独自に判物形式の感状・知行宛行状を発給しはじめるのも十六世紀以降である。彼等は、同時期に自らの奉行人機構を成立させた。陶氏の場合は既に永享年間にその存在が知られるが、内藤氏は天文年間、豊前杉氏は永正年間、筑前杉氏は天文年間に、奉行人機構をもっていたことが確認できる。[87]佐伯弘次氏はこのような動きの中に、「公権力としての自立化の方向性を看取することができる」と述べた。[88]

この同じ十六世紀前半期に、毛利氏の「家中」が成立する。松浦義則氏は、毛利氏「家中」成立の一つの指標として、譜代家臣に対する給所宛行状の出現を挙げた。[89]氏によれば、これは譜代家臣の給所が毛利氏の家産から相対的に自立してきたことを示すものであり、このような動向を踏まえて「家中」としての自覚をもつ結合が生まれる。陶氏や内藤氏が被官に対して判物形式の感状や知行宛行状を発給しはじめるのも、同様な動向として把握できるのではなかろうか。クーデター後の史料に、内藤氏の「家中」「御家中」、杉氏の「家中衆」という記述が確認できる。[90]史料的制約によりその実態を十分明らかにできないが、現象的には毛利氏の場合と同様な動きがみられたのである。

永正十六年（一五一九）の掟書一六八条には、大内氏の被官以下が、上意を請わず「近年猥一人致奉公、到末子等者、成他之従類」という事態がみられたことが示されている。また前掲の史料トでは、没落した御家人が「子孫を以傍輩の被官になし、郎従の契約に及ふ事」が禁じられていた。このように、特に十六世紀にはいると、御家人相互の間で結びつきが生まれつつあり、大内氏―御家人という一元的な関係が動揺しはじめていたことが分かる。

大内氏御家人制は、在地領主の家支配を前提として成立していたものと思われる。前掲の史料ルで、同名鍋法師丸の公役負担について神代兼任から愁訴がなされた如くである。史料カでは、波多野氏嫡流が公役勤仕を義務づけられたのに対し、次男成郷は「近年致無足奉公」すにすぎなかった。無足不足之仁とは軍役を御家人役として数量的に確定しえない者であることを前章で指摘したが、大内氏御家人制は在地領主の家支配を解体して各人を個別に掌握しようとするものではなかった(91)。大内氏は御家人の家支配の内部を体制的に把握できなかったのであり、ここに御家人相互間の結合が生まれる余地があったと言えよう。

但し有力家臣の「家中」形成の動向は、そのまま大内氏御家人制にとって代わるものではない。佐伯氏が「杉氏による領主的側面の拡大は大内氏の家臣としての性格を大きく逸脱するものではなかった(92)」と述べたように、彼等の勢力拡大は個別的な被官関係の拡大を軸にしていたのであり、領域的な権力としてそのまま自立できるものではなかった。彼等の知行宛行等も、自己の進止下にあった所領について、自己の被官層を対象としてなされたものにすぎない。

彼等の大内氏御家人制からの自立化は、クーデターを経ることによって途が開かれる。天文二十年（一五五一）五月五日相良武任申状には、陶隆房が「御家競望之企」をはかっていることが述べられている(93)。このような政治状況下で、「御家人大小老若、其外、御分国中士民商人以下まても、悉隆房手下ニ引入、御座右ニ日夜被召仕候若年之衆まても悉引入候」という事態が生まれた。大内氏御家人が、傍輩であるはずの隆房の手下になっている。「家中」形成の動向は、ついに大内氏御家人制と衝突するに至ったのである。

陶氏クーデターは直接的にはいくつかの要因が挙げられるが、その成功をもたらした背景には有力家臣の「家中」形成の動向があった。『耶蘇会士日本通信』には、内藤氏が戦闘員一万人を常備していたと記されている(94)。大内氏の軍事力は、彼等の「家中」軍隊に多くを依存していたであろう。彼等が背いたとき、大内義隆の側にはほとんど軍勢が集まらず、ひたすら逃走を重ねざるをえなかったのは、必然的なりゆきと言えよう。

2 義長権力の性格

クーデターに成功した陶氏以下は、豊後守護大友義鎮の弟晴英を迎えて大内氏家督を継がせる。これが大内義長である。

ソ(95)

爰元静謐之次第、於于今者其聞候哉、芸石国衆毛利(元就)已下申談候、然者以京都御下知(足利義輝)之辻、為人躰豊州八郎殿(大友晴英)請申候、上国候者急度可被申候、其表御一味中弥堅固被仰談御馳走肝要候、恐々謹言、

(天文二十)十月六日

(陶)隆満判
(内藤)興盛判
(杉)重矩判
(陶)隆房判

馬屋原兵部(信春)大輔殿御宿所

同文の書状が、馬屋原氏と同じ備後国人湯浅氏にも出されている(96)。陶・杉・内藤氏らは、大友晴英の擁立をよりどころに備後国人の離反を防ごうとしているのである。それはまた、毛利氏以下の「芸石国衆」との同盟関係を維持する上でも有効だったろう。さらに「京都御下知」に象徴される当時の国家的枠組や、大内氏の政治的社会的位置を考えると、大内氏家督は容易に廃棄しえなかったと思われる。晴英擁立は高度な政治判断の結果なのである。

彼等が守護家をかつがざるをえなかったもう一つの条件は、クーデターに成功した反乱軍の構造である。クーデターは陶隆房によって主導されたが、隆房が単独で遂行したものではない(97)。杉氏や内藤氏の「家中」の存在、大内氏当主に結びつけられていた大内氏御家人がなお分国内に散らばっていたこと等を考えると、陶氏がすぐに大内氏にとっ

て代わることは到底不可能だったと思われる。

ツ(98)「一見畢(大内晴英)(花押)」

就今度其表取相、至当御城父子早速被馳籠之由候、尤神妙感悦之至候、御人(晴英)躰於御上国者、可達　上聞候、

弥御忠儀干要候、恐々謹言

(天文二十)九月廿三日　(陶)隆房(花押)

乃美(賢勝)刑部丞殿

史料ツは大内氏御家人乃美氏に対する感状である。晴英が「上国」するまではこのような陶隆房の書状が出されており、「上国」後に冒頭の証判が加えられたものである。大内氏御家人の統制において、陶氏が大内氏当主の代行をしていること、にもかかわらず御家人に対する感状発給はあくまで大内氏当主の手に求められねばならなかったことが知れよう。乃美氏は、その後下文形式の知行宛行状を発給され、大内氏当主との同に御恩―奉公開係を再確認している。

このように、クーデター以後も知行宛行・安堵状や感状の発給主体は大内氏当主であり、守護職所持者たる大内氏当主が御家人との間で結ぶ御恩―奉公関係は存続しているのである。

ネ(99)隅田藤次郎方事、雖為御家人、筋目近年中絶候、以先証之旨、筋目之段度々雖言上候、一忍軒被相支候之条、終子細不被知召相過候、此節前々御判之旨備　上覧、於御分別者、高(鳥)尊居御城番相勤度候由、対房広懇望候之条、唯今遂注進候、先以無足候、御奉公可遂其節候之由候、於子細者隅田方参上候事候間、可被成御尋候、此条宜預御披露候、恐々、

天文廿
十一月四日　(毛利)房広在判

毛利掃部（房継）允殿

史料ネは、隅田藤次郎が御家人としての筋目を回復し、高鳥居城番を勤めたいと筑前小守護代毛利房広に懇望してきたため、その旨を陶氏奉行人に伝えた注進状である。ここでも、大内氏御家人制自体が否定されたわけではないことが知れよう。

このような御家人制の存続にもかかわらず、義長権力は以前の大内氏権力と同質ではない。「義長・晴賢半之儀、雖申事旧候聊無別儀候、敵調略故自然可有疑心候歟、妙見・八幡可有照覧候、無等閑候」の如く、義長が陶氏にそむく意志のないことを誓約している(100)。義長は陶氏等に擁立された傀儡なのであり、実質的な執政権は陶氏以下の有力家臣の手に握られていたと言わざるをえない。

クーデターを経て自立化の途を歩みはじめた有力家臣は、一層活発に判物を発給して、自己の「家中」統制に努める。

ナ(101) 今度就家中錯乱之儀、豊筑之家人等各隆世（内藤）一味之処、盛直無二之忠節誠以無比類候、然者為彼賞五拾石足地事令扶助候、弥馳走可為肝要之状如件、

天文廿一
十月二日　（内藤）興盛判

勝間田新左衛門尉殿

さらに、大内氏御家人制内部でも、陶氏以下の影響力が強まる。

ラ(102) 栄住当知行安芸国佐西郡内参拾貫文足地、去年入検使之処、出田五貫陸百文足在之事、栄住連々馳走云当知行云右出地、非可行他給、補加恩所宛行也者、以上三拾五貫六百文足地、聊無相違全可有領知之状如件、

天文廿二年三月八日　（陶晴賢）尾張前司花押

羽仁左近将監(栄住)殿

ム[103]　毛利・小早河事、乍蒙当家(大内氏)之重恩、今度悪逆之企不及是非候、併猛悪無道之所致候、然者可被加御退治議定候、仍賢重(久芳)妻子等通達無之条無力之趣令察候、然処被遂在陣馳走之段感悦不浅候、何様可被任御本意之条、於其上為加恩弐拾捌貫文目地可預進候、何篇忠儀之浅深可達上聞之間、可被抽軍忠事肝要候、恐々謹言、

五月十九日　晴賢判

久芳右京進(賢重)殿

到天文廿三五ノ十九「久芳右京進殿　陶晴賢」

史料ラ・ムにみえる羽仁氏・久芳氏は、ともに大内氏から給地宛行の下文を発給された大内氏御家人である。ところが、前者は陶晴賢の腹心江良房栄より偏諱をうけ栄住と名のり、後者は晴賢の賢の一字を得て賢重と名のっている。史料ツにみえる乃美賢勝も同様である。このように、この時期御家人のうちで陶晴賢の偏諱をうけた者が多くみられるようになる事実は注目すべきであろう。これは、御家人中における晴賢の現実的影響力の増大を端的に示すものであり、烏帽子親子関係はそれを一層強化することになる。

また、ラでは大内氏給恩地三十貫文足地に加えて、検地出田五貫六百文足が加恩として宛行われている。この陶氏の加恩宛行に大内氏が関与していた形跡は認められず、陶氏単独による宛行為とみられる[104]。ここに、陶氏が大内氏御家人を自らの知行制の中に包摂しようとする志向をうかがうことができる。ムにみられる烏帽子子に対する加恩預進も、同様なものと理解できよう。

以上のように、大内氏御家人制の存続にもかかわらず、分国支配の実権は陶氏以下の有力家臣の手に握られていた。

但し、史料ムで「当家（＝大内氏）之重恩」を強調せざるをえなかったように、陶氏は未だ守護大内氏を否定できずにいた。[105]陶氏が自立した戦国期権力として自らを確立するためには、なお一段の飛躍が必要だったのではなかろうか。

弘治三年（一五五七）、義長権力は毛利氏の侵入により解体する。大内氏御家人制は、もはや「家中」の集合体に変質しかかっていたのであり、家臣団はバラバラに分解していく。その様相は、ちょうど鎌倉御家人制の解体を想起させる。義長権力が相手にしたのは、既に戦国期権力に転化していた毛利氏の「家中」軍隊[106]及びそれに連合する国衆以下の軍隊であった。

おわりに

大内氏は、十五世紀半ば、将軍家御家人制の諸形式[107]を自らの家臣団編成に導入することによって、新しい情勢への対応をはかった。それは、決して単に古風なものとして片づけるべきものではない。袖判下文を発給しながら確定されていく御家人関係は、御恩―奉公関係を内容とするある程度ルーズな結びつきであったがゆえに、奉公衆家庶流をも含む広範で多様な在地領主層を包摂しえたのである。[108]

このような大内氏御家人制を支えていたのは、統一的な体系をもった大内氏知行制であった。大内氏は、給地分限高を確定することによって、知行制の統一と軍役賦課基準の設定を果たした。とくに新占領地が給恩地化する場合には、原則として検地がなされたと考えられる。但し、知行制を基礎づける給地分限高は実態をそのまま示すものではなかった。しかも給地以外の部分については、知行制に包摂しえたとは言い難い。まして、芸石の国衆などがこのような知行制に組みこまれたとは到底考えられず、大内氏知行制の整備を無条件に強調することはできない。[109]

大内氏は、守護職に基づく任国支配権に主従制を接木することによって十六世紀半ばまで生きのびえた。しかし、御家人制という形で肥大化した主従制もまた、守護という地位に無関係に生まれるものではなかったのではなかろうか。少なくとも、国人領主の家支配の拡大とは異質だと言えよう。十六世紀以降「家中」支配に基礎づけられた戦国期権力が台頭する中で、大内氏は滅亡をむかえる。かつては積極的な意味をもった大内氏御家人制も、時代の状況に対応しえなくなっていたのである。

（1）例えば、矢田俊文「戦国期権力論の一視点」（『歴史科学』七九、一九七九年）。
（2）本書第三部第四章。
（3）松田毅一・川崎桃太訳『フロイス日本史』6（中央公論社）第三章（第一部三章）。
（4）池享「戦国大名権力構造論の問題点」（『大月短大論集』一四、一九八三年、のち池『大名領国制の研究』校倉書房、一九九五年に所収）参照。
（5）「大内氏掟書」九条（『中世法制史料集』三）。以下、「掟書」九と略す。
（6）文正元年（一四六六）三月二十二日付の大内政弘の証文にみえる国衙領法度第三条に、「兼帯所々正税地頭御家人未進事、」（「防長寺社証文」七四頁、山口県文書館編『萩藩閥閲録』第四巻）とあるのが唯一の例外である。ここでは、「足利殿御家人」の意ではなく、一つの抽象的・一般的な社会身分用語として用いられている（福田豊彦「室町幕府の御家人と御家人制」、御家人制研究会編『御家人制の研究』吉川弘文館、一九八一年）。但し、この条文も実は応永以来の文言を継承したものと考えられる（松岡久人「室町戦国期の周防国衙領と大内氏」、福尾教授退官記念事業会編『日本中世史論集』吉川弘文館、一九七二年）。
（7）本書第三部第四章では、これを文書形式の変遷からあとづけた。軍勢催促状・軍忠状・感状などの軍事関係文書についても、安堵状・宛行状などについても、国衆を除いて将軍家が発給主体となる事例はみられなくなる。

（8）瀬野精一郎「鎌倉幕府による鎮西特殊立法について」三三〇頁（前掲『御家人制の研究』）。
（9）「掟書」一二三。
（10）『広島県史』古代中世資料編Ⅴ、一四六六頁。
（11）同右。
（12）同右一四六七頁。
（13）松岡久人「大内氏の発展とその領国支配」（魚澄惣五郎編『大名領国と城下町』柳原書店、一九五七年）。
（14）網野善彦『無縁・公界・楽』（平凡社、一九七八年）七一―七三頁。
（15）「掟書」一一七―一二一で、「御家人并諸人之被官」がともに奉公をつとめる者であるからという理由で禁制の対象からはずされている点に、両者の共通性が端的にあらわれている。
（16）「掟書」九。
（17）同右。
（18）「興隆寺文書」（山口県文書館蔵）。
（19）松岡前掲「大内氏の発展とその領国支配」七六―七八頁。
（20）松岡前掲「大内氏の発展とその領国支配」三章、松岡「大内氏の豊前国支配」（『広島大学文学部紀要』二三―二、一九六四年）、佐伯弘次「大内氏の筑前国守護代」（『九州中世史研究』二、一九八〇年）、佐伯「大内氏の筑前国郡代」（『九州史学』六九、一九八〇年）。
（21）「掟書」一二六。
（22）「防長寺社証文」二七七頁。
（23）『正任記』文明十年十月十日、十月三十日条（『山口県史料』中世編上）。
（24）『群書類従』第二十一輯、四一三・四一九・四二八頁。
（25）『大内氏実録』所収。松岡久人「西国の戦国大名」三八・三九頁（永原慶二、ジョン＝W＝ホール、コーゾー＝ヤマムラ編『戦国時代』吉川弘文館、一九七八年）、佐伯弘次「大内氏家臣団構成」（『戦国大名家臣団事典』西国編、新人物往来社、一九八一年）参照。
(26)『大日本古文書』「石見吉川家文書」六六、山口県文書館編『萩藩閥閲録』第二巻四九二頁（以下『閥』二―四九二と略す）。
(27)『大日本古文書』「浦家文書」一。
(28)『大日本古文書』「小早川家証文」一四二・一四三・二三一。明応年間には、家平養子家氏が乃美郷をとり戻すために大内氏に愁訴をおこなっている（「小早川家証文」二四一）。
(29)『大日本古文書』「吉川家文書」二八六・二八七・二八八、「石見吉川家文書」一〇。
(30)「石見吉川家文書」八一・八三。
(31)同右二五。舟岡山合戦では、小笠原刑部少輔、久利清兵衛尉等の石見国人が問田弘胤の一所衆となっていたことが確認できる。
(32)同右六六。
(33)佐伯前掲「大内氏の筑前国郡代」二〇頁。
(34)「譜録」と12遠田六郎兵衛兼継（山口県文書館蔵）、『閥』四―三四六。
(35)秋山伸隆「戦国大名毛利氏の軍事力編成の展開」一一頁（『古文書研究』一五、一九八〇年、のち秋山『戦国大名毛利氏の研究』吉川弘文館、一九九八年に所収）。
(36)『閥』三―四〇三。
(37)『大日本古文書』「三浦家文書」五三。
(38)田沼睦「室町幕府・守護・国人」四〇頁（『岩波講座日本歴史』七、一九七六年）。
(39)「三浦家文書」七七。
(40)「分限注文」作成後に獲得したfはともかく、c〜eが載らないのは何故だろうか。分限として把握されるのは地頭職所持の地に限られ、預置地等は含まれないのだろうか。
(41)「三浦家文書」五〇・五一。

(42)「興隆寺文書」。
(43)「門司氏史料」(『門司郷土叢書』三八)。
(44)『長門国二ノ宮忌宮神社文書』一九〇頁。
(45)『閥』二—六五〇。
(46)「常楽寺文書」(山口県文書館蔵)。この譲状については、佐伯前掲「大内氏の筑前国郡代」二七～二九頁参照。
(47)『閥』四—四三三。
(48)『閥』四—二九八。
(49)『広島県史』古代中世資料編Ⅳ、二六二頁。
(50)「宮成文書」八三(『大分県史料』二四)。太田順三氏は半済分も給恩地同様公役賦課の対象とされたことを指摘している(「戦国大名大内氏と寺社徳政」『佐賀大学教養部研究紀要』一三、一九八一年)。
(51)山口県文書館編『防長風土注進案』七、二八九頁。以下、『風』七—二八九と略す。
(52)『閥』四—二三、『風』七—二九〇。
(53)松岡前掲「西国の戦国大名」三二貞。
(54)木村忠夫「実得時元・大石寺名坪付注文——大内氏豊前検地の一考察——」(『年報中世史研究』創刊号、一九七六年)。
(55)秋山前掲「戦国大名毛利氏の軍事力編成の展開」。
(56)池享「戦国大名毛利領国における『貫高』制」四九頁(『歴史評論』三五二、一九七九年、のち池前掲『大名領国制の研究』に所収)。
(57)秋山前掲「戦国大名毛利氏の軍事力編成の展開」七・八頁。
(58)本書第三部第四章(二八五頁)参照。
(59)「常楽寺文書」。この一筆のみ年貢高表示でないことに注意。
(60)松岡氏は、当時の土豪は隷属民の減少と百姓の抵抗によってその地位に動揺をきたしつつあり、その地位を保全するために地主化と領主化という二つの要素を併せ持ちつつ懸命に生きぬこうとしていたことを指摘している(松岡前掲「西国の戦国大名」一章)。
(61)「石見吉川家文書」四二。
(62)「成恒文書」八—一(『大分県史料』八)。
(63)同右四—一三。
(64)同右七—二二。
(65)大内氏の賦課する守護段銭は公田数を対象としたものであり、賦課率は春は段別三十文、秋は段別五十文であったと考えている。例えば本書第三部第四章(三〇四頁)参照。
(66)「成恒文書」三—八。
(67)同右四—八。
(68)同右五—四。
(69)松岡前掲「西国の戦国大名」三〇〜三二頁。
(70)『風』三—二三八。
(71)池享「戦国大名領国支配の地域構造——毛利領国を例として——」五六頁(『世界史における地域と民衆(続)——一九八〇年度歴史学研究会大会報告——』一九八〇年)。
(72)久利氏が大内氏の旗下にはいったのが確認できるのは永正年間であり(「石見久利文書の研究」二五頁『立命館大学人文科学研究所紀要』一六、一九六七年)、当所が大内氏の支配下に入るのはこの頃であろう。
(73)松岡久人「戦国期大内・毛利両氏の知行制の進展」(『史学研究』八二、一九六一年)。
(74)大内氏知行制が以上のようなものであるとすれば、中世後期の年貢高固定化傾向の中で現実の年貢高が分限高を下まわることはあっても上まわることは一般に想定し難い。
(75)松岡前掲「西国の戦国大名」三五頁。
(76)『大日本古文書』「平賀家文書」一四三。
(77)同右二四二。

(78) 松岡久人「大内氏の安芸国支配」(『広島大学文学部紀要』二五—一)。
(79) 「小早川家証文」三一七。
(80) 「興隆寺文書」。
(81) 松岡前掲「戦国期大内・毛利両氏の知行制の進展」、松岡前掲「西国の戦国大名」。
(82) 松岡前掲「西国の戦国大名」三六〜三八頁。
(83) 『風』一三—一三三・一三六。
(84) 「右田毛利家文書『永田秘録』七十六、杉治部大輔隆泰家証文」(山口県文書館蔵)。
(85) 松岡前掲「大内氏の豊前国支配」二六・二七頁。
(86) 佐伯前掲「大内氏の筑前国守護代」。
(87) 佐伯前掲「大内氏の筑前国守護代」三二六・三五〇頁参照。
(88) 佐伯前掲「大内氏の筑前国守護代」三二六頁。
(89) 松浦義則「戦国期毛利氏『家中』の成立」二七二頁(広島史学研究会編『史学研究五十周年記念論叢』日本編、一九八〇年)。
(90) 『閥』四—四九二、『閥』三—一三七、『閥』二—七七六。
(91) 戦国期毛利氏権力は国人領主の一族結合を分解させて各人を個別的に把握していたことが指摘されている(矢田俊文「戦国期毛利権力における家来の成立」『ヒストリア』九五、のち矢田『日本中世戦国期権力構造の研究』塙書房、一九九八年に所収)。
(92) 佐伯前掲「大内氏の筑前国守護代」三三九頁。
(93) 『大日本古文書』「毛利家文書」一五五六。
(94) 『山口県史料』中世編上、三九二頁。
(95) 『閥』二—一二三。
(96) 『閥』三—二七六。

(97)「大内義隆記」に、「義隆ハ慈悲ノ心ノ仰ニハ、杉、内藤ハイカニシテモ敵ニハナラジト思シ召、無事ノ拵申セトテ合戦ノ調儀更ニマシマサズ、面々ノ其中ニ人数ヲモテル者ドモハ、一人モ屋形ヘハ出仕セザル事ナレバ、軍ノ大将玉リテ出ベキ人ハナカリケリ」と記されているように、義隆は最後まで杉・内藤氏には期待をかけていたにもかかわらず、遂に見捨てられるに至っている。クーデターの経過は、福尾猛市郎『大内義隆』(吉川弘文館、一九五九年)に詳しい。

(98)「浦家文書」九。

(99)『大日本古文書』「石清水文書」五三二。

(100)『閥』一―二九六。

(101)『閥』四―四九二。

(102)「羽仁文書」二(『広島県史』古代中世資料編V)。

(103)『閥』四―一一一。

(104)大内氏による「御加恩」宛行の場合には、大内氏への「公役馳走」義務が明記されている(天文二十三年十月十八日陶晴賢書状、「譜録」し76白井友之進胤延、山口県文書館蔵)。

(105)大内氏御家人制は、室町幕府―守護体制の枠内から完全に脱却しえておらず、大内氏がこのような体制で分国をつつみこむ上で、守護公権がそのテコとして機能したのではないかと考えている。そこに、陶氏が義長をかつがざるをえなかった理由もあるのではないか。以上の点から考えて、大内氏権力は「家中」支配に基礎づけられた戦国期権力ではなく、守護権力にとどまっていたと思われる。

(106)矢田俊文「戦国期の社会諸階層と領主権力」(『日本史研究』二四七、のち矢田前掲『日本中世戦国期権力構造の研究』に所収)参照。

(107)大内氏御家人制のモデルになったのは、『沙汰未練書』に規定されたような鎌倉御家人制の諸制度ではないか。鎌倉御家人制から室町期の御家人制度へどのような転換がみられたのか十分明らかにされているとは言い難いが、一般に室町期には形式的・抽象的なものになっていったと言えよう(福田前掲「室町幕府の御家人と御家人制」)。とすれば、御家人制の本来的なあり方は鎌倉御家人制に求められるべきものであろう。

(108) 矢田俊文氏は、領主権力の側からみた人間関係の諸系列として六種の関係を挙げた(矢田前掲「戦国期の社会諸階層と領主権力」八六頁)。大内氏御家人制は、氏が家来関係(主君―家来関係)とは区別した軍役関係(給主―給人関係)に基礎づけられたものと言えるが、同時にそれが主従制として実現された点に特徴をもつ。この点で、鎌倉御家人制と同様な原理で結ばれたものと言えよう。

(109) かつて村田修三氏は、当初から年貢徴収高との乖離を見越して設定された貫高制が、知行制の統一と軍役賦課基準の設定という課題を担うすぐれて戦国期的な土地制度であることを指摘した(村田修三「戦国大名毛利氏の権力構造」『日本史研究』七三、一九六四年)。氏は、戦国大名の独自な権力構造を支えたのが貫高制であるという重要な視角を提出しながら、その根拠を本年貢体系と切り離された反銭賦課権に求めたために批判を浴びざるをえなかった。知行高と現実の年貢高との乖離をあくまで本年貢をめぐる諸勢力の葛藤の中で捉えることによって、貫高制の意義を探っていくべきではないだろうか。

結　語

本書においては、中世後期の武家権力の基本構造を室町幕府―守護体制と捉えた上で、その体制が変質を遂げていく事情を地域社会の自立化動向と関連づけながら考察してきた。そして、地域権力の形成・成長のプロセスを論じる際にも、戦国期においてさえ幕府―守護体制の枠組が根強い規定性をもちつづけたことを十分に考慮し、その枠組とどのような関連性を有しながら地域権力が展開したかを追究していかなければならないことを述べてきた。地域権力の展開方向は諸国によって差異をもつものであったが、幕府―守護体制の根強い存続が想定される以上、守護権力こそが地域的権力秩序の中核的な位置を占める場合が多かったと言わなければならない。十五世紀中葉から十六世紀中葉にかけては、東の今川、西の大内に代表されるような守護権力が最も勢力を伸長させた時期だったのである。

本書のこうした見方は、今岡典和・矢田俊文氏との連名になる「戦国期研究の課題と展望」(1)の執筆過程で獲得されたものであり、三人の研究はしばしば「戦国期守護論」と総称された上で、様々な批判が加えられてきた。(2)

代表的な批判として、戦国期の大名権力にとって守護公権は本質的なものではなく、軍事力・政治力・経済力などによる地域支配の実質的な進展過程こそが大名権力を大名権力たらしめる要因であったとする議論がある。その大名が従来から守護職を保持していたとしても、守護職保持者としての継続性から権力の質を説明すべきではなく、むしろ戦国期の社会状況に対応して新たに成立ないし再生した権力として把握すべきことが強調されるのである。

このような議論においては、軍事的・政治的・経済的な実力と守護公権とがしばしば対立的に捉えられ、守護公権は実力と切り離された名目的な「権威」であるように理解されている。しかも、守護公権を専ら上から委譲された固定的な内容をもつものと把握する傾向が強い。しかし、そもそも守護公権の最も中核にあるのは軍事動員権であったはずであり、軍事力の重要性が高まる戦国期にあって、地域支配の実質と無関係に守護公権が存在していたわけではない。そして、中世後期の守護権力は地域社会の中で形成された諸要素を吸収しながら公権の内容を拡大させていった。守護の保持した権限は国成敗権（一国知行権）と捉えることが可能で、守護職とはそれを幕府側から表現したものにすぎない。国成敗権の内容は、単に上位の公権を分有した全国一律のものではなく、地域社会から様々な要素を受容・包摂することによって、歴史的に形成されていくのである。中世後期の守護公権は、決して出来合いのものではなく、軍事的・政治的・経済的な地域支配の実質に規定されていたとみられる。

幕府の全国支配が後退する戦国期において、地域権力の中で最も有利なポジションを確保したのは、何といっても国成敗権を保持していた守護権力であった。戦国期の大名権力の多くが守護層であったことは紛れも無い事実であり、守護代や国衆に出自を有する場合にも守護権力と無関係に実力のみで地域制圧を成し遂げることができたケースは少ない。下剋上の代表のように思われ、実力支配の面が強調されてきた諸大名の場合も、幕府―守護支配との緊密な関わりから権力の形成過程を読み解く見方が有力になりつつある。出雲尼子氏による守護権の継承を説いた今岡典和氏の研究は、その先駆的なものである[3]。近年では、東国の北条早雲の登場を室町幕府の政治的動きとリンクさせて捉えた家永遵嗣氏の研究[4]や、西国では土佐の長宗我部氏の没落と急成長に細川両家の分裂・抗争が深く関わっていたことを指摘した市村高男氏の研究[5]などが登場し、守護領国制→大名領国制という方向ではなく、幕府―守護体制と地域権力の関連を軸に議論が深められなければならないことが、ますます明らかになってきた。

もちろん、戦国期の守護権力は前代の伝統にそのまま依拠するだけで権力を維持できたわけではない。本書第三部第一章で概観したように、戦国期における守護権力は旧来の秩序が動揺・変質し流動性が深まる現実にあわせて自己変革を迫られていたのであり、軍事力や家臣団編成・知行制など諸側面で権力の再編・強化をはかった。守護所の整備が進められるのも十五世紀後半以降であり、(6)多くの国々で守護権力を中核に地域権力秩序が展開していくのである。

「地域社会論」や戦国期権力論などにみられる、室町・戦国期の在地社会の変動から前代と異なる新たな権力が創出されるという議論は、それが専ら中央や国家の視点から歴史を捉える理解を批判・相対化し、地域社会の主体性を重視して歴史を描き出そうとする熱意に基づくものであることは認めよう。しかし、室町幕府―守護体制をはじめ、伝統的国制が社会に及ぼした影響力の強さ・深刻さを過小評価しては、この国の歴史の本質を捉えそこなうように思われる。国家の求心力が低下した戦国期にあってさえ、幕府―守護という枠組が容易に放棄されることなく地域を秩序づける機能を果たしつづけたのは、日本社会の特質に根ざすものであったと考えられるのである。

(1) 今岡典和・川岡勉・矢田俊文「戦国期研究の課題と展望」(『日本史研究』二七八、一九八五年)。

(2) 代表的なものとして、池享「大名領国制試論」(永原慶二・佐々木潤之介編『日本中世史研究の軌跡』東京大学出版会、一九八八年、のち池『大名領国制の研究』校倉書房、一九九五年に所収)、黒田基樹「戦国大名と地域的領主」(佐藤和彦他編『日本中世史研究事典』東京堂出版、一九九五年)、長谷川博史『戦国大名尼子氏の研究』(吉川弘文館、二〇〇〇年)、村井良介「戦国大名研究の視角――国衆『家中』の検討から――」(『新しい歴史学のために』二四一、二〇〇一年)などがある。

(3) 今岡典和「戦国期の守護権力――出雲尼子氏を素材として――」(『史林』六六―四、一九八三年)。

(4) 家永遵嗣『室町幕府将軍権力の研究』(東京大学大学院日本史研究室、一九九五年)。

(5) 市村高男「細勝寺所蔵『細川氏家譜』について」(『高知大学教育学部研究報告』六一、二〇〇一年)。

(6) 金子拓男・前川要編『守護所から戦国城下へ――地方政治都市論の試み――』(名著出版、一九九四年)。

料金受取人払郵便

本郷局承認

6135

差出有効期間
平成27年1月
31日まで

郵便はがき

113-8790

251

東京都文京区本郷7丁目2番8号

吉川弘文館 行

愛読者カード

本書をお買い上げいただきまして、まことにありがとうございました。このハガキを、小社へのご意見またはご注文にご利用下さい。

お買上書名

＊本書に関するご感想、ご批判をお聞かせ下さい。

＊出版を希望するテーマ・執筆者名をお聞かせ下さい。

お買上書店名　区市町　書

◆新刊情報はホームページで　http://www.yoshikawa-k.co.jp/

◆ご注文、ご意見については　E-mail:sales@yoshikawa-k.co.jp

ご氏名《ふりがな》	年齢　　歳　男・女
〒 □□□-□□□□　ご住所	電話
ご職業	所属学会等
ご購読新聞名	ご購読雑誌名

今後、吉川弘文館の「新刊案内」等をお送りいたします(年に数回を予定)。
ご承諾いただける方は右の□の中に✓をご記入ください。 □

注 文 書

月　　日

書　名	定　価	部　数
	円	部
	円	部
	円	部
	円	部
	円	部

配本は、○印を付けた方法にして下さい。

イ. 下記書店へ配本して下さい。
(直接書店にお渡し下さい)
(書店・取次帖合印)

様へ＝書店帖合印を捺印下さい。

ロ. 直接送本して下さい。
代金(書籍代＋送料・手数料)は、お届けの際に現品と引換えにお支払下さい。送料・手数料は、書籍代計1,500円未満500円、1,500円以上200円です(いずれも税込)。

＊お急ぎのご注文には電話、FAXもご利用ください。
電話 03—3813—9151(代)
FAX 03—3812—3544

あとがき

本書は、室町幕府と守護権力に関する私の二十年来の研究成果をまとめたものである。既発表論文については、字句の修正や必要最小限の補訂を加えたが、いずれも論旨を大きく変更するものではない。

まず、初出一覧を以下に掲げる。

序章　中世後期の権力論研究をめぐって（新稿）

第一部　南北朝内乱と諸国守護権力

第一章　建武政権における王権強化と地域支配（新稿）

第二章　足利政権成立期の一門守護と外様守護——四国支配を中心として——（『日本歴史』五八一号、一九九六年）

第二部　室町幕府—守護体制の構造と変質

第一章　室町幕府—守護体制の権力構造——上意と衆議の関わりを中心に——（『愛媛大学教育学部紀要　第Ⅱ部人文・社会科学』第三三巻第一号、二〇〇〇年）

第二章　室町幕府—守護体制の変質と地域権力（『日本史研究』四六四号、二〇〇一年）

第三章　中世後期の守護と国人——山名氏の備後国支配を中心として——（有光友學編『戦国期の権力と地域社会』吉川弘文館、一九八六年）

第四章　室町幕府―守護体制と山城国一揆（『歴史学研究』七二五号、一九九九年）
第三部　戦国期の諸国守護権力
第一章　守護権力の変質と戦国期社会（本多隆成編『戦国・織豊期の権力と社会』吉川弘文館、一九九九年）
第二章　河内国守護畠山氏における守護代と奉行人（『愛媛大学教育学部紀要　第Ⅱ部　人文・社会科学』第三〇巻第一号、一九九七年）
第三章　戦国期における河野氏権力の構造と展開（大阪大学文学部日本史研究室編『古代中世の社会と国家』清文堂、一九九八年）
第四章　大内氏の軍事編成と御家人制（『ヒストリア』九七号、一九八二年）
第五章　大内氏の知行制と御家人制（『日本史研究』二五四号、一九八三年）
結語（新稿）

本書には、二十歳代後半に書いた八〇年代の論文三本のほかは、四十歳代に入って発表した九〇年代半ば以降の論文を収めている（愛媛大学に赴任した八六年から九六年の間、三十歳代で取り組んだ愛媛の地域史に関する論文は本書に含まれていない）。二十歳代のものと最近のものとでは、歴史事象の位置づけや表現に微妙な変化が認められる。しかし、大筋で論旨が一貫しているのも事実であり、むしろ、若い頃考えたことを現在まで基本的に引きずり続けてきたと言った方がよい。

各論文を発表した時にはその都度新しく思いついたような気がしていたが、あらためて読み返してみると、我ながらあきれるほど、同じ場所を旋回し続けてきたという感が強い。そのため、よく似たフレーズがいくつかの論文に重複して出てくることにもなった。繰り返し考えることを通じて自らの思索が深まっていることを祈るばかりである。

今までの歩みをふり返るとき、つくづく自分は運のよい人間だと感じずにはいられない。私が本格的な学問の世界に触れたのは、一九七五年に入学した静岡大学においてであった。生まれ育った山陰とは別世界の陽光ふりそそぐ静岡の地で始めた学生生活は、見るもの聞くものすべてが新鮮で、自分の小さな殻が一遍に解き放たれた気がしたものである。原秀三郎、本多隆成、湯之上隆という錚々たる先生方から教えをうける機会を得ることもできた。ただ、当時の私は腰をすえて研究に取り組むことなく、勉学以外の活動に飛びまわっていた。それは後から思うと残念で仕方のないところであるが、社会や歴史を見る目はこの時に鍛えられ、歴史学という学問に向かう心構えのようなものは静岡大学で形づくられたのだと思う。

一九七九年に大阪大学の大学院に進んだ私は、黒田俊雄先生のもとで学び、先生の学問的な深さ、人間としての大きさに強く魅せられた。当時の阪大は中世史の専攻生が急増した時期にあたっており、林文理、大石雅章、志賀節子、山本真吾、西尾和美などの諸氏がいて活気があった。諸先生方をはじめ皆さんに暖かく迎えていただき、勉強不足からくるコンプレックスにさいなまれながらも、研究室の雰囲気に自然に溶け込んでいけたのはありがたかった。さらに恵まれていたのは、この頃ちょうど関西において大学の枠をこえた若手の戦国期研究者が「層」として生まれつつあったことである。矢田俊文、今岡典和両氏に導かれつつ、播磨良紀、藤田達生両氏らを交えておこなった勉強会の刺激はすこぶる大きかった。折しも阪大の先輩にあたる有光友學氏を中心に戦国期研究会（のち戦国・織豊期研究会）が活動を開始し、東西の若手・中堅の研究者の知遇を得る機会も得た。

一九八六年、大阪生活に別れを告げて赴任した愛媛大学教育学部では、社会科教室の有能なスタッフや風通しのよい環境に恵まれて研究を続けることができた。まもなく地域史の面白さを知り、文化財保存運動に深く関わることにもなった。

生来不器用で人づきあいが苦手なだけに、願っても得られないほどの研究環境に恵まれてきたことは幸運であったと言わなければならない。色々な方々との出会いのお陰で、ともかく研究者の世界で生きてこられたのだと思う。こうした環境を十全に活かし研究を発展させてきたのかと問われれば、自らの力不足を痛感せざるを得ないところでもあるが……。

本書を校正中、愛媛県が湯築城跡の国史跡指定を申請したことがマスコミで報じられた。伊予の守護河野氏の本拠地であるこの城跡をめぐって、私は十年以上の歳月をかけて行政側と対峙し、遺跡の保存運動を続けてきた。この地域の中世史に責任をもつ一人として、やれるだけの活動はやってきたという自負がある。市民と連帯して貴重な城跡を守りぬけたことで、今ようやく達成感を味わう日が迎えられた。暖かい励ましや御協力をいただいた全国の研究者の方々に厚く感謝の意を表したい。

戦後半世紀以上の年月を経て、大学制度や学問状況はかつてない大きな転換期に遭遇している。そうした中にあって、歴史学という学問は今後どのような力を発揮し、歴史研究者は学問を通じて何を主張することができるのであろうか。そのことは、研究者それぞれが、自身の生き方を問い直しつつ、主体的に考えていかなければならない問題であろう。厳密な実証に基づく具体的な研究を通じて、研究者自らの思想が深められるとともに、社会的な思想状況の向上にも貢献するような学問であってほしいと願う。

歴史学は単なる知識の探究ではなく、主体的な思想の営みであると説いたのは、恩師黒田俊雄先生であった。先生は、歴史学が思想の方法としての有効性を回復し、学問の名にふさわしい普遍性を獲得しなければならないことを強調された。そして、進歩的・科学的立場を標榜する研究者や研究組織の中にひそむ保守性や頽廃の克服、価値観の多元化に対応する新たな体系構築の必要性などを語られたのである。黒田先生は私にとって到底近づき得ないほど偉大な存在である。しかし、歴史学のあり方を根源的に問い直してやまない先生の姿勢には、これからも学び続けたいと思う。

本書は、長い間かかって恐る恐るたどってきた歩みの中から生まれたささやかな研究成果にすぎない。しかし、ともかくここまできた以上、覚悟を決めて自分のペースで愚直に精進するしかあるまい。何を守り何を変えることが大切なのかが自明ではない時代状況の中で、自らの感覚を信じて自らの思いを表現したい。本書の刊行と文化財保存運動の結実を一つの区切りとした上で、新たな地平に勇気をもって踏み出していきたいと考えている。

最後に、好きな道を自由に歩ませてくれた松江にいる両親と、私とともに生きて日々新たな刺激を与え続けてくれる妻西尾和美に感謝の言葉を贈りたい。

二〇〇二年三月

いつもの年より早い桜の季節に

川岡　勉

索　　引

I 人　　名

あ　行

か　行

さ　行

た　行

な　行

は　行

ま　行

や　行

ら・わ行

Ⅱ　研究者名

あ　行

か　行

さ　行

た　行

な　行

は　行

ま　行

や・わ行

Ⅲ 地名・事項名

あ 行

か 行

さ　行

た　行

な　行

は　行

ま　行

や　行

著者略歴

一九五六年　島根県に生まれる
一九七九年　静岡大学人文学部卒業
一九八六年　大阪大学大学院文学研究科博士課程単位取得
現　在　愛媛大学教育学部教授

〔主要著書・論文〕

『河野氏の歴史と道後湯築城』（青葉図書、一九九二年）
『中世の地域権力と西国社会』（清文堂出版、二〇〇六年）
『山名宗全』（吉川弘文館、二〇〇九年）
『山城国一揆と戦国社会』（吉川弘文館、二〇一二年）

室町幕府と守護権力

二〇〇二年（平成十四）七月一日　第一刷発行
二〇一三年（平成二十五）五月一日　第二刷発行

著　者　川《かわ》岡《おか》　勉《つとむ》

発行者　前田求恭

発行所　株式会社　吉川弘文館
郵便番号一一三—〇〇三三
東京都文京区本郷七丁目二番八号
電話〇三—三八一三—九一五一〈代〉
振替口座〇〇一〇〇—五—二四四番

印刷＝理想社・製本＝誠製本

（装幀＝山崎　登）

ISBN978-4-642-02814-1